古代歷史文化研究輯刊

二 編

王明蓀 主編

第4冊

商周南土政治地理結構研究

陳珈貝 著

國家圖書館出版品預行編目資料

商周南土政治地理結構研究／陳珈貝 著 — 初版 — 台北縣永

和市：花木蘭文化出版社，2009〔民 98〕

目 4+184 面；19×26 公分

（古代歷史文化研究輯刊 二編；第 4 冊）

ISBN：978-986-6449-81-9（精裝）

1. 政治地理學　2. 文化地理學　3. 領土　4. 商代　5. 周代

575.15　　　　　　　　　　　　　　　　　98014032

古代歷史文化研究輯刊

二 編 第 四 冊　　　　　　　　　ISBN：978-986-6449-81-9

商周南土政治地理結構研究

作　　者　陳珈貝

主　　編　王明蓀

總 編 輯　杜潔祥

出　　版　花木蘭文化出版社

發 行 所　花木蘭文化出版社

發 行 人　高小娟

聯絡地址　台北縣永和市中正路五九五號七樓之三

　　　　　電話：02-2923-1455／傳眞：02-2923-1452

網　　址　http://www.huamulan.tw 信箱 sut81518@ms59.hinet.net

印　　刷　普羅文化出版廣告事業

初　　版　2009 年 9 月

定　　價　二編 30 冊（精裝）新台幣 46,000 元　　　版權所有·請勿翻印

商周南土政治地理結構研究

陳珈貝　著

作者簡介

陳珈貝，台灣省台北市人，1980年生。政治大學歷史碩士，現就讀政治大學歷史系博士班，專長領域為中國上古史、楚文化。近年研究聚焦於先秦江漢流域的政治結構與物質文化變遷，希冀能以此為出發點，探索先秦族群的交流互動。

提 要

　　殷商時代，商人已將王畿外東南西北四個方向的土地稱為「四方」或「四土」。其後周人承襲商代以「四土」指稱疆域的觀念，亦將王朝四方區域冠以四土或四國之名。而所謂「南土」，亦稱為「南國」，《左傳・昭公九年》記載：「及武王克商、蒲姑、商奄，吾東土也，巴、濮、楚、鄧，吾南土也。」《國語・鄭語》亦言：「當成周者，南有荊蠻、申、呂、應、鄧、陳、蔡、隨、唐。」其義泛指王朝疆域中心以南的全部疆土。

　　南土這塊區域自殷商開始便深受中原民族關注，其後周人嘗試擴展勢力至南土失利，待春秋時期楚人於南土拓殖，方得掌握該地。在這段以諸夏為中心的南土經營歷程，先秦江南地區多元的地區性文化，以及其與中原文化的折衝交流亦不容忽視，史籍所缺載之江漢各族與周人、楚人間的政治聯繫，實為理解先秦南土發展的關鍵課題。本書以商周南土局勢的長期發展為討論重心，嘗試釐清南土組成本質，並於討論中探索長江中游先秦文化發展的面貌；藉此勾勒殷周民族和楚人政權疆土的輪廓，以及南方族群與中原文化接觸互動的實際情形。

目

次

第一章　緒　論

第一節　研究動機

　　殷商時代，商人將王畿周圍的土地稱爲「四方」或「四土」。卜辭多見有對四方問卜之紀錄。〔註1〕其後周人承襲以「四土」指稱疆域的觀念，將王朝領域冠以四土或四國之名。〔註2〕所謂「南土」，亦稱爲「南國」，《左傳・昭公九年》記載：「及武王克商、蒲姑、商奄，吾東土也，巴、濮、楚、鄧，吾南土也。」《國語・鄭語》亦言：「當成周者，南有荊蠻、申、呂、應、鄧、陳、蔡、隨、唐。」泛指王朝疆域中心以南的全部疆土。〔註3〕

　　周人於西周一代積極經營南土，除卻意圖貫徹「溥天之下，莫非王土」

〔註1〕例如：「己巳王卜，貞今歲商受年。王占曰：吉。東土受年？南土受年？吉。西土受年？吉。北土受年？吉。」郭沫若，《殷契粹編》，收入郭沫若著作編輯委員會編，《郭沫若全集》考古編第三卷（北京：科學出版社，2002），第907片，頁84。
〔註2〕陳夢家，《殷墟卜辭綜述》（北京：中華書局，1988），頁319-321。另見周書燦《西周王朝經略四土研究》（鄭州：中州出版社，2000）一書相關討論。
〔註3〕〔晉〕杜預注，《春秋經傳集解》，收入中華書局編輯部編，《漢魏古注十三經》（北京：中華書局，1998），卷22，〈昭公三〉，頁327。上海師範大學古籍整理研究所校點，《國語》（上海：上海古籍出版社，1998），卷16，〈鄭語〉，頁507。關於周代「南土」所指涉的地理範圍，徐少華曾綜合文獻與出土資料考證周代「南土」空間範圍：「從空間上來看，它包括南陽盆地和淮河上中游兩個地區，西起秦嶺南坡的漢水支流丹江流域，東起淮河中游今安徽壽春一帶，南以漢水和桐柏大別山脈爲限，北抵汝、潁、渦諸水上游的今河南汝陽、禹縣、太康、永城一線，即文獻所載的周王朝南部境土。」徐少華，《周代南土歷史地理與文化》（武漢：武漢大學出版社，1994），頁1。

（《詩‧北山》）的政治理想，更有許多牽動政權運作的因素。周人封國漢淮
開發江南，但是周人經略南土成效，實際卻深受淮夷、蠻越以及楚等南方地
區勢力節制。西周中期夷王之世爲「王室遂衰」（《史記‧周本紀》）階段，長
期發展有成的南土各族，趁勢崩解周人於南土的封建政體，嗣後厲王與宣王
銳意經營南土，仍不免逐步北遷勢力南界。春秋時期，原本僻居江漢一隅的
楚族取代周人，成爲主導南土局勢的新興勢力。

　　春秋時期楚國於南土大肆滅國，《左傳‧桓公二年》即載周人南土封國「蔡
侯、鄭伯會於鄧，始懼楚也」，〔註4〕蔡鄭諸姬懼楚僅過七十餘年，南土局勢
即成「漢陽諸姬，楚實盡之」之景。〔註5〕楚滅國拓境，終春秋一世滅國之數
達五十餘國，「幅員廣則甲兵日盛」，〔註6〕並在滅國基礎上創立縣制，控制境
內各區域，成爲具有霸王之資的強國。觀察楚國經略南土之進程，亦可發現
楚人更進一步地深入掌控地區資源，從而得以憑藉南土發展霸業。《史記‧楚
世家》即言楚王熊渠於周夷王時「甚得江漢間民和」，方能興兵伐庸、揚粵至
鄂，以其地分封三子，爲楚國初期經略南土的豐碩收穫。

　　綜上所述，南土自殷商便受到中原民族關注，其後周人嘗試擴展至南土
失利，待春秋時期楚人拓殖方得掌握該地。而楚人經略南土的策略與成效，
更與國家政治結構的發展相關。此外，在這段南土經營歷程中，史籍缺乏記
載之江漢各族與諸夏的政治聯繫，實爲先秦南土發展的關鍵課題。本文希望
透過爬梳商周南土局勢的長期發展，嘗試釐清商周南土政治地理結構，以及
同時期南方文化發展的面貌；希望藉此得以了解殷周民族和楚人經營政權疆
土的輪廓，以及南方族群與中原文化接觸互動之實景。

第二節　文獻回顧

　　先秦南土綜合性研究，目前以周室分封之南土諸侯國爲重心。〔註7〕

〔註4〕〔晉〕杜預注，《春秋經傳集解》，收入中華書局編輯部編，《漢魏古注十三
　　　經》，卷2，〈桓公〉，頁60。

〔註5〕〔晉〕杜預注，《春秋經傳集解》，收入中華書局編輯部編，《漢魏古注十三
　　　經》，卷7，〈僖公下〉，頁126。

〔註6〕語見〔清〕馬驌撰，徐連城校點，《左傳事緯》（濟南：齊魯書社，1992），卷
　　　2，〈楚滅諸小國〉，頁69。

〔註7〕對於上古南土經營的討論，礙於文獻多有闕遺，因此相關研究較少著墨於西
　　　周之前的發展，目前觸及殷商時期的論述，也多半僅能以卜辭考證立論，或

其中又以徐少華《周代南土歷史地理與文化》最爲完整，其由歷史地理角度出發，結合歷史文獻、考古材料與實地考察成果，剖析兩周南土封國地望變遷與文化發展。該書更總結研究所得，爲南土區劃提出清晰定義，即南陽盆地與淮水上中游等兩塊區域。〔註8〕此外，周書燦《西周王朝經營四土研究》與何樹環〈西周對外經略研究〉亦分別有探討西周南土議題的部份。周氏認爲西周王朝天下大體包括中國、四土、四國和多方、不廷方等三部份，周人透過軍事和分封活動加強四土地區的隸屬關係。該書將南土分爲潁汝、汝淮流域、南陽盆地與江漢地區三部份，探討周人對各地的控制拓殖，並以巴蜀、吳越地區爲周文化輻射區。〔註9〕何氏一文則透過西周銘文考證，釐清周人南土的「疆界」，以及昭王南征與南土礦藏開發等議題。〔註10〕近年來由於江南先秦考古收穫甚豐，除卻大量楚文化文物出土，又包含一定數量殷周時期遺跡，長江流域的先秦文化面貌逐漸爲人所認知，帶動上古江漢文化研究，展現深入探討先秦南土結構的可能性。

關於楚國的南土經略，過往研究集中於春秋楚國於南土大肆滅國，以及戰國強盛之景。至於楚國早期於南土的發展，多源於西周時期的周楚關係，並以「周公奔楚」、「昭王南征」等史事爲重點。周公奔楚之事，《史記‧魯世家》云：「及成王用事，人或譖周公，周公奔楚。成王發府，見周公禱書，乃泣，反周公」。相關研究除卻鑑別此事眞僞，更對周公奔楚動機多所解釋，徐中舒以周公此舉爲挾南方諸侯之力，作爲征服東方之準備，〔註11〕另有研究判定周公奔楚

者隨大型考古遺址而開展，較具代表性者有李學勤、楊權喜、彭明瀚等學者的研究。參李學勤，〈盤龍城與商代南土〉，《文物》，2（北京，1976.02），頁42-46；後收入湖北省文物考古研究所，《盤龍城：1963～1994年考古發掘報告》（北京：文物出版社，2001），頁650-655。楊權喜，〈湖北商文化與商朝南土〉，收入《湖北省考古學會論文選集（三）》（武漢：江漢考古編輯部，1998），頁115-121。彭明瀚、陳樹祥，〈商王對南方土國征伐簡論〉，《江漢考古》，1（武漢，1996.03），頁64-67、54。至於宋新潮、葉文憲、盧連成等人的研究，亦對商代南土有所處理。參宋新潮，《殷商區域文化研究》（西安：陝西人民出版社，1991），頁149-176。葉文憲，〈商代疆域新論〉，《歷史地理》，8（上海，1990.07），頁101-112。盧連成，〈商代社會疆域地理的政治架構與周邊地區青銅文化〉，《中國歷史地理論叢》，4（西安，1994.12），頁30-56。

〔註8〕徐少華，《周代南土歷史地理與文化》，頁1。

〔註9〕周書燦，《西周王朝經略四土研究》，頁146-217。

〔註10〕何樹環，〈西周對外經略研究〉（臺北：政治大學中文研究所博士論文，2000），頁139-201。

〔註11〕徐中舒，〈殷周之際史跡之檢討〉，收入氏著，《上古史論》（臺北：天山出版

即爲南征，陳昌遠便認爲：「周公奔楚實有其事，與周公東征有關，即周公南征徐方、淮夷又一條進軍路線。」〔註12〕而周楚關係受周公出奔一事的影響，亦有正反兩面詮釋。〔註13〕但是由於佐證資料過少，周公奔楚只能著眼於少數傳世文獻的討論，深化論述空間有限。

　　昭王南征不返爲西周史上重要大事之一，且不乏青銅銘文可徵。〔註14〕《左傳‧僖公四年》亦記載齊桓公伐楚，管仲便以「貢包茅不入」與「昭王南征而不復」責問楚使。《楚辭‧天問》云：「昭后成游」一句，亦爲王逸注爲「南至於楚，楚人沉之」。〔註15〕然而，昭王南征所伐之荊楚與東周時期稱霸南方的楚國是否相同，已引起相當爭議。諸如楊寬《西周史》、羅運環《楚國八百年》等論著均認爲昭王南征不復是爲楚所敗。李玉潔《楚國史》則認爲昭王征所伐爲楚，不過喪命漢水非楚之責。龔維英〈周昭王南征史實索隱〉、張正明《楚史》以及何樹環〈西周對外經略研究〉等論述則認爲昭王南征一事與楚無涉。〔註16〕至於昭王與歷代周王南征動機，以及周人或楚人拓殖南土之成效，相關論述亦是錯綜複雜，尚待釐清。

　　楚國於春秋時期日漸興盛，其政治變遷乃至文化工藝技術，均爲東周列國研究焦點之一。此時期亦爲楚國經略南土的重要階段，通論性楚史著作對楚之征伐多所著墨，專題性研究則以滅國和立縣爲研究重心。春秋時期，楚

社，1986），頁 1-28。
〔註12〕 陳昌遠，〈周公奔楚考〉，《史學月刊》，5（鄭州，1985.05），頁 15-19。
〔註13〕 關於周公奔楚一事與周楚關係，楊寬認爲可說明成王早年「周、楚之間關係還和好」，見楊寬《西周史》（臺北：臺灣商務印書館，1999），頁 600。周聘則認爲楚納周公之舉，使得楚捲入西周王室政爭，從而造成楚日後南遷封國避禍。周聘，〈西周楚國初封及南遷原因解〉，《史學月刊》，6（鄭州，2001.06），頁 40-43。
〔註14〕 昭王南征見於〈史墻盤〉盤銘稱：「宖魯昭王，廣艖楚荊，惟寏南行」，中國社會科學院考古研究所編，《殷周金文集成釋文》（香港：香港中文大學中國文化研究所，2001），10175，頁 133。另有中州六器、靜方鼎等西周早期的南征相關器銘。
〔註15〕 〔晉〕杜預注，《春秋經傳集解》，收入中華書局編輯部編，《漢魏古注十三經》，卷 5，〈僖公上〉，頁 95。〔宋〕洪興祖撰，白化文等點校，《楚辭補注》（北京：中華書局，2002），頁 110。
〔註16〕 楊寬，《西周史》，頁 602。羅運環，《楚國八百年》（武漢：武漢大學出版社，1992），頁 99-101。李玉潔，《楚國史》（開封：河南大學出版社，2002），頁 56。龔維英，〈周昭王南征史實索隱〉，《人文雜誌》，6（西安，1984.11），頁 81-82、45。張正明，《楚史》（武漢：湖北教育出版社，1996），頁 39-41。何樹環，〈西周對外經略研究〉，頁 167-182。

人致力於南土滅國，漢陽諸姬自始懼楚，楚人於史籍記載中轉變爲主動的強勢群體。楚滅國研究開端甚早，清人馬驌便於《左傳事緯》輯〈楚滅諸小國〉篇論之。近代則有何浩《楚滅國研究》一書結合文獻與出土資料，討論各類楚滅國議題，以及何光岳彙整對單獨封國的考證所成之《楚滅國考》。〔註17〕上述兩書雖然已指出在滅國之外，南土封國對楚尚有臣屬的關係。但是，相關研究仍多以滅國爲主軸，偏重軍事征服面向，容易忽略楚與南土封國之間的交流往來，也使研究不易呈現楚人種種經略南土的複雜運作。陳昭容、張鍾雲等學者則運用大量青銅器銘資料，討論漢淮諸國之間的婚姻與政台關係，還原周代南土政局的面貌。〔註18〕

　　設縣控管征服之地爲楚國政體深具特色的一環。顧頡剛〈春秋時代的縣〉首度引入地域差異的觀點探討春秋縣制。〔註19〕其後日籍學者增淵龍夫進一步指出春秋與戰國之縣性質不同，並認爲楚縣以滅國爲基礎，縣領導者是由強大世族世襲掌管，〔註20〕縣制發展取決於王權制衡縣統治者的程度。平勢隆郎〈楚王與縣君〉一文便對楚縣管理者進行考察，否定楚縣統治者擁有世襲權力，判定楚縣由王室子孫掌控，但也受制於王權不得培植己勢。〔註21〕透過楚縣研究，楚王權的發展也得到關注。在春秋時期中原諸侯國先後出現公卿瓜分王室，政權下移之際，楚王卻始終保持對公卿世族一定的控制，此特出現象成因，普遍解釋爲楚王君權重威勢，並與王室宗族成員共同保護王權。然而如同蒲百瑞（Barry B. Blakeley）所指出，春秋之楚王實際上並不可

〔註17〕何浩，《楚滅國研究》（武漢：武漢出版社，1989）。何光岳，《楚滅國考》（上海：上海人民出版社，1990）。

〔註18〕舒之梅、羅運環，〈楚同各諸侯國關係的古文字資料簡述〉，《求索》，6（長沙，1983.11），頁 168-172。萬全文，〈徐國青銅器研究：兼論徐楚青銅文化之關係〉，《故宮文物月刊》，16：1（臺北，1998.01），頁 84-100。陳昭容，〈從青銅器銘文看兩周漢淮地區諸國婚姻關係〉，《中央研究院歷史語言研究所集刊》，75：4（臺北，2004.12），頁 635-698。張鍾雲，〈淮河中下游春秋諸國青銅器研究〉，收入北京大學考古系編，《考古學研究（四）》（北京：科學出版社，2000），頁 140-179。

〔註19〕顧頡剛，〈春秋時代的縣〉，《禹貢半月刊》，7：6、7（北京，1937.06），頁 169-193。

〔註20〕參見增淵龍夫，〈先秦時代の封建と郡縣〉，收入氏著，《中國古代の社會と國家》（東京：岩波書店，1996 再版），頁 377-487。

〔註21〕平勢隆郎撰，徐世虹譯，〈楚王與縣君〉，收入劉俊文主編，《日本中青年學者論中國史・上古先秦卷》（上海：上海古籍出版社，1995），頁 212-245。該文後被納入以〈楚國の縣〉爲題之文，並收入氏著，《左傳の史料批判的研究》（東京：汲古書院，1998），頁 198-261。

能擁有至高威權，王族介入政治亦有試圖瓜分政權的危機。〔註22〕楚王王權實爲楚國政治運作之關鍵。平勢隆郎與安倍道子便以楚靈王遷國移民爲切入點，試圖解答楚國中央政權如何掌控縣地。〔註23〕上述研究成果深化了楚縣的意義，對認識楚王權性質亦有相當助益。然而相關研究集中於分析《左傳》記載，並多著重王權突破血緣性關係的進展，缺乏探討楚王權力與國土資源的聯繫，也忽略楚國政體由血緣轉入地緣關係的結構演變。

在此問題之下，晏昌貴〈春秋楚王權與楚國政治地理結構〉一文即認爲楚國政治地理結構，是由近似西周「畿服」制的形式轉變爲戰國郡縣制，而在此進程中楚人的地域擴張至爲關鍵。安倍道子〈莊王期にわける楚の對外發展——この時期の王權強化の動きとの關連に注目しながら〉則主要由楚莊王通過戰爭使軍員常備化，掌控軍事要權，論證楚國對外發展與王權強化之關聯。〔註24〕

總結關於先秦南土的既有研究，雖然許多議題均不乏學界致力探研，累積許多成果，但卻普遍缺乏統整性論述與分析，較難展現長江中游區域歷經中原商、周民族南進勢力入殖，又逐步被楚國整合爲己身政治領域，此一南土政治結構發展全貌。本文便是以既有研究基礎配合新出資料，分析南土地域長期的政治地理結構發展，希冀能釐清先秦長江中游的文化面貌。

第三節　章節架構

本文除第一章緒論與第六章結論外，安排有四個章節，茲分述如下：

〔註22〕蒲百瑞撰，李鋒、王環譯，〈春秋時代楚國政體新探〉，《中國史研究》，4（1998.12），頁18。

〔註23〕平勢隆郎，〈『左傳』昭公十三年「靈王遷許胡沈道房申於荊焉」をめぐつて——對楚從屬國の遷徙問題〉，《東洋史研究》，46：3（東京，1987.12），頁1-20。安倍道子，〈春秋楚國の申縣・陳縣・蔡縣をめぐって〉，《東海大學紀要（文學部）》，41（東京，1984.10），頁29-44。晏昌貴，〈楚靈王遷國移民考〉，《江漢論壇》，12（武漢，1990.12），頁53-57。安倍道子另有討論楚國王權問題的研究：〈春秋時代の楚の王權について——莊王から靈王の時代〉，《史學》，50（東京，1980.11），頁389-410。〈春秋楚國の王と世族——その系譜關係をめぐって〉，《日中文化研究》，10（東京，1996.08），頁78-87。

〔註24〕晏昌貴，〈春秋楚王權與楚國政治地理結構〉，《江漢論壇》，3（武漢，1998.03），頁42-44。安倍道子，〈莊王期にわける楚の對外發展——この時期の王權強化の動きとの關連に注目しながら〉，《東海大學紀要（文學部）》，36（東京，1982.03），頁1-19。

第二章：「上古南土自然環境與早期發展」

　　本章首先將對先秦南土的自然生態資源勾勒出基本輪廓，以了解南土地區的地理自然特質。其次亦會對南土的初期文化發展作出梳理。殷商時期商人與南方地區關係，在湖北盤龍城與江西新淦大墓等考古資料出土後，〔註25〕相關研究頗有開展。本章希望以南土自然環境與當地人文發展的初始概貌，作爲後續研究基礎。

第三章：「周人南土封國與經營情形」

　　西周時期周人曾投注大量心力經營南土，並於南土地區建立眾多封國。這些南土封國與周室有著程度不一的從屬關係，爲組成西周政權體系的重要部份，更是早期南方開發之主體。本章節即欲綜合既有研究考證，整理出南陽盆地、淮河流域封國的地望與發展。並且嘗試釐清周人於南土勢力發展的極限，評析史稱「漢陽諸姬」的周人南土佈局，及周王戮力南征與南方礦藏資源關係，以求掌握中原周室政權經營南土之實質。

第四章：「先秦南土族群分布」

　　南土地區族群爲本章主題。先秦南土地區爲深具複雜文化特質之區域，而楚國經略南土的特殊性即是掌控該地的不穩定特性，並從中取得平衡。在南土諸族普遍缺乏文字史料佐證下，相關研究多半隨著周人與楚人等南土主體經營者而發展，對於南土諸族在面對強勢政治下的變遷，缺乏較深刻整合。〔註26〕本文便欲整合考古與文獻史料，作爲理解當時南土族群關係的途徑。

第五章：「楚國的初期發展與南土經營」

　　楚國初期發展問題，涉及到楚族文化淵源、早期都城位置和受周人分封時間等問題。本文著重探討楚國西周至春秋早期文化分布，繼而探討楚國初

〔註25〕兩處遺跡發掘考古報告詳見湖北省文物考古研究所，《盤龍城：1963～1994年考古發掘報告》（北京：文物出版社，2001）。江西省博物館、江西省文物考古研究所、新淦縣博物館，《新淦商代大墓》（北京：文物出版社，1997）。

〔註26〕相關研究多集中於器物特徵或風俗比較，例如童恩正和吳永章等學者的相關研究。而將考古區域類型納入考量者，則有何介鈞、刑敏建等人，分別探討湘省整體民族分布以及湘西的楚文化與民族。詳見童恩正，〈從出土文物看楚文化與南方諸民族的關係——爲湖南省考古學會第二次年會而作〉，《湖南考古輯刊》，3（長沙，1986.06），頁 168-183。吳永章，〈論楚文化與南方民族文化的關係〉，《民族研究》，6（北京，1992.11），頁 73-82。何介鈞，〈從考古發現看先秦湖南境內的民族分布〉，《求索》，4（長沙，1983.07），頁 111-117。刑敏建，〈從酉水流域考古發掘看楚文化與諸民族的關係〉，《民族研究》，1（北京，1997.01），頁 89-94。

期發展情形，期盼可對楚國早期發展建立較深認知。此外將整理楚國於春秋時期的滅國擴張過程，並盡可能兼及盟屬、婚姻與文化影響等各層面議題，了解楚與南土諸國，或南土諸國彼此之間的往來。希望藉由上述楚人經略南土的重點議題，建立對楚人初期政治地域結構的認識。

第二章　上古南土自然環境與早期發展

　　長江流域爲南方地域文明發展重心，源於亞洲大陸西南的長江，在穿越三峽峽區之後，自湖北宜昌以下先經雲夢澤，再抵武漢轉向東南，於九江又折向東北，直抵江蘇匯入東海。其中宜昌至江西鄱陽湖間的長江中游地區，沿岸平原河湖密布，富含自然資源。該地於史前時期不僅已有人類活動聚居，更爲新石器時期的農業中心。在長期經營開發下，長江中游成爲南土地域結構之主體，成爲商周政權經營南土中樞，楚人勢力發展更與此塊區域密不可分。本章旨在對南土地區的自然環境與生態資源勾勒出基本輪廓，以了解南土地區的地理自然特質。其次，梳理南土地區的新石器時代文化發展，作爲認知南土自然環境結構的基礎。最後整理長江流域相關之卜辭以及考古資料，理解殷商勢力對於南土的掌握經營，建構南土地域人文環境初期發展。

第一節　南土區域地理生態環境

　　南方地域文明發展以長江流域爲重心。源於唐古拉山脈的長江，中新世時期便已是一條貫穿四川盆地、巫山山地和中下游平原的大河。長江在穿過三峽峽區之後，自宜昌以下先經過因燕山運動而陷落沉降的雲夢澤地區，再抵武漢轉向東南，於九江又折向東北，直達上海並匯入東海，總計流程長達6300公里。[註1] 宜昌至江西湖口的長江中游，河谷寬闊，沿岸平原湖泊密布，

〔註 1〕 中國科學院中國自然地理編輯委員會，《中國自然地理・歷史自然地理》（北京：科學出版社，1982），頁 86-87。

河網交錯，富含自然資源。史前時期該地不僅有人類活動聚居，在新石器中期也發展爲史前稻作農業中心。〔註2〕長江中游成爲南土地域結構之主體，其地不僅是商周政權經營南土之中樞，楚人勢力發展更與此塊區域密不可分。本節即以兩湖盆地與鄱陽湖平原，以及漢水中游南陽盆地、襄樊谷地與隨棗走廊等地的長江中游區域，作爲探討南土地理環境主要範圍。透過觀察當地多樣性空間結構，以及地區生態之共通性，試圖描繪南土區域面貌，並分析自然環境帶給居民的影響。

一、地貌水系結構

（一）兩湖盆地區

兩湖盆地由江漢盆地與洞庭湖盆地所組成，轄有今湖北省與湖南省。

江漢盆地是自中生代白堊紀以來持續沉降的斷陷盆地，東西兩端距離約300公里，南北兩端距離約200公里。地貌主體爲盆地中心的沖積、湖積平原。江漢盆地西、北、東三面環山，山脈平均高度約在1000至2000公尺內，西部盆舷以鄂西山地與巫山和四川峽區接鄰；北部盆舷有淮陽山脈、桐柏山、大別山和霍山以西北——東南走向橫亙於豫、鄂、皖邊區，成爲長江、淮河的分水嶺；盆地東部則以幕阜山爲鄂贛省界。南部地區長江蜿蜒，丘陵河谷相間，地勢低緩。江漢盆地的水系以長江爲主幹。長江自西部宜昌切入，向東穿越盆地而去，其最大支流爲漢江，在盆地北部鍾祥進入盆地後，折往東南方至武漢匯入長江。

洞庭湖盆地亦屬斷陷盆地，盆地西、南、東三面環山，北面地勢敞開，與江漢平原接壤。盆地西面有武陵山、雪峰山；南部盆舷先有衡山，續向南又以騎田嶺、萌諸嶺等山脈作爲兩廣邊界；東部盆舷由北至南依序有九嶺山、武功山、萬洋山與諸廣山。盆地水系現以洞庭湖爲中心，形成較爲完整的向心狀水系，來自周圍山地的湘水、資水、沅水與澧水，從四面匯注洞庭湖，而湖水又經岳陽城陵磯匯入長江。

依據古籍記載，史前時期兩湖盆地中心的平原區域，曾存在過相連成片的浩瀚內陸湖雲夢澤，兩湖平原河網交錯、湖泊星羅棋布之景即爲雲夢澤淤塞後的殘留。此後雲夢澤又被附會爲跨江南北的大型湖泊，澤區範圍擴張至

〔註2〕嚴文明，〈稻作起源研究的新進展〉，原載《考古》，9（北京，1997.09），後收入氏著，《農業發生與文明起源》（北京：科學出版社，2000），頁19-22。

江南古洞庭湖區，近人對此說已多有質疑。而透過對地貌結構的分析，則已證明長江在第三紀時就已貫通江漢——洞庭盆地東去，加以兩盆地間華容隆起的阻隔，使得跨江的統一古湖不可能存在。〔註3〕至於雲夢古湖是否曾存在於江漢平原，學界則仍有所爭議。有學者認為，江漢平原上眾多湖泊大部份是壅塞湖，而非古雲夢澤的殘存水體。但也另有學者提出雲夢澤沉積物受河流影響，性質表現不明，造成認識雲夢澤古湖的困難，並不否定此一湖體存在的可能性。〔註4〕

　　長江以南的洞庭湖亦歷經一段演變過程。更新世時期，洞庭湖區受到新構造運動影響，湖相沉積一度消失，於全新世時期呈現河網切割的地貌景觀。爾後洞庭區雖然逐漸有沉降趨勢，但直至先秦時期仍只形成局部性小湖泊，今日所見洞庭湖應是漢晉之後才逐步成形。〔註5〕

　　總之，由於地質構造與沉積作用的差異，兩湖平原是以長江為界，分為北部江漢與南部洞庭相對獨立的凹陷區域。江漢平原區因河湖充填沉積，演變為湖泊繁多的地貌景觀；洞庭湖區則由於地層變遷較為穩定，平原區開始形成小型湖泊，但仍以河網切割的平原景觀為主。

（二）鄱陽湖平原區

　　鄱陽湖平原是以鄱陽湖為中心的平原，地處鄱陽盆地北部。平原東、西兩面分別有山脈阻隔，北面以狹長的長江沿岸平原與江漢平原東端相連，南面則與贛南丘陵為鄰。當地水系以鄱陽湖為中心，源於鄱陽盆地四周之河川（計有修水、贛江、撫水、信江與昌江）均向平原中心流動，注入湖中。鄱陽湖則向北於江西湖口一地匯入長江。

　　鄱陽湖屬於新構造斷陷湖泊，新生代第四紀時因為地貌型態劇烈演變，促使本已消失的原始鄱陽湖再度成形，湖盆自此持續沉降，但由於與贛江諸水挾帶的泥沙沉積量維持平衡，使得鄱陽地區得以於先秦時期維持河網切割景觀，直到漢代，鄱陽湖南湖區域方淤填成陸。先秦時期，鄱陽湖北方的九江地區尚存在有一彭蠡古澤。由於長江自漢口以來河谷逐漸縮窄，當長江出

〔註3〕 石泉、蔡述明，《古雲夢澤研究》（武漢：湖北教育出版社，1996），頁 115-138。
〔註4〕 前說見石泉、蔡述明，《古雲夢澤研究》，頁 115-138；後說見楊懷仁、唐日長主編，《長江中游荊江變遷研究》（北京：中國水利水電出版社，1998），頁 103。
〔註5〕 中國科學院中國自然地理編輯委員會，《中國自然地理・歷史自然地理》，頁 101-104。

武穴擺脫河谷束縛之後，便形成了一個以武穴爲頂點，水道分叉橫流的沖積扇。而當彭蠡古澤日漸萎縮，北連長江的鄱陽湖北湖則被附會爲彭蠡澤，其後該湖體逐步向南擴張，最終成爲今日幅員廣闊之鄱陽湖。〔註6〕

（三）漢水中游區

漢水是中國少數呈南北向奔流的大河，漢水中游區域涵蓋南陽盆地、襄樊谷地和隨棗走廊，其內有漢水及其支流丹江、唐河與白河沖積而成的平原。漢水河谷地貌形成於第四紀初期的喜馬拉雅運動，秦嶺、巴山、荊山、大洪山與大別山等均因此抬升爲高峻山脈。老河口市以下的區域，地層則拗曲下降，成爲面積廣大的氾濫平原，與長江中游平原相連。〔註7〕

南陽盆地位於河南、湖北與陝西三省交接處，是黃淮平原及江漢平原之間的過渡地帶。該地爲伏牛山、秦嶺、桐柏山、大洪山與荊山等山脈環伺的地塹盆地，地勢北高南低，盆地南端的襄樊谷地遂成爲漢水支流匯歸之所。漢水在經過漢水谷地後，於南陽盆地西南的老河口流入江漢平原。丹江發源於秦嶺南麓，爲漢水主要支流，江水於丹江口匯入漢水。自北而南穿貫南陽盆地的白河、唐河亦爲漢水重要支流，兩河並於襄樊地區匯合至漢水。隨棗走廊東起湖北隨州，西至棗陽，爲大洪山、桐柏山山脈之間的狹長走廊地區，其東端有溳水水系形成的沖積平原，西端則與襄樊谷地接壤。

綜觀長江中游地區的地貌水系組成，可以理解該地是以數個地理單元組合而成的半封閉區域。當地北以秦嶺、桐柏山與大別山一線爲屏障，並爲長江流域與黃淮流域的分水嶺；南方則有湘南的南嶺作爲長江流域與珠江流域的分水嶺；西部切穿巫山的峽江地帶則與兩湖平原截然兩分；東部與皖、贛兩省交界之大別山、幕阜山與九嶺山更形成長江中游與下游的明顯交界。在上述山脈環繞而成的區域地勢低平，分別由低於50公尺的平原，以及海拔200公尺以下的山麓與河谷所組成。若以長江爲界，則長江以北依據地形特徵又可劃分爲江漢平原、鄂西山地、鄂北崗地、南陽盆地與鄂東丘陵五個小型地理區；而長江以南亦有洞庭湖平原、湘西與湘南山地、湘贛丘陵、鄱陽湖平原等小型地理區。這些地理單元雖然自成一格，但卻因爲長江水系的串連，

〔註6〕中國科學院中國自然地理編輯委員會，《中國自然地理·歷史自然地理》，頁124-131。

〔註7〕魯西奇，《歷史地理研究：對象與方法——漢水流域的個案考察》（南寧：廣西人民出版社，2000），頁51-52。

而歸屬為具有封閉性格的單一地理體系。

不過長江中游半封閉的地理型態，其實仍不乏有與外界聯繫的管道，該地邊緣均有走廊孔道可通往鄰近區域。例如由隨棗走廊或漢水直入襄樊，再經漢水支流丹江水系穿越秦嶺，便可抵達渭河盆地關中地區；而通過南陽盆地，穿越豫西山地，再經伊、洛兩水，也可抵達洛陽盆地，進入黃河流域。東部的長江中下游交界處，除了以長江河谷聯外，亦可透過鄱陽湖平原或安慶盆地往來。除了西部四川盆地由於長江三峽地勢險峻，與江漢地區的聯繫較為受限之外，長江中游地區與外界的往來並無明顯窒礙，因此從新石器文化開始，當地文化便常與各地同時期文化有所聯繫，並且互為影響。

二、自然環境變遷

距今約 8000 至 3000 年以前，大冰期結束、全球氣溫普遍回暖，並於全新世中期達到高峰。而長江中游地區則在距今 7500 至 6000 年的時段，進入最適宜生物活動的階段，平均氣溫超過攝氏 20 度，加以雨量充沛，〔註8〕當地出現頻繁的人類活動，新石器文化就此發軔。根據湖南彭頭山遺址的孢粉分析鑑定，可知該地早期為杉木帶，氣溫略低於現代，但松樹與闊葉樹不斷增加，反應氣溫上揚現象；〔註9〕其後階段的胡家屋場遺址孢粉分析，則呈現了落葉、闊葉混合林與松林景觀，印證氣候持續回暖的趨勢。〔註10〕在下一階段的新石器文化發展，大溪文化遺址屢見亞洲象、蘇門犀等生存於熱帶、副熱帶的動物遺骸，而河南淅川下王崗遺址的同類發現，則顯示當時副熱帶氣候北界可能已跨越秦嶺、淮河一線。〔註11〕回暖的氣候在距今6000年至5000年間出現波動，此時約為長江中游大溪文化與屈家嶺文化的過渡時期，當時各地區氣溫驟減，下王崗遺址於屈家嶺文化層中不見任何喜暖動物遺骸。低溫期之後的石家河文化時期，長江中游地區的氣溫回升，水鹿、軸鹿等喜暖

〔註 8〕楊懷仁，〈中國東部近 20000 年來的氣候波動與海面升降運動〉，《海洋與湖沼》，15：1（北京，1984.01），頁 1-13。

〔註 9〕湖南省文物考古研究所孢粉實驗室，〈湖南澧縣彭頭山遺址孢粉分析與古環境探討〉，《文物》，8（北京，1980.08），頁 30-32、69。

〔註 10〕南京大學地理系，〈胡家屋場遺址孢粉分析研究〉，《考古學報》，2（北京，1993.04），頁 203-206。

〔註 11〕龔高法、張丕遠、張瑾瑢，〈歷史時期我國氣候帶的變遷及生物與布界的推移〉，《歷史地理》，5（上海，1987.05），頁 1-10。鄒逸麟主編，《黃淮海平原歷史地理》（合肥：安徽教育出版社，1993），頁 3-4。

動物復出現於下王崗遺址，江漢平原鄧家灣遺址出土的陶製動物中亦有大象陶塑，間接證明當時氣候再度趨於暖濕。

　　青銅文化時期，根據殷墟出土的動物骨骼研究，發現當時中原有獐、竹鼠、水牛、象和貘等動物棲息，河北蒿城臺西商代遺址也出土有貘、水牛與梅花鹿等動物骸骨，〔註12〕顯示商代延續新石器時代晚期以來的暖濕氣候。然而至周初時期，氣候轉爲寒冷，周孝王時漢水冬季甚至凍結，整體環境隨天象轉變日漸乾燥。此時期長江中游地區氣溫陡降，歷經近 200 年的乾寒冷期。春秋時期，透過文獻中的物候記載，可知寒冷氣候已漸趨和緩，山東魯國甚至無法取得冰。戰國時期氣候仍維持溫暖，北方農業一年可有兩熟收穫，溫暖氣候大抵延續至秦漢時代。〔註13〕

　　長江中游地區於史前至東周階段，普遍爲暖濕氣候，寒冷氣候僅出現於新石器屈家嶺文化以及西周時期。暖濕環境所帶來的高降雨量，與長江中游湖群消長演變互爲表裡。距今 3000 年前後，江漢湖群發育達到了鼎盛階段，然而江漢湖泊分布限於河間窪地與平原邊緣地帶，僅於洪水期形成水體廣茂的洪泛區。進入商周時期，人類活動雖已涉足湖群區，卻少有大規模發展，表明湖群的存在仍造成開發限制。〔註14〕長江以南的洞庭湖區則是因氣候變遷而使水體反覆增縮。在水面擴張時期，洞庭湖以今沅江河口至東洞庭湖爲中心，呈長條狀分布，並於長江河口地區逐漸發育爲三角洲。而枯水期的洞庭湖湖面則相應收縮，大片湖灘地裸露。〔註15〕鄱陽湖與洞庭湖均在氣候變遷之下，先秦時期普遍呈現河網切割的景觀，於秦漢時代發展爲幅員遼闊的湖體。

　　對於長江中游的早期文化而言，江河水系與湖群變遷所帶來的影響最爲深刻。長江中游許多新石器文化遺址，於上下兩個文化層之間，普遍夾有厚度不等的淤沙、淤土層，部份遺址則直接爲砂土淤積掩埋或被洪水沖

〔註12〕 河北省文物考古研究所，《蒿城臺西商代遺址》（北京：文物出版社，1985），頁 188。

〔註13〕 中國科學院中國自然地理編輯委員會，《中國自然地理‧歷史自然地理》，頁 8-9。

〔註14〕 蔡述明、趙艷、杜耘、何報寅，〈全新世江漢湖群的環境演變與未來發展趨勢——古雲夢澤問題的再認識〉，《武漢大學學報（哲學社會科學版）》，6（武漢，1998.12），頁 96-97。

〔註15〕 杜耘，〈洞庭湖新石器文化遺址與古環境〉，《華中師範大學學報（自然科學版）》，36：4（武漢，2002.12），頁 519。

失。〔註 16〕配合當時聚落遺址的分布變化，則可發現每當洪汛頻繁，長江中游遺址均向海拔較高的崗地和河谷階地遷徙，並於洪水消退後歸返江岸平原，〔註 17〕顯見當時長江中游居民傍水而居，並以仰賴水源的稻作農業營生，因此頻繁變動的水文體系造成聚落難以維持長期性穩定。商周階段由於進入寒冷期，並無異常洪水現象。人們由於自然環境漸趨穩定與技術演進等有利條件，對於水資源較能有效掌握，春秋戰國時期楚人的水利建設便是在防洪功能之外，又發展有儲水灌溉的設計，〔註 18〕可知當時環境發展已受到人為因素介入。長江中游地理環境特性與河湖水體的變遷關係密切，在全新世高溫期所帶來的洪水期之後，當地自然環境便進入歷史上相對穩定的階段，人為力量也開始發揮影響力。

第二節　新石器時代文化發展

關於中國新石器時代文化分期，現階段多以嚴文明針對農業文化區提出的新石器早期（分為前後兩段）、新石器晚期以及銅石並用時期作為標準。〔註 19〕其後張馳依據長江中游新石器文化發展的特質，對分期具體內容與名稱稍作調整，將長江中游新石器文明進程劃分為新石器早期、中期、新石器晚期前段、後段和新石器末期。〔註 20〕本文主要採用張馳的分期觀點，並將稻作起源作為當地文化發展的出發點，依序討論新石器中期彭頭山、城背溪文化，新石器晚期前段的大溪文化，晚期後段的屈家嶺文化、石家河文化，以及新石器末期以石家河文化後期為主體的後石家河文化。

〔註 16〕　朱誠、于世永、盧春成，〈長江三峽及江漢平原地區全新世環境考古與異常洪澇災害研究〉，《地理學報》，52：3（北京，1997.05），頁 270-272。

〔註 17〕　王紅星，〈長江中游地區新石器時代遺址分布規律、文化中心的轉移與環境變遷的關係〉，《江漢考古》，1（武漢，1998.03），頁 53-61、76。

〔註 18〕　王崇禮，《楚國土木工程研究》（武漢：湖北科學技術出版社，1995），頁 207-210。

〔註 19〕　嚴文明，〈中國史前文化的統一性與多樣性〉，原載《文物》，3（北京，1987.03），後收入氏著，《史前考古論集》（北京：科學出版社，1998），頁 8。

〔註 20〕　張馳，《長江中下游地區史前聚落研究》（北京：文物出版社，2003），頁 3。

圖 2-2-1：長江中游新石器時代主要遺址分布圖

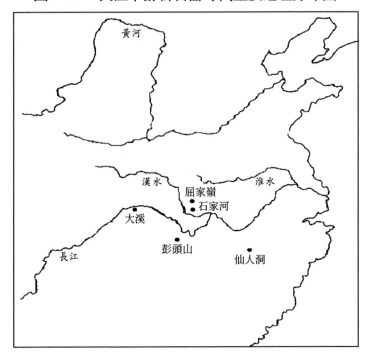

一、彭頭山、皀市下層與城背溪文化

　　長江中游地區最早發現的新石器文化為城背溪文化，依照文化面貌再區分為湖南省西北的皀市與湖北省西部的城背溪兩種類型，由於皀市文化（包含以澧縣彭頭山遺址為代表的彭頭山文化）與城背溪文化相鄰，距離僅約 100 公里，彼此往來不受阻擋，又可保持相對獨立性，因此將三種文化統稱為城背溪文化。〔註 21〕另有學者提出皀市與城背溪類型是具有諸多聯繫，但互不統屬的兩種文化，或認為兩湖地區各類型文化均源於彭頭山文化，城背溪文化為彭頭山文化向峽江西側發展的結果。〔註 22〕

〔註21〕嚴文明，〈中國史前的稻作農業〉，原載周秦文化研究編委會，《周秦文化研究》（西安：陝西人民出版社，1998），後收入氏著，《農業發生與文明起源》，頁 3。張緒球，《長江中游新石器時代文化概論》（武漢：湖北科學技術出版社，1992），頁 17。

〔註22〕何介鈞，〈洞庭湖區新石器時代早期文化探索〉，收入湖南省文物考古研究所、湖南省考古學會編，《湖南考古輯刊》，5（長沙，1989.12），頁 130-132。孟華平，《長江中游史前文化結構》（武漢：長江文藝出版社，1997），頁 151。

　　彭頭山文化首先發現於湖南澧縣大坪彭頭山，為長江中游早期新石器文化之一。同類型的遺址尚有澧縣李家崗、八十壋、劉家灣、蕭家崗、黃麻崗、湖家墳與曹家灣等十多處，主要分布於澧水北岸的澧陽平原。遺址年代約為西元前 7000 年至西元前 5500 年。〔註23〕彭頭山文化主要出土物有陶器和石器。陶器製作技術或直接捏塑成形，或使用泥片貼塑法，可知當時陶器形制雖然粗糙，但已非陶器生產的初始型態。至於石器則以細小燧石器與大型打製石器較多，磨製石器通常選用硬度較低的石料，用途也以裝飾品為主，顯示石器磨製處於初期階段。〔註24〕稻作遺存為彭頭山遺址挖掘的重要收穫，遺址內發掘的紅燒土殘塊與陶器胎壁中，均發現有稻穀殼與稻草痕跡碎屑。其中八十壋遺址出土大批稻穀，經檢驗為兼有秈種、粳種與野生稻特徵的原始古栽培稻，可知當地是栽培稻農業的起源地之一。〔註25〕

　　承繼彭頭山文化的皂市文化，首先發現於石門縣皂市遺址下層，遺址主要分布區域為澧水下游澧陽平原，並向澧水中游與沅水中下游發展，可分為西側山前地帶的皂市類型與位於東側平原地帶的墳山堡類型。陶器製作雖然較彭頭山文化進步，但仍以泥片貼塑法製陶。當地出土石器，多是以礫石加工的磨製石器和以燧石打製的小型石器為主。〔註26〕

　　城背溪文化因宜都城背溪遺址，除卻於長江西陵峽和巫峽東段有部份遺址出土外，遺址均集中於湖北宜都縣境內的長江沿岸。經過碳十四年代測定為西元前 6500 年至西元前 5000 年的新石器文化。目前考古已挖掘有宜都城背溪、柳林溪、枝城北、金子山、孫家河、栗樹窩、花廟堤和枝江青龍山等十餘處城背溪文化遺址，根據包含有稻作遺存與水生動物遺骸等出土遺物，可知當時居民是以漁獵活動與稻作耕植維生。石器雖已出現磨製技術，但仍以打製或琢製

〔註23〕嚴文明，〈中國史前稻作農業遺存的新發現〉，《江漢考古》，3（武漢，1990.09），頁 28。

〔註24〕裴安平，〈湘北洞庭湖地區新石器文化序列的再研究〉，收入許倬雲、張忠培編，《中國考古學的跨世紀反思》（香港：香港商務印書館，1999），頁 122-125。湖南省文物考古研究所、澧縣文物管理所，〈湖南澧縣彭頭山新石器時代早期遺址發掘簡報〉，《文物》，8（北京，1990.08），頁 17-29。

〔註25〕湖南省文物考古研究所，〈湖南澧縣夢溪八十壋新石器時代早期遺址發掘簡報〉，《文物》，12（北京，1996.12），頁 38。張文緒、裴安平，〈湖南澧縣夢溪八十壋出土稻穀的研究〉，《文物》，1（1997.01），頁 36-41。

〔註26〕孟華平，《長江中游史前文化結構》，頁 108。張緒球，《長江中游新石器時代文化概論》，頁 32-43。湖南省博物館，〈湖南石門縣皂市下層新石器遺存〉，《考古》，1（北京，1986.01），頁 1-11。

為多，出土器物型制較為原始粗糙。而主要由泥片貼築法成形的陶器，則因摻入稻草與稻穀殼，而使陶器胎質含有大量碳化物。城背溪陶器雖然器類逐漸分化增加，造型紋飾也有所演進，但基本上仍未有劃時代的風格出現。〔註27〕

以兩湖地區為主體的彭頭山、城背溪文化基本上仍處於自給自足的自然經濟階段，但仍不排除聚落間有交換陶器的可能性，由於石料資源分布不均，石器也可能於長江流域內輸送傳播。〔註28〕此時段共存的新石器文化有湘江流域的黃家園類型與大塘文化，其文化面貌與洞庭湖區頗為相近，應屬彭頭山文化和皂市文化影響區。〔註29〕而在北方淮河流域，地處稻作區域北緣的河南舞陽賈湖遺址，也可能與彭頭山、城背溪文化有所聯繫，出土器物形制與經濟型態具備共通性質，〔註30〕透露賈湖一帶可能與兩湖流域存在著貿易關係。

二、大溪文化

大溪文化因四川省巫山縣大溪遺址而得名，文化分布範圍擴及峽區以東的江漢地區。之後相關研究依據各地區特性，又將大溪文化劃分為數個地方類型，以關廟山、湯家崗與油子嶺為主，〔註31〕整體文化年代約距今 6300 至 5000 年。不過，亦有許多學者認為湯家崗類型為獨特文化類型，漢水東部的油子嶺類型也僅是受到大溪文化影響，而非純粹的大溪文化類型。〔註32〕大溪文化範圍與類型劃分之歧見，延續了前一階段關於彭頭山文化與城背溪文化的爭議，亦即兩湖地區是否已存在一個強勢文化，並且主導當時長江中游的文化發展？此項議題不僅決定大溪文化發展走向，亦成為日後屈家嶺文化崛起的關鍵。

大溪文化於長江三峽與江漢平原西南部已有大量遺址出土，其分布範圍於峽區之外，可達湖北江陵縣與洪湖西岸監利縣一帶。在秭歸朝天嘴遺址和柳林溪遺址，都發現城背溪文化與大溪文化的地層疊壓關係，大溪文化是以

〔註27〕湖北省文物考古研究所，《宜都城背溪》（北京：文物出版社，2001），頁 279-284。湖北省文物考古研究所，〈1982 年秭歸縣柳林溪發掘的新石器早期文化遺存〉，《江漢考古》，1（1994.03），頁 1-12。

〔註28〕張馳，《長江中下游地區史前聚落研究》，頁 21。

〔註29〕郭偉民，〈湘江流域新石器文化序列及相關問題〉，《華夏考古》，3（鄭州，1999.03），頁 68-69。

〔註30〕河南省文物考古研究所，《舞陽賈湖》（北京：科學出版社，1999），頁 532-535。

〔註31〕張緒球，《長江中游新石器時代文化概論》，頁 56-60。

〔註32〕孟華平，〈論大溪文化〉，《考古學報》，4（北京，1992.10），頁 410-411。

城背溪文化為基礎的新考古文化，並且可劃分為三峽的中堡島類型與江漢平原西南的關廟山類型。〔註33〕綜合而言，大溪文化時期磨製石器的比例逐漸提高，石器製作技術已臻精良，宜昌中堡島與枝城紅花套還出現有石器作坊，以及大量石器製品和工具。此時期的製陶技術也出現長足進展，人們日漸重視陶土選擇，陶胎中的雜質減少，加以慢輪修整技術獲得普遍應用，並逐步發展為快輪製坯成型，促使細泥紅陶器大量出現，並且可製作出蛋殼彩陶。此外，當地還出土大量玉器，並以玦、璜等形式最為常見，主要採用切割、琢磨、鑽孔和拋光的方式製作。〔註34〕

　　洞庭湖西北的大溪時期文化以湯家崗遺址為代表。不過許多研究將湯家崗視作由皂市發展而來的獨立文化，認為此類洞庭湖區文化不但具有代表性典型器物組合，更因特徵鮮明的陶器幾何紋飾，應與大溪文化發展脈絡分離。〔註35〕

　　漢水以東新石器遺存是以鍾祥邊畈遺址時代最早，年代當屬大溪文化初期。當地文化受到北部仰韶文化的影響甚大，與西部大溪文化有所區別，是江漢平原北部具有獨立性質的新石器文化。邊畈文化往南的京山、天門一帶則是油子嶺文化分布區，該地部份遺存最初由於與大溪文化擁有共同點，〔註36〕也被視為大溪文化地方類型。但油子嶺文化使用鼎為主要炊具，器物也擁有自身特點，與使用釜的大溪文化差異日趨擴大。而近年透過分析油子嶺一期遺存的文化性質，則又發現當地出土陶器具有鮮明特點，墓葬形式的差異似乎也可證明兩地應是交互影響的對等文化。〔註37〕

　　歸結對於新石器文化中期長江中游文化區系的討論，可以觀察到當時以漢水作為分界，在漢水以西，鄂西至峽江地區是以釜、罐作為代表的文化，洞庭湖區的湯家崗文化與此關係深刻；漢水以東直至大別山南麓的皖南與

〔註33〕孟華平，《長江中游史前文化結構》，頁112。陳振裕，〈湖北考古的世紀回顧與展望〉，原載《考古》，8（北京，2000.08），後收入氏著，《楚文化與漆器研究》（北京：科學出版社，2003），頁3。

〔註34〕孟華平，《長江中游史前文化結構》，頁112。張緒球，《長江中游新石器時代文化概論》，頁146-155。

〔註35〕尹檢順，〈論鄂西與洞庭湖區新石器時代早期文化序列及相互關係〉，《江漢考古》，2（武漢，1998.06），頁43。郭偉民認為湯家崗文化是受到沅水高廟文化影響，接受了印紋白陶等特色鮮明的器物。詳見郭偉民，〈中心與外圍：湖南新石器文化進程的區域考察〉，《古代文明》，6（北京，2007.12），頁64。

〔註36〕石河考古隊，〈湖北石河遺跡群1987年發掘簡報〉，《文物》，8（北京，1990.08），頁15。

〔註37〕沈強華，〈油子嶺一期遺跡試析〉，《考古》，9（北京，1998.09），頁55-59。

贛北，則是鼎文化系統，邊畈文化與油子嶺文化即屬此系統。而主要文化區的邊緣地帶，同時還存在有不少新石器文化，在受到鄰近主要強勢文化影響之下，仍蘊含地區性風格。湘江流域的堆子嶺文化便是受湯家崗文化影響之下，又具有鼎文化特徵與當地特色。〔註38〕江西鄱陽盆地目前最早的新石器文化，開始於與大溪文化同期的新餘拾年山遺址，該類型文化廣泛分布於鄱陽湖與贛江地區。〔註39〕漢水中上游地區則是以仰韶文化為主，密集分布於南陽盆地周邊區域，湖北省西北鄖縣、均縣和房縣等處出土有朱家臺與大寺兩大類型遺址，在河南淅川境內的丹江流域亦有發現下王崗等遺址。由於地屬黃河中游與長江中游南北文化的交匯處，文化面貌常兼融有南北兩方特質。

大溪文化時期由於為全新世大暖期鼎盛階段，對於長江中游經濟生產與文化發展提供了有利環境，以稻作為主體的原始農業進一步擴展，手工業也有長足進步。兩湖地區已經形成數個獨立發展的陶器生產中心，並且因各自地緣遠近與周邊文化相互交流影響。在陶器之外的手工業製品與技術流通範圍則更為廣大，諸如石器和骨器大部份可能是由西部峽江地區輸向東部兩湖地區，玉器與相關製作技術，則可能是來自於長江下游的薛家崗與良渚文化，〔註40〕顯示當時長江流域整體文化演進，已與區域互動達到一定程度。

三、屈家嶺文化

屈家嶺文化是以湖北京山縣屈家嶺遺址所命名的新石器文化，長江中游地區有近千處同類型遺跡出土，文化分布遍及長江中游各處，年代距今約5000年至4600年。屈家嶺文化是在油子嶺文化的基礎之上，兼融各地文化特質發展而成，並且以漢東地區作為主要領域的新考古學文化。無論此階段新石器文化發展的實貌，是屈家嶺文化取代並融合了大溪文化，抑或大溪文化發展為屈家嶺文化，長江中游的區域結構均已出現了基本轉變，過往聚落集中的川東、鄂西地帶，逐漸轉為文化發展的周邊地區，與屈家嶺主體文化關聯並

〔註38〕郭偉民，〈湘江流域新石器文化序列及相關問題〉，頁69-70。

〔註39〕劉詩中，〈江西新石器文化探討〉，《考古》，12（北京，1993.12），頁1101-1103。

〔註40〕張馳，《長江中下游地區史前聚落研究》，頁21。楊建芳，〈大溪文化玉器淵源探索——兼論有關中國新石器時代文化傳播、影響的研究方法〉，收入四川大學博物館、中國古代銅鼓研究學會，《南方民族考古》，1（成都，1987），頁15-20。

不緊密；反觀漢水以東地區，則成爲強勢文化的核心地帶。

　　在漢水東岸的江漢平原，屈家嶺文化建立起以環壕城垣石家河遺址爲中心的大型聚落，儼然成爲長江中游新石器晚期的代表性文化。屈家嶺類型石器均爲磨製，形體較小且固定，可能有相當比例屬於複合工具，並且具有多種用途，亦出現實際用途不明的鑽形器。出土陶器製作方式是在食器部份運用輪製，大型炊器則爲手製。此時期陶器製造精良，出土物多半器形規則且胎壁均勻，並出現胎壁極薄的蛋殼陶。〔註41〕

　　鄂省東北地區與皖、贛兩省相鄰，該地新石器文化分布多近於河流沿岸，屈家嶺文化沿著長江支流巴水、舉水與滠水往北擴張。〔註42〕黃岡地區武穴鼓山墓地遺址爲屈家嶺文化向東拓展之極限，該地仍是以長江下游薛家崗文化爲主體，遺跡僅於略含有江漢地區文化因素。〔註43〕而武漢一帶的放鷹臺與新洲香爐山遺址，文化屬性偏向黃岡螺螄山類型，爲屈家嶺早期較具有地區性特質的新石器文化。〔註44〕

　　屈家嶺文化的影響力最北可抵河南禹縣方城一帶，〔註45〕但丹江流域上游其實已受到仰韶文化影響，屈家嶺文化發展北界以丹江上游爲其極限。丹江下游地區則以黃楝樹、下王崗與下集遺址爲主要屈家嶺遺址，丹江口市近年亦有太山廟與玉皇廟等遺址出土；〔註46〕而漢水中游沿岸則發掘有鄖縣青龍泉、大寺遺址與均縣亂石灘、朱家臺等遺址。此地區遺址普遍被統稱屈家嶺文化青龍泉類型，出土陶器以灰陶爲主，且多爲手製陶器，輪製技術較不普遍，彩陶在出土器物中則佔有一定比例。江漢屈家嶺文化發展至漢水中游地區時已屬晚期，文化的改造動力較弱，使得許多遺址均保有該地區前一階

〔註41〕張緒球，《長江中游新石器時代文化概論》，頁 194-195。孟華平，《長江中游史前文化結構》，頁 117。

〔註42〕魏峻，〈鄂東北地區新石器時代文化初論〉，《江漢考古》，1（武漢，1999.03），頁 55。

〔註43〕湖北省京九鐵路考古隊、湖北省文物考古研究所，《武穴鼓山：新石器時代墓地發掘報告》（北京：科學出版社，2001），頁 243-244。

〔註44〕湖北省文物考古研究所，《武昌放鷹臺》（北京：文物出版社，2003），頁 90。武漢大學歷史系考古教研室，〈湖北新洲香爐山遺址（南區）發掘簡報〉，《江漢考古》，1（武漢，1993.03），頁 14-19、87。

〔註45〕張緒球，《長江中游新石器時代文化概論》，頁 181。

〔註46〕湖北省文物考古研究所、湖北省十堰市博物館，〈太山廟新石器時代遺址第一次發掘簡報〉，《江漢考古》，2（武漢，2001.06），頁 1-10。丹江口市博物館，〈湖北丹江口市玉皇廟遺址調查報告〉，《華夏考古》，2（鄭州，2003.06），頁 3-10。

段仰韶文化的型態。〔註47〕

　　漢水西岸的屈家嶺文化遺址集中於長江北岸，並以西陵峽東端爲文化分布西界，約抵宜都紅花套遺址與今宜昌市一帶。多數研究均認爲鄂西地區深受屈家嶺文化的衝擊，直到屈家嶺文化末期才又恢復自我發展。〔註48〕峽江地區內的宜昌中堡島遺址雖然兼雜有屈家嶺文化特色，但是屬於峽江西部的哨棚嘴文化因素亦多，〔註49〕該地應屬屈家嶺文化周邊影響區，因此具有雜揉多種文化成分的混合面貌。目前有學者統整鄂西地區爲屈家嶺文化清水灘類型，以少見鼎器作爲此一地方類型特色。〔註50〕

　　長江南岸洞庭湖區的屈家嶺文化稱爲劃城崗類型，遺址集中分布於澧陽平原，已發現遺址多半屬於前期文化的上層，諸如三元宮、劃城崗、丁家崗與車軸山遺址均屬此型態。出土遺存顯示當時石器已以磨製爲主，並有鑽孔技術，連帶促使生產工具發揮更高效能。陶紡輪的出土則代表紡織生產的出現。而當地陶器彩陶較少，但彩繪技術無疑已到達一定水準。〔註51〕

　　同時期長江中游在以屈家嶺文化爲主體的地區之外，亦有受到多重文化衝擊的周邊文化區。湘江流域以岱子坪文化爲主體，其文化除卻含有兩湖地區屈家嶺文化因素，亦深受廣東石峽文化與良渚文化影響，文化面貌複雜，與前期堆子嶺文化差異甚大，足見當地文化處於強勢文化交匯區域的邊緣性質。〔註52〕江西鄱陽湖與贛江一帶，繼拾年山文化之後，又出現樊城堆文化該文化東北與薛家崗文化，西與岱子坪文化，南與石峽文化關係較爲密切，

〔註47〕沈強華，〈試論屈家嶺文化的地域類型〉，《考古與文物》，2（西安，1986.03），頁40-41。任新雨，〈試論鄂西北地區的仰韶文化和屈家嶺文化〉，《江漢考古》，4（武漢，2001.12），頁32-39。靳松安、任偉，〈略論漢水中游地區的仰韶文化〉，《中原文物》，4（鄭州，1994.08），頁14-21。

〔註48〕黎澤高，〈枝城市新石器文化概論〉，《江漢考古》，1（武漢，1991.03），頁25-26。盧德佩，〈宜昌史前文化研究（下）〉，《湖北三峽學院學報》，22：3（宜昌，2000.06），頁33。

〔註49〕國家文物局三峽考古隊，《朝天嘴與中堡島》（北京：文物出版社，2002），頁285。白九江，〈宜昌中堡島遺址大溪、屈家嶺和哨棚嘴三種文化因素的分析〉，《江漢考古》，2（武漢，2003.06），頁46-53。

〔註50〕孟華平，《長江中游史前文化結構》，頁121。

〔註51〕裴安平，〈湘北洞庭湖地區新石器文化序列的再研究〉，頁140-146。曹傳松，〈淺論洞庭湖北岸石器時代文化〉，《東南文化》，6（南京，1994.06），頁66-69。其中裴安平又將劃城崗類型再行區分成劃城崗與三元宮兩段前後承接的文化，本文則仍循學界普遍認定的屈家嶺文化劃城崗類型概念作爲論述脈絡。

〔註52〕郭偉民，〈湘江流域新石器文化序列及相關問題〉，頁70-72。

〔註53〕屬於以鄱陽湖——珠江三角洲爲中軸的南方文化區，亦受到東南沿海文化影響。說明最晚至屈家嶺文化時期，湘南與贛江、北江、珠江流域一帶可能形成了一個原始文化區域。〔註54〕而贛省西北山區則發現山背遺址群，遺址內分爲印紋硬陶與紅陶遺存，紅陶遺存性質與江漢地區新石器文化面貌較爲相近。〔註55〕

屈家嶺文化時期，稻作農業發展幅度更大，當時人們在選擇城址和聚落地點時，可能即以稻作農業生產作爲取決居址的主要條件。爲了稻作農業的水源需求，較複雜的人工灌溉系統也應運而生。〔註56〕在長江流域出土的屈家嶺古城，均發掘有大量稻穀殼和稻草遺存，湖北陰湘城灰坑更發現儲積有大量稻穀與炭化稻米，可知屈家嶺文化時期稻作農業發達，聚落糧食生產已有剩餘。紡織手工業爲屈家嶺文化另一項突出的發展，出土遺物包含有大量紡輪，其中又以彩陶紡輪最具特色，又掌握了自然纖維的脫膠技術，使紡紗時的纖維軟化，紡輪型態轉爲輕薄。目前雖然未見屈家嶺文化時期的紡織品出土，但其紡織手工業已發展至相當程度。〔註57〕快輪製陶技術出現於大溪文化晚期，於屈家嶺時期普及於製陶作業。由於快輪製坏提高生產效率，促成製陶工業的整體技術演進，特別是燒成工藝技術進步所帶來的陶色變化，屈家嶺文化便因此從紅陶迅速轉變爲以黑陶與（黑）灰陶爲陶色主體的發展。〔註58〕

聚落的發展亦甚爲引人注意，彭頭山文化時期的澧縣八十壋遺址爲長江中游發現最早的新石器時代環壕聚落，以壕溝與土堤爲防禦設施。而在天門石家河遺址群的屈家嶺文化古城，其週邊遺址則以古城爲核心，形成規模龐

〔註53〕李家和、楊巨源、劉詩中，〈再論樊城堆——石峽文化〉，《東南文化》，3（南京，1989.03），頁172-173。

〔註54〕江西省文物考古研究所，〈江西考古的世紀回顧與思考〉，《考古》，12（北京，2000.12），頁26。

〔註55〕張馳，《長江中下游地區史前聚落研究》，頁213-214。

〔註56〕根據湖南城頭山遺址的考古發掘簡報，長江中游地區在新石器文化早期階段便出現了水溝、儲水坑等與水田配套的灌溉系統。至屈家嶺文化時期，環壕聚落的出現則顯示當時水利系統的進一步發展。參見湖南省文物考古研究所，〈澧縣城頭山古城址1997～1998年度發掘簡報〉，《文物》，6（北京，1999.06），頁4-17。張緒球，《屈家嶺文化》（北京：文物出版社，2004），頁127-128。

〔註57〕張緒球，《長江中游新石器時代文化概論》，頁204-212。

〔註58〕林邦存，〈論屈家嶺文化形成的年代和主要原因〉，《江漢考古》，2（武漢，1996.06），頁71-73。李文杰，〈京山屈家嶺遺址第三次發掘遺存的制陶工藝和年代問題〉，《中國歷史博物館館刊》，1（北京，1994.06），頁23。

大的大型聚落。同時期分布於江漢地區的古城，包括有石家河古城東部的應城門板灣城，長江南岸的石首走馬嶺城與公安雞鳴城，以及長江北岸的荊門馬家院城與荊州陰湘城；湖南澧水沿岸則有城頭山城與雞叫城。上述古城與石家河古城相比應為中型規模的聚落中心，推測這些古城所代表的聚落可能與石家河城存在某種程度的從屬關係。〔註59〕從屈家嶺文化時期開始，兩湖地帶聚落數量成倍增加，聚落內部分化也逐步劇烈，聚落外部則形成聯合體的新型態；漢水中游區迄今未見大型聚落與古城遺址，不過在屈家嶺文化北向發展下，該地與兩湖地區文化深入交流。鄂西峽江區則與長江中游主體發展較為疏離，石器生產較大溪文化時期萎縮，其石器外銷地位可能為漢水中游地區所取代。

四、石家河文化〔註60〕

　　石家河文化是繼屈家嶺文化發展而來的一種考古學文化，以天門石家河遺址為代表命名。學界普遍以江漢平原中北部，即漢水與溳水之間，北起鐘祥，南至天門的區塊視為石家河文化的中心；而在此文化中心區之外的同時代文化則被劃分為若干個石家河文化地方類型。學界普遍依據張緒球的意見劃分為七個類型，亦即江漢平原中北部的石家河類型，鄂東南的堯家林類型，鄂東北地區栗山崗類型，漢水中游隨棗走廊的西花園類型，丹江流域與襄樊地區的青龍泉類型，鄂西的季家湖類型，洞庭湖西北岸的劃城崗類型。〔註61〕

〔註59〕 劉德銀，〈屈家嶺文化與石家河文化研究的回顧〉，收入林泊佑主編，《海峽兩岸楚文化學術研討會論文集》（臺北：國立歷史博物館，2002），頁84。

〔註60〕 石家河文化在1987年石家河遺址發掘後被區分為三期，然而隨著發掘與研究逐漸深入，發現前兩期的差別並不顯著，因此1999年出版的《蕭家屋脊》便改將石家河文化區分為早、晚兩期，早期又有前、後兩段，確立了完整的編年框架。然而亦有學者指出石家河晚期文化已與早期文化沒有直接關係，應視為另一種文化。參劉德銀，〈屈家嶺文化與石家河文化研究的回顧〉，收入林泊佑主編，《海峽兩岸楚文化學術研討會論文集》，頁87-88。而1993年發表的石家河遺址群調查報告亦已指出石家河文化早、晚兩期變化更甚於文化形成初期，可知原石家河文化的早、晚期遺存實有分開討論的必要。參見北京大學考古系、湖北省文物考古研究所、湖北省荊州地區博物館、石家河考古隊，〈石家河遺址群調查報告〉，《南方民族考古》，5（成都，1993），頁275。因此本節的「石家河文化」是以原石家河文化早期的遺存作為討論主體，之後採行孟華平於《長江中游史前文化結構》提出的「後石家河」概念，於下一部份處理原石家河晚期文化的相關討論。

〔註61〕 其中季家湖類型在張緒球劃分下還包括後期石板巷子類型，而栗山崗類型由

文化年代約距今 4600 年至 4200 年。

　　石家河類型是以天門石家河遺址命名，其範圍包含荊門鍾祥與天門京山、石河等地，該地以漢水與鄂西相隔，東部則有溳水和大洪山，構築成一個相對獨立，又不至於全然封閉的環境。此一文化類型是以石家河遺址群為核心，石家河鎮內由屈家嶺延續至石家河文化的遺址分布密集，在遺址群外圍仍有零散聚落分布。〔註 62〕遺址群陶器常有集中於個別遺跡的現象，例如鄧家灣遺址出土大量動物與人偶的小型陶塑，〔註 63〕而三房灣遺址則估計堆積有逾萬件紅陶杯，〔註 64〕這些遺址是專業陶器作坊，或者另有宗教儀式或儲存的用途，目前仍無法確認，但當時石家河遺址群顯然已是頗具規模的綜合經濟體系。〔註 65〕

　　堯家林類型發現於鄂省東南咸寧市南端的通城，發展範圍包含湘省東北一帶，該地由於距安徽不遠，又和湖南東北與江西修水山背地區相鄰，文化面貌顯得較為複雜。〔註 66〕

　　鄂省東北部於石家河文化時期以麻城栗山崗遺址最受注目，近年當地新石器晚期文化發展較為清晰，約略可劃出一個南抵長江，北達大別山——桐柏山一線，並以蘄水下游為東界的石家河文化地方類型。〔註 67〕鄂東北區身處長江中游江漢文化與下游江淮文化區的交匯地帶，長期而言，以黃岡市至麻城一線為江漢文化，黃梅地區屬江淮文化，介於兩地之間的蘄水下游蘄春地區則文化歸屬不定。石家河文化時期，江漢地區勢力向東擴張，蘄春從而

於發掘資料不足，尚未有正式命名，本文暫名為栗山崗類型。參見張緒球，《長江中游新石器時代文化概論》，頁 274-279。孟華平則提出劃分為石家河類型、堯家林類型、青龍泉三期類型、季家湖類型、廟坪類型（峽江地區）、劃城崗晚期類型、以及岱子坪類型（湘江流域）的說法，基本上對張說的文化範圍作出修正，但在整體區劃上並無大幅度變異。參見孟華平，《長江中游史前文化結構》，頁 121。

〔註 62〕石家河考古隊、北京大學考古隊，《蕭家屋脊》（北京：文物出版社，1999），頁 338-339。湖北省考古研究所、北京大學考古系、湖北省荊州博物館，《鄧家灣》（北京：文物出版社，2003），頁 288-289。

〔註 63〕湖北省考古研究所、北京大學考古系、湖北省荊州博物館，《鄧家灣》，頁 174-225。

〔註 64〕石河考古隊，〈湖北石河遺跡群 1987 年發掘簡報〉，頁 227。

〔註 65〕北京大學考古系、湖北省文物考古研究所、湖北省荊州地區博物館、石家河考古隊，〈石家河遺址群調查報告〉，頁 283-287。

〔註 66〕張緒球，《長江中游新石器時代文化概論》，頁 278-279。

〔註 67〕魏峻，〈鄂東北地區新石器時代文化初論〉，頁 55。

被納入石家河文化範圍，﹝註68﹞開啓當地文化新階段發展。

　　青龍泉三期類型過去多逕稱爲石家河文化青龍泉類型，是以鄖縣青龍泉遺址三期文化作爲代表。其分布範圍除漢水中游與丹江流域之外，還包含唐白河流域，以及淮河上游地區。﹝註69﹞鄂省東北的漢水中游，隨棗走廊南端一帶有以隨州西花園遺址爲代表的西花園類型，同類型遺址還發現於隨州廟臺子以及孝感呂王城、土城等地，影響並擴及大別山北麓、淮河以南的信陽陽山與羅山擂臺子等地。當地陶器普遍以輪製塑陶，製作精細不一，不過已出現厚重的大型陶器，可知其製陶技術具有相當水準。紡輪是當地出土數量最多的陶製工具，喇叭形斜腹杯則爲最普遍的日用陶器，發掘者將之與鬶、盉和長頸壺的出土器物視爲配套的酒器，推測當時已有剩餘糧食可供釀酒，顯示當地乃農業與手工業發達的新石器文化聚落。﹝註70﹞

　　季家湖類型分布範圍主要是江漢平原西南部，漢水以西的宜昌與荊門、荊州部份地區，是以當陽季家湖遺址命名的地方文化類型。相關遺址發現於長江或其支流沿岸的宜都、枝江、當陽、松滋、江陵與公安等地，與屈家嶺文化相比，石家河文化於鄂西分布範圍稍有擴大。不過，考古發掘顯示江陵一帶的遺存文化面貌已有參雜江漢東、西兩區域文化因素的特質，﹝註71﹞荊州地區已爲石家河與季家湖類型的交匯地帶，季家湖類型仍以宜昌爲主要發展領域。﹝註72﹞

　　峽江地區則有以秭歸廟坪遺址爲代表的廟坪類型，當地出土陶器遺存頗富石家河文化特色，因此被判定爲石家河文化西部的地方類型之一。但當地石器

﹝註68﹞ 向緒成，〈試論黃岡地區新石器時代文化〉，收入湖北省考古學會，《湖北省考古學會論文選集（三）》（武漢：江漢考古雜誌社，1998），頁 23-25。

﹝註69﹞ 過去學界多以桐柏山和大別山作爲石家河文化發展北界，並認爲石家河文化大抵分布於南陽盆地中南側。參見張緒球，《長江中游新石器時代文化概論》，頁 242-243。然而其後進行對唐白河流域與淮源的考古調查中，卻發現當地有石家河文化遺址存在。參見北京大學考古實習隊、河南省南陽市文物研究所，〈1991 年唐白河流域及淮源史前遺址的考古調查〉，《江漢考古》，2（武漢，1996.06），頁 1-10。近年因淮河上游駐馬店楊莊的發掘，發現當地第一期遺存主體因素來自於石家河文化，證明石家河文化已經越過大別山發展至淮河北岸。參見北京大學考古學系、駐馬店市文物保護管理所，《駐馬店楊莊：中全新世淮河上游的文化遺存與環境訊息》（北京：科學出版社，1998），頁 205。

﹝註70﹞ 武漢大學歷史系考古教研室、襄樊市博物館、隨州市博物館，《西花園與廟臺子》（武漢：武漢大學出版社，1993），頁 184-186、189-191。

﹝註71﹞ 湖北省文物考古研究所，〈湖北江陵朱家臺遺址發掘簡報〉，《江漢考古》，3（武漢，1991.09），頁 12。

﹝註72﹞ 盧德佩，〈宜昌史前文化研究（下）〉，頁 34。

卻多為打製，陶器亦缺乏東部江漢地區常見的紋飾，具有不容忽視的地方特質。
〔註73〕受制於峽江天然地理環境，該地區仍是以漁獵經濟為主，與江漢平原的
農業聚落有著明顯差異，為受到江漢石家河文化持續影響的地方性文化。

劃城崗（晚期）類型是主要以湖南臨澧太山廟、劃城崗晚期、車軸山晚
期等遺址作為代表。〔註74〕湘江中游的岱子坪二、三期文化與石家河文化面
貌相近，出土陶器器形均與石家河文化性質趨於一致，同類型遺址於湘中地
區尚有平江舵上坪與株洲磨山等處。〔註75〕

石家河文化的陶器製作方式而言分有輪製、模製與手製，有些器物兼用
幾種方式塑陶。輪製的修整技術於此時期達到規範化的程度，而關廟山遺址
出土的大型圓底缸，則顯示手製大型器物技術已達高度水準。〔註76〕石家河
文化的輪製陶器大多數在快輪拉胚成型之後，幾乎都經過快輪慢用加以修
整，並燒製為灰陶；少數未經修整的陶器，則燒製為紅陶，形成兩類具有明
顯差異的陶器類型，可能代表陶器專業生產與私人製陶的差異。〔註77〕石器
出土狀況並不豐富，但知其加工技術應已定型化。此外在蕭家河與鄧家灣發
現有銅片與少量孔雀石，可能與銅質器物的使用有關。〔註78〕

在上述工藝技術發展下，石家河文化時期經濟生產活動繁榮。核心區以外
的地方類型都具有明顯共性，生產技術也相應提升。製陶技術於長江中游已廣
泛地提升，陶紡輪更是大量出現，尤以漢水中游地區為多，〔註79〕有走向集中
生產的可能性。石家河遺址群中心一系列由土垣、護城環型壕和土臺構成的大

〔註73〕湖北省文物事業管理局、湖北省三峽工程移民局，《秭歸廟坪》（北京：科學
　　　出版社，2003），頁47。

〔註74〕裴安平，〈湘北洞庭湖地區新石器文化序列的再研究〉，頁146-148。湖南省文
　　　物考古研究所編，《湖南考古漫步》（長沙：湖南美術研究所，1999），頁24。

〔註75〕郭偉民，〈湘江流域新石器文化序列及相關問題〉，《華夏考古》，頁70。

〔註76〕李文杰，〈湖北關廟山及紅花套遺址石家河文化的製陶技術〉，《文物春秋》，1
　　　（石家莊，2000.02），頁1-5。

〔註77〕李文杰，〈蕭家屋遺址石家河文化製陶工藝〉，收入湖北省荊州博物館、湖北
　　　省文物考古研究所石家河考古隊、北京大學考古隊編，《蕭家屋脊》，頁
　　　435-443。

〔註78〕張緒球，《長江中游新石器時代文化概論》，頁279-282。嚴文明，〈鄧家灣考
　　　古的收穫〉，收入湖北省考古研究所、北京大學考古系、湖北省荊州博物館，
　　　《鄧家灣》，序文頁6。

〔註79〕湖北省文物考古研究所、宜城市博物館，〈湖北省宜城老鴰侖遺址試掘報告〉，
　　　《江漢考古》，1（武漢，2003.03），頁16-35。

型配套工程，城垣內可使用面積約有 120 萬平方公尺，〔註80〕顯示石家河文化時期已有足夠資源積累可供營建大型古城。而在石家河古城等大型聚落之外，長江中游還散布著規模較小的環壕土城，雖然還無法確認這些聚落彼此間的聯繫型態，但此或許為古籍所言上古時代「萬國林立」的現象。〔註81〕

五、後石家河文化

後石家河文化時期距今約 4200 年至 4000 年。新石器時代末期，長江中游聚落與經濟出現萎縮現象，此時期龍山文化向南方強勢發展，取代或整合了長江中游文化既有的文化面貌，各地區以石家河文化為主的風格逐漸消退，整體文化普遍呈現衰落的趨勢。石家河遺址群便反應了此項時代變遷，本期遺址不僅減少至十處，遺址分布也集中於既有遺址群的東南端，城垣與原有居住區被廢棄，石家河聚落已無法維繫內部發展的穩定，〔註82〕文化內涵相應出現大幅度變化，整體文化區域結構日益鬆動。

龍山文化向南發展首當其衝之地，即為漢水中游與丹江流域，當地文化原本歸屬石家河文化青龍泉三期類型，江漢文化勢力甚至越過大別山影響淮源地帶，然而龍山文化隨即取代了石家河文化的影響力，〔註83〕並且持續向南拓展，漸次將丹江與唐白河納入勢力範圍。後石家河文化時期，漢水中游以北與丹江下游形成了新的文化面貌，普遍稱為亂石灘文化，該文化以鄂省西北均縣的亂石灘遺址為代表，主要遺址包括淅川下王崗、鄖縣大寺等地。亂石灘文化在承襲既有石家河文化因素之外，還受到關中客省莊文化和中原王灣三期文化的強烈影響，但亂石灘文化仍以鼎為主要炊器，不見北方常見的鬲等空三足炊器，顯示當地融會多元因素，形成具有地方特質的文化。〔註84〕

〔註80〕 北京大學考古系、湖北省文物考古研究所、湖北省荊州地區博物館、石家河考古隊，〈石家河遺址群調查報告〉，頁 272-274。

〔註81〕 《易》稱「先王以建萬國，親諸侯」，參〔魏〕王弼、〔晉〕韓康伯注，《周易》，收入中華書局編輯部編，《漢魏古注十三經》（北京：中華書局，1998），卷 1，〈比〉，頁 7。

〔註82〕 北京大學考古系、湖北省文物考古研究所、湖北省荊州地區博物館、石家河考古隊，〈石家河遺址群調查報告〉，頁 276-277。

〔註83〕 北京大學考古學系、駐馬店市文物保護管理所，《駐馬店楊莊：中全新世淮河上游的文化遺存與環境訊息》，頁 205。

〔註84〕 樊力，〈亂石灘文化初論〉，《江漢考古》，4（武漢，1998.12），頁 41-48。

此時期兩湖地區的遺跡是以長江北岸發現為多，澧縣孫家崗為洞庭湖區後石家河文化時期墓葬。該地出土之黑陶杯近似於龍山文化，還發現有玉器隨葬。〔註85〕顯示該地文化在自身江南地方風格之外，亦兼融有江北乃至龍山文化的特色。

鄂西地區出現的石板巷子文化，此類型遺址尚見有茶店子、蔣家橋、王家渡〔註86〕、蔡臺〔註87〕與荊門團林叉堰沖遺址〔註88〕和荊州觀音壋汪家屋場等地。石板巷子文化與前期文化相比，明顯受到北方王灣三期文化的影響。〔註89〕與江漢主體文化漸趨疏離的峽江地帶，於後石家河時期則是以白廟遺址作為代表。發掘者認為白廟類型是在中原各類型文化交互影響下，所形成的一個具有地方色彩的文化類型，並與鄂西的石板巷子類型有所聯繫。〔註90〕

後石家河文化時期，先前流行陶器趨於消亡，龍山文化風格取而代之。後石家河文化可以說在融合了多種來源的文化因素之後，形成有別於前期文化的自身特色。〔註91〕除了紅陶杯與缽保留有較多的石家河文化風格之外，在北方龍山文化衝擊之下，長江中游出現了鬲等新型器類，而葬式由土坑葬改變為甕棺葬，以及玉器製造的迅速成長，則為石家河文化自身內部的發展。

後石家河文化時期最具特色的遺存為玉器。荊州鍾祥六合遺址、天門石家河遺址群中的蕭家屋脊遺址、湖南澧縣孫家崗遺址與江陵棗林崗等地均出土有一定數量的玉器，大部份屬於甕棺隨葬品。玉料多由外地輸入，〔註92〕

〔註85〕 鄭元日、席道合，〈澧縣孫家崗新石器時代晚期墓地〉，收入中國考古學會編，《中國考古學年鑒1992》（北京：文物出版社，1994），頁276。

〔註86〕 湖北省文物考古研究所，《宜都城背溪》，頁197-278。

〔註87〕 裴安平，〈鄂西「季石遺存」的序列及其與諸鄰同期遺存的關係〉，收入俞偉超主編，《考古類型學的理論與實踐》（北京：文物出版社，1989），頁36-72。

〔註88〕 湖北省文物考古研究所，〈荊門團林叉堰沖遺址發掘簡報〉，《江漢考古》，3（武漢，2001.09），頁20-37。

〔註89〕 韓建業、楊新改，〈王灣三期文化研究〉，《考古學報》，1（北京，1997.04），頁16-18。楊權喜，〈關於鄂西六處新石器時代晚期遺存的探討〉，《考古》，5（北京，2001.05），頁46-47。

〔註90〕 孟華平，〈白廟遺存及相關問題〉，《江漢考古》，1（武漢，1999.03），頁99-100。

〔註91〕 湖北省荊州博物館、湖北省文物考古研究所石家河考古隊、北京大學考古隊編，《蕭家屋脊》，頁343-347。

〔註92〕 院文清以蕭家屋脊玉器材質為南陽盆地出產之獨山玉，且長江中游出土玉器常採用的石英、大理石或綠松石等原料於兩湖及河南山區亦有蘊藏，認為當地玉器製造乃屬就地取材的形式。然而南陽盆地在後石家河文化階段之前，業已併屬中原龍山文化區，長江中游玉器原料來源似乎應與自身文化區以外

再經本地加工製造，製造過程可分為切割、雕琢、鑽孔以及打磨拋光等步驟。出土器物種類豐富，以用途而言有工具、儀杖器、禮器和裝飾品等。此時期玉器型制與山東龍山文化有不少相似之處，而「唯玉爲葬」的習俗亦與新石器晚期長江下游良渚文化和北方龍山文化等地葬俗相仿，〔註93〕不過甕棺葬具和玉斂葬，已顯現當地的文化特質，大量隨葬的碎玉以及蟬、鷹、鳥等造型特殊的玉器，風格更是顯著。〔註94〕

長江中游文化於新石器時代末期衰頹的原因，歷來已有數種解釋。首先爲外力衝擊說，此論點即是認爲由於龍山文化強勢向南發展，長江文化自身發展進程從而遭到阻斷；〔註95〕其後又有研究探討石家河文化內部結構變遷，以及長江流域生態環境，指出石家河文化經濟生產的輝煌成就，相應造成資源的過度開發耗用，使長江中游生態結構失去平衡，石家河居民逐漸喪失賴以維生的自然資源，無法有效抵擋天災，生存空間日益狹窄，於是在龍山文化向外擴張之時，淪爲弱勢的地區性文化。〔註96〕而東南地區文化始終扼守在長江下游之境，文化勢力並不時向西推進，對於長江中游的主體文化亦具有分化作用。〔註97〕

然而在討論長江中游史前文化衰頹的同時，仍需注意到後石家河文化時期的江漢地區依然保有自身文化發展軌道，石家河遺址仍爲長江中游地區的主要聚落，城址並未淪爲廢墟。石家河文化勢力範圍日趨縮減，明示了龍山文化的強勢經濟地位，但是當地文化技術發展並未停滯，還出現玉器製造等新興技術，長江中游各區的聚落仍具有吸收外來文化，並融合爲自身文化的主體發展能力。南方長期存續的地區文化特色鮮明，更顯示地區性原始文化的增長茁壯，已爲長江流域文化發展中不可或缺的一環。

的地區有更密切關聯。院文清，〈石家河文化玉器概論〉，《故宮文物月刊》，15：5（臺北，1997.08），頁35-36。

〔註93〕楊建芳，〈中國考古學的一種新工具——玉器〉，收入許倬雲、張忠培編，《中國考古學的跨世紀反思》，頁254-255。

〔註94〕湖北省荊州博物館，《棗林崗與堆金臺：荊州大堤荊州馬山段發掘報告》（北京：科學出版社，1999），頁194。

〔註95〕李伯謙，〈長江流域文明的進程〉，原載《考古與文物》，4（北京，1997.07），後收入氏著，《中國青銅器文化結構體系研究》（北京：科學出版社，1998），頁280-292。

〔註96〕宋豫秦等，《中國文明起源的人地關係》（北京：科學出版社，2002），頁134-170。

〔註97〕王紅星，〈石家河文化形成和發展過程中的外力作用問題〉，收入中國考古學會編，《中國考古學會第九次年會論文集》（北京：文物出版社，1997），頁158-159。

第三節　殷商時期南土概況

　　殷商時期，透過卜辭資料可知，商人已以南土指涉於政權核心地區以南所轄有的政治疆域。商人自商邑出發南進，沿勢力發展路線興築經營據點，與南方部族建立統屬關係。然而，礙於史料闕漏且卜辭判讀不易，無論是商代長江流域文化發展，或者商人南土經營都很難窺得其實貌。而遍佈湖北、湖南以及江西等地的商代考古發現，則爲相關研究帶來新的契機。本節即是先參照卜辭與傳世文獻記載探析商代國土結構觀念，此後分別以卜辭與考古資料，討論包含商代南土封國、商文化南進歷程等商人南土經營情形，建立對殷商時期整體南土文化發展概況的認知。

一、商朝國土結構與南土

　　商代於傳世文獻常被描述爲一個控有四方、幅員遼闊的政權，《詩經・商頌》便屢稱商人「商邑翼翼，四方之極」、〔註98〕「古帝命武湯，正域彼四方」。〔註99〕而《尚書・立政》亦言「其在商邑，用協於厥邑；其在四方，用丕武見德」。〔註100〕徵之以卜辭，商代政權的確有「商」和「四方」的相對並立的空間概念，分別指涉商邑與商邑以外東、西、南、北四個方向的土地。例如，《小屯南地甲骨》1126：

> 南方？
>
> 西方？
>
> 北方？
>
> 東方？
>
> 商？
>
> 王弜米？
>
> 米？
>
> 丁丑貞：以才……？
>
> 丙戌貞：父丁其歲？

〔註98〕〔漢〕毛亨傳、鄭玄箋，《毛詩》，收入中華書局編輯部編，《漢魏古注十三經》（北京：中華書局，1998），卷20〈商頌・殷武〉，頁168。

〔註99〕〔漢〕毛亨傳、鄭玄箋，《毛詩》，卷20〈商頌・玄鳥〉，頁166。

〔註100〕〔清〕孫星衍撰，陳抗、盛東鈴點校，《尚書今古文注疏》（北京：中華書局，2004二版），卷24〈周書・立政〉，頁471。

……□……弜……于……？〔註101〕

此外，卜辭中以「受禾」或「受年」用爲祈求穀物豐收，目前業已發現商王頻繁關切「四方」農作之紀錄，可知商王掌控「四方」農穫收成。例如，《小屯南地甲骨》2377：

> 南方受年。
>
> 西方受年。〔註102〕

《小屯南地甲骨》423：

> 辛酉卜，貞：今戌受禾？
>
> 不受禾？擊東方受禾？
>
> □ 北 □ 受 禾？
>
> 癸亥……：□ 劦 自 上 甲 〔註103〕

而「四方」又應與「四土」相通，《殷契粹編》907：

> 己巳王卜，貞今歲商受年。王占曰：吉。
>
> 東土受年？
>
> 南土受年？吉。
>
> 西土受年？吉。
>
> 北土受年？吉。〔註104〕

因此可知所謂「四方」或「四土」，〔註105〕代表的便是在商人於政權都邑地帶之外所轄有的政治疆域；若以商文化影響幅度進行區分，則四土又代表了商文化核心區以外的商文化亞區〔註106〕與部份商文化影響區。〔註107〕在此四土

〔註101〕中國社會科學院考古研究所，《小屯南地甲骨》，（上海：中華書局，1983），頁930。

〔註102〕中國社會科學院考古研究所，《小屯南地甲骨》，頁1010。

〔註103〕中國社會科學院考古研究所，《小屯南地甲骨》，頁868。

〔註104〕郭沫若，《殷契粹編》，收入郭沫若著作編輯委員會編，《郭沫若全集》考古編第三卷（北京：科學出版社，2002），第907片，頁84。釋文參照郭沫若，《殷契粹編考釋》，收入郭沫若著作編輯委員會編，《郭沫若全集》考古編第三卷，頁119。

〔註105〕爲避免混淆，本文以下言及「四方」或「四土」之處，將只使用四土一詞。

〔註106〕商文化亞區意指分布於商文化中心區周圍，與商文化同源爾後又漸行異化的環形文化帶，並爲商文化傳播的中間環節。詳見宋新潮，《殷商區域文化研究》（西安：陝西人民出版社，1991），頁200。盧連成，〈商代社會疆域地理的政治架構與周邊地區青銅文化〉，《中國歷史地理論叢》，4（西安，1994.12），頁58。

範圍內，分布有商人直接入駐四土的據點以及被稱爲「某」或「某方」的部族和方國，均屬商代政權結構不可或缺之部份。方國服從於商王號令，當地領導者取得商王賜封爵位或入朝任職，並向商人繳納農作收穫與其他資源，也於商室政權進行戰爭時，整備武力供商王差遣。〔註108〕而無論是商族經營據點或是異族受封方國，也通常成爲商文化傳播的地方性中心。不過，縱使商人處於支配方國的相對優勢地位，異族方國實際爲一具有獨立性之政治實體，也擁有歷經長期發展的地方文化傳統，使得商族與四土諸族之間的政治與文化影響力於四土領域之上互有消長，兩者從屬關係時有變動並不穩固。

因此，商朝南土即爲商人於王畿以南所轄有的政治疆域。商人自商邑出發南進，沿勢力發展路線興築經營據點，或者與南方既有部族建立統屬關係。至於商王朝南土落實於實際空間之地理範圍，傳世文獻即已有所敘述，如《漢書・賈捐之傳》稱：

> 武丁、成王，殷、周之大仁也，然地東不過江、黃，西不過氐、羌，
> 南不過蠻荊，北不過朔方。〔註109〕

《淮南子・泰族訓》亦云：

> 紂之地，左東海，右流沙，前交趾，後幽都。〔註110〕

文獻記載大抵將商土南界定於江淮之間，學界也普遍以淮水流域作爲商人勢力向南發展的極限。〔註111〕《淮南子》認爲商人疆域南達五嶺地區的說法少

〔註107〕商文化影響區則是與商文化並行發展的地區性青銅文化，該地文化特徵既明
　　　　顯地區別於商文化，又同商文化之間相互交往和影響。詳見宋新潮，《殷商區
　　　　域文化研究》，頁200。而由於商人政治勢力所及可達該區臣服於商室的異族
　　　　方國，故有學者再將這批方國囊括的範圍劃爲商文化附庸區。詳見盧連成，〈商
　　　　代社會疆域地理的政治架構與周邊地區青銅文化〉，頁60。此外，商文化影
　　　　響區又與卜辭或文獻記載之「多方」或「四至」區域相符，不過由於該區已
　　　　超越商代政權國土政治結構，應屬商人所認知的天下格局，故本文並不進行
　　　　討論。然而值得注意的是，由於方國與商室關係和、戰不定，某些獨立異族
　　　　方國範圍也可能橫跨兩區，因此「多方」或「四至」與四土之間的界線不但
　　　　未能固定也相當模糊。參見宋鎮豪，〈商代的王畿、四土與四至〉，《南方文物》，
　　　　1（南昌，1994.03），頁55-59、48。
〔註108〕李雪山，《商代分封制度研究》（北京：中國社會科學出版社，2004），頁99-112。
〔註109〕〔漢〕班固，《漢書》（北京：中華書局，1962），卷64下，〈賈捐之傳〉，頁
　　　　2831。
〔註110〕〔漢〕劉安撰，〔漢〕高誘注，《淮南子》（臺北：臺灣中華書局，1993六版
　　　　二刷，據武進莊氏本校刊），卷20，〈泰族訓〉，頁13b。
〔註111〕例如陳夢家認爲商人南界「約在緯度33°以北淮水流域與淮陽山脈」，島邦

有人採納。直到 1970 年代，由於湖北黃陂盤龍城等長江中游的商代遺址陸續出土，考古資料才將商人南土疆域範圍擴展至長江兩岸，〔註112〕並且也讓學者重新分析商人南土疆域，而對江南礦產以及南海貝殼等資源的需求，則被判定爲商人南進主因。〔註113〕也有部份學者以商代玉器、牙璋出土地點遠至香港的現象，論證中原商王朝與交趾地區間已有聯繫，甚至認爲將該地視爲商代國土範圍並不誇張。〔註114〕

然而，商人政治勢力與商文化的擴張，卻爲兩種需要區別的現象，前者純粹以商人勢力發展進程爲研究重心，著重商與地區族群之間的互動聯繫；後者則是以包含精神與物質層面的商文化爲觀察主體，由於文化傳播可假異族之手，單獨物件即便蘊含明顯商文化特徵，仍無法直接作爲反應殷商王朝國土範圍的依據。且考量長江流域地區性文化長期深厚的發展，商王朝政治勢力所及之南土絕非爲均質的平面版圖，而是中原商族逐步南進，掌握南方

男也認爲殷室咸令所及的範圍南至淮水。參陳夢家，《殷墟卜辭綜述》（北京：中華書局，2004 重印），頁 311。島邦男，《殷墟卜辭研究》（弘前：中國學研究會，1958），頁 381。

〔註112〕 李學勤於盤龍城遺跡出土後，即於 1976 年以江鴻之名撰文，認爲商代南土不僅南達長江，南界更可能超越長江中游地區，其後學者多於相關論述中引入考古資料佐證。詳見李學勤（江鴻），〈盤龍城與商代南土〉，《文物》，2（北京，1976.02），後收入湖北省文物考古研究所，《盤龍城：1963～1994 年考古發掘報告》（北京：文物出版社，2001），頁 650-655。

〔註113〕 商人銅、錫原料來源分爲南北兩說，但商人是否實際開發過中原礦區，礦藏含量又是否能應付商人所需，仍屬存疑。故在南方地區出土先秦礦冶遺址後，中原民族「南進掠銅」的說法相當興盛。詳見石璋如，〈殷代的鑄銅工藝〉，《中央研究院歷史語言研究所集刊》，26（臺北，1955.06），頁 102。張光直著，張良仁、岳紅彬、丁曉雷譯，《商文明》（瀋陽：遼寧出版社，2002），頁 138-140。「南進掠銅」相關論述參見萬全文，〈商周王朝南進掠銅論〉，《江漢考古》，3（武漢，1992.09），頁 50-57。彭明瀚，〈銅與青銅時代中原王朝的南侵〉，《江漢考古》，3（武漢，1992.09），頁 47-49、46。
殷商時期海貝的用途至今已有作爲貨幣、裝飾品或賞賜物等說法。海貝因種類而分布於不同海域，山東沿海至廣東南海等地都可能爲商人獲取海貝的地區。相關討論參見中國社會科學院考古研究所，《殷墟的發現與研究》（北京：科學出版社，1994），頁 402。近藤喬一，〈商代海貝的研究〉，收入中國社會科學院考古研究所編，《中國商文化國際學術討論會論文集》（北京：中國大百科全書出版社，1998），頁 389-412。

〔註114〕 湖南省文物考古研究所，《湖南考古漫步》，頁 39。饒宗頤，〈殷代地理疑義舉例——古史地域的一些問題和初步詮釋〉，收入唐曉峰主編，《九州》，3（北京：北京商務印書館，2003），頁 53。彭邦炯，《商史探微》（重慶：重慶出版社，1988），頁 179、190。

地帶上眾多點狀區域政治中心並加以串聯構成的複雜政治疆域。

　　因此本節旨在分別以卜辭與考古資料，討論商代經營南土概況。目前對於殷商南土方國的考證仍以卜辭爲主要資料來源，卜辭內容雖然可以表明殷商政權與方國之間的往來，但礙於卜辭實乃商代後期的卜筮紀錄，文字簡略且今人釋讀有其難處，因此在方國地望考證上未能提供決定性依據。另一方面，南方地區雖然並不缺乏相關殷商時期考古資料，然而這些以出土文物爲主體構成的考古文化類型，仍缺乏文字或其他可與文獻相應的直接證據。殷商時期文獻卜辭與出土文物尚無法逕行對照。本文以下將先由卜辭記載著手整理出殷商南土方國，其後再對考古資料進行討論，釐清商人政治勢力和文化影響兩種不同層次的力量發展，探討商人的南土範圍。

二、卜辭中之南土方國

　　卜辭中目前可查考之南土方國計有虎方、盧方、林方、危方、興方、風方、冊方、霥方八個方國，茲分述如下。

（一）虎　方

　　虎方相關卜辭僅一條：

　　　　□□〔卜〕，□，〔貞令望眔〕，纝其金虎方，告于祖乙。十一月。

　　　　□□〔卜，□，貞令望乘眔纝〕其金虎方，告于丁。十一月。〔註115〕

　　上文「金」字釋爲途，可知商人將至虎方。由於殷師經略四方，均會號召當地封國部族從征，而同赴虎方的望、舉兩師俱爲南方部族，故可推論虎方爲南土諸方之一。又依周初《中方鼎》銘文載有「惟王令南宮伐反虎方之年，王令中先省南國貫行」，可確知虎方地處於商周南土地區。〔註116〕又該條卜辭爲商王經略南方之前，告祭先祖的唯一紀錄，推測虎方爲商所重視，等同當時土方。〔註117〕然而虎方之地望與文化屬性至今其實仍無法判明，卜辭所言僅爲商王對南土方國用兵之實證。

〔註115〕郭沫若主編，《甲骨文合集》第三冊（上海：中華書局，1978），6667，頁1023。釋文據曹錦炎、沈建華編著，《甲骨文校釋總集》卷三（上海：上海辭書出版社，2006），頁831。《甲骨文校釋總集》將本條卜辭「𧰼」方釋爲「象」方，但據其字形應釋爲「虎」（𧈅、𧈅）。

〔註116〕詳見李學勤，〈盤龍城與商朝南土〉，頁115-116。

〔註117〕彭明瀚，〈商代虎方文化初探〉，《中國史研究》，3（北京，1995.03），頁101。

（二）盧 方

透過卜辭可知盧方爲商之方國：

> ……盧方白漢……王永。大吉。〔註118〕

根據西周史密簋銘文所示，盧方與虎方俱屬「南夷」，故學者多以此將盧方視爲商代南土方國之一。〔註119〕

（三）林 方

林方方國之名出現於商末：

> 丙戌〔卜〕，〔才〕淮，〔貞王〕□于□，〔亡災〕。

> 庚寅卜，才濚帥，貞王舌林方，亡災。〔註120〕

林方於商王帝辛征人方途中爲王師所攻取，其地依卜辭紀錄距濚地爲一日路程，可知林方位於淮水流域，或有考證其族屬淮夷。〔註121〕林方之後與商亦有通婚及參與征人方的卜辭紀錄。〔註122〕

（四）危方（下危）

危方與商人間衝突不斷，下引兩條卜辭相關記載。

其一：

> 乙卯卜，殷，貞王勿比望乘伐下危，弗其受业又。〔註123〕

其二：

> 丙戌卜，爭，貞今者王比望乘伐下危，我受业〔又〕。〔註124〕

〔註118〕 中國社會科學院考古研究所，《小屯南地甲骨》，667，頁888。釋文據曹錦炎、沈建華編著，《甲骨文校釋總集》卷十八，T00667，頁6080。

〔註119〕 史密簋銘文爲「惟十又一月，王命師俗，史密日東征，會南夷。盧、虎會杞夷、舟夷灌不墮……。」詳見張懋鎔、趙榮、鄒東濤，〈安康出土的史密簋及其意義〉，《文物》，7（北京，1989.07），頁14。

〔註120〕 郭沫若主編，《甲骨文合集》第十二冊（上海：中華書局，1983），36968，頁4598。釋文據曹錦炎、沈建華編著，《甲骨文校釋總集》卷十二，頁4114。

〔註121〕 陳夢家，《殷墟卜辭綜述》，頁307。

〔註122〕 卜辭有「呼取女于林」、「甲寅……，林次……商公宮」等記載顯示林方與商室通婚，並且隨商王征人方，其地爲當時商軍駐札之處。詳見郭若沫主編，《甲骨文合集》第四冊（上海：中華書局，1979），9741正，頁1417。郭若沫主編，《甲骨文合集》第十二冊，36547，頁4551。釋文參見李雪山，《商代分封制度研究》，頁196。

〔註123〕 郭沫若主編，《甲骨文合集》第一冊（上海：中華書局，1982），32正，頁7。釋文據曹錦炎、沈建華編著，《甲骨文校釋總集》卷一，頁7。

〔註124〕 郭沫若主編，《甲骨文合集》第三冊，6496，頁978。釋文據曹錦炎、沈建華

危方地望學界多從陳夢家考訂，以其地處今河南、安徽兩省之間。〔註125〕而商人攻打危方更有俘獲危人與戰利品的紀錄：

> 小臣牆比伐，卑危美……人二十人四，而人千五百七十，隻百……丙，車二丙……。〔註126〕

（五）興　方

興方與商人關係較爲穩定，甚至參與商王祭祀。例如：

> 壬寅卜，殼，貞興方以羌，用自上甲至下乙。〔註127〕

由於興方曾從王師征危方，可暫行推測其地鄰近危方，亦即豫皖兩省間。

（六）風　方

卜辭稱風方者僅一條：

> □□卜，其罜風方，叀……大吉。〔註128〕

關於風地者則另有記載，諸如：

> 癸亥王卜，在鳳貞，……步于危無災。〔註129〕

鳳地依據卜辭近於危方，故知其地位於南土地區。〔註130〕

（七）屮　方

屮方爲商王屢次征伐之國，諸如：

> 壬寅卜，貞今者王伐屮方，受屮又，十三月。〔註131〕
>
> 貞：王伐屮方，受屮又。〔註132〕

編著，《甲骨文校釋總集》卷三，頁808。

〔註125〕陳夢家，《殷墟卜辭綜述》，頁300-301。

〔註126〕郭沫若主編，《甲骨文合集》第十二冊，36481正，頁4541。釋文據曹錦炎、沈建華編著，《甲骨文校釋總集》卷十二，頁4059。

〔註127〕郭沫若主編，《甲骨文合集》第一冊，270正，頁66。釋文據曹錦炎、沈建華編著，《甲骨文校釋總集》卷一，頁43。

〔註128〕郭沫若主編，《甲骨文合集》第十冊（上海：中華書局，1981），30258，頁3696。釋文據曹錦炎、沈建華編著，《甲骨文校釋總集》卷十，頁3371。

〔註129〕郭沫若主編，《甲骨文合集》第十二冊，36961，頁4597。釋文據曹錦炎、沈建華編著，《甲骨文校釋總集》卷十二，頁4114。

〔註130〕丁山認爲卜辭之風方即爲風夷，其故地爲漢代六安國之安風縣，當今安徽霍邱之南。丁山，《甲骨文所見氏族及其制度》（北京：中華書局，1988），頁148-149。

〔註131〕郭沫若主編，《甲骨文合集》第三冊，6543，頁991。釋文據曹錦炎、沈建華編著，《甲骨文校釋總集》卷三，頁814。

〔註132〕郭沫若主編，《甲骨文合集》第三冊，6541，頁990。釋文據曹錦炎、沈建華

商王於曾地時，曾號令擒甶。故甶方之地應近於曾，屬於南土方國之一。〔註133〕

　　□□卜，設，貞王昼于谷，廼乎鼻甶。〔註134〕

（八）霽　方

　　霽方爲商王征討對象，兩則主要卜辭記載如下。

其一：

　　　　□□卜，弜、雀靈在南土，咼（果）告事？

　　　　戊午卜，弜克貝（敗）巆南邦方？

　　　　己未卜，惟霽方其克貝（敗）弜在南？

　　　　己未卜貞，多霽亡禍在南土？

　　　　己〔未〕卜貞，雀亡禍，咼（果）告事？

　　　　庚申卜貞，雀亡禍南土，咼（果）告事？

　　　　辛酉卜貞，雀亡禍南土，咼（果）告事？

　　　　壬戌卜貞，多霽亡禍〔在〕南土，咼（果）告〔事〕？〔註135〕

其二：

　　　　癸亥卜，王曰：　余自征？不征？

　　　　〔甲〕子卜，千授王祐？

　　　　乙丑卜，示授王祐？

　　　　……千其棄霽方？

　　　　庚午卜貞，土霽亡禍在南土？

　　　　甲戌卜狀，于來丁酉父乙類？〔註136〕

由第一則卜辭中可知商王連日占卜雀與多霽在南土是否安全無禍，而第二則卜辭則提及商王正在考慮是否親征霽方。〔註137〕

　　上述盡乎全爲戰爭紀錄的卜辭，顯示南土方國在晚商時期似乎難有長期

　　　　編著，《甲骨文校釋總集》卷三，頁813。

〔註133〕曾地經丁山考證位於今河南新鄭與密縣之間，爲商代以及周初經營南土必經
　　　　之路。詳見丁山，《甲骨文所見氏族及其制度》，頁106-107。

〔註134〕郭沫若主編，《甲骨文合集》第三冊，6536，頁989。釋文據曹錦炎、沈建華
　　　　編著，《甲骨文校釋總集》卷三，頁813。

〔註135〕《殷墟文字甲編》2902。釋文轉引自李學勤，〈盤龍城與商朝南土〉，頁
　　　　653-654。

〔註136〕《殷墟文字甲編》，2907。釋文轉引自李學勤，〈盤龍城與商朝南土〉，頁654。

〔註137〕李學勤，〈盤龍城與商朝南土〉，頁654。

穩定之局，商王不斷試圖以武力穩固其於南土之勢力，此現象與《詩經》稱武丁南征「撻彼殷武，奮伐荊楚，罙入其阻，裒荊之旅。」相爲呼應。[註138]目前可查考之方國亦多半位處淮河流域地帶，有可能爲商代後期南土主要範圍。然而本文所列舉的方國僅限於殷墟武丁至帝辛時期，更有許多難以釋讀解析之處，相關研究仍尚待更多新出資料相證。

三、夏商時期考古資料所見的南土

商代長江中游地區的考古學文化發展，礙於該地區考古資料較缺乏劃期斷代的依據，有許多遺址器物尚無法與中原商文化分期作出精確對應，故而爲求論述上的方便，以及避免過多旁生枝節與爭議，因此本文是將商代區分爲前期和後期進行討論，商代前期意指早商二里崗期乃至中商時期，商代後期則以殷墟四期文化爲主。

圖 2-3-1：商代「南土」示意圖

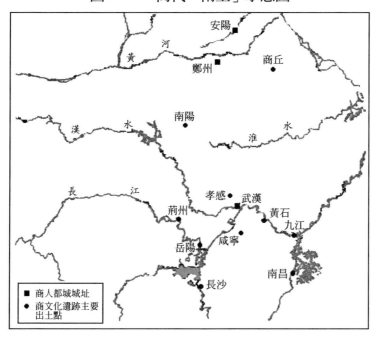

（一）二里頭時期的南土

長江中游地區二里頭文化時期的遺址，泰半發現於長江以北。湖北黃陂盤

龍城遺址與江陵荊南寺遺址為此區域主要的二里頭時期遺跡。地處溳水下游的盤龍城遺跡在建城前的二里頭時期，亦即盤龍城一至三期，便散布著李家嘴、楊家灣和楊家嘴等三處規模不大的聚落，王家嘴出土有製陶作坊遺跡。〔註 139〕在盤龍城周邊地區還有大悟土城與墩子畈等遺址發現二里頭時期遺存。〔註 140〕就整體文化面貌而言，盤龍城早期文化因素與河南偃師二里頭，鄭州洛達廟、南關外等地的二里頭文化較為接近，〔註 141〕故而成為中原二里頭文化南下並取代長江中游本地文化主導地位的重要分界。荊南寺遺址與盤龍城遺址相較，遺存的文化內涵十分複雜，在當地土著文化與二里頭文化之外，尚受到峽江與湘贛地區文化影響。荊南寺遺址早期階段所代表的文化應該是一支與二里頭文化有所聯繫的江漢土著文化。〔註 142〕漢水中下游為中原文化向南發展的另一通道，當地目前已發掘有淅川下王崗、商州東龍山、鍾祥亂葬崗、襄陽法龍王樹崗以及棗陽墓子崗等二里頭文化遺址。〔註 143〕淅川下王崗遺址第二層為二里頭文化層，出土石器和陶器均與偃師二里頭文化同類器相近。〔註 144〕而襄陽、棗陽與鍾祥等地所發現的同類型遺跡，則顯示中原夏文化經南陽盆地南下，沿漢水向南推進的趨勢。

過去根據考古資料，普遍認為中原夏文化進入江漢地區的路線可分為兩條，一是沿豫省東南經大悟、孝感一帶抵達盤龍城，並逆江而上至荊南寺遺

〔註 139〕湖北省文物考古研究所，《盤龍城：1963～1994 年考古發掘報告》，頁 498-499。

〔註 140〕此處二里頭時期遺址僅有大悟李家灣遺址發表挖掘資料，詳見湖北省文物考古研究所，〈大悟縣城關鎮雙河村李家灣遺址發掘簡報〉，《江漢考古》，3（武漢，2000.09），頁 16-22。孝感地區雖已發現同類型文化遺存，但尚未有完整資料公布。參見熊卜發，〈淺談鄂東北地區古代文化〉，收入熊卜發編，《鄂東北地區文物考古》（武漢：湖北科學技術出版社，1995），頁 3。

〔註 141〕湖北省文物考古研究所，《盤龍城：1963～1994 年考古發掘報告》，頁 441。

〔註 142〕何駑，〈荊南寺遺址夏商時期遺存分析〉，收入北京大學考古系編，《考古學研究（二）》（北京：北京大學出版社，1994），頁 86-89。荊州地區博物館、北京大學考古系，〈湖北江陵荊南寺遺址第一、二次發掘簡報〉，《考古》，8（北京，1989.08），頁 679-698。

〔註 143〕荊州市博物館、鍾祥市博物館，〈鍾祥亂葬崗夏文化遺存清理簡報〉，《江漢考古》，3（武漢，2001.09），頁 38-43。襄石復線襄樊考古隊，〈湖北襄陽法龍王樹崗遺址二里頭文化灰坑清理簡報〉，《江漢考古》，4（武漢，2002.12），頁 44-50。魯西奇，《區域歷史地理研究：對象與方法——漢水流域的個案考察》，頁 123-124。

〔註 144〕河南省文物研究所、長江流域規劃辦公室考古隊河南分隊編，《淅川下王崗》（北京：文物出版社，1989），頁 337。

址；一是經南陽盆地南下，沿漢水向南發展，但未能抵達長江沿岸。〔註145〕
然而長江中游地區二里頭時期的考古資料至今仍然相當稀少，除卻盤龍城、
荊南寺與下王崗等幾個延續較長的大型遺跡之外，遺跡多爲器物零碎的灰
坑，並未發現墓葬，僅能透過出土陶器器類與器形的比較，推測遺址的相對
年代與性質。是故關於中原夏文化於長江中游地區之間的關係，目前僅有對
夏人據點的認知。

（二）商代前期的南土

　　武漢黃陂盤龍城遺址於二里頭文化時期便已形成聚落，二里崗時期（盤
龍城三至七期）該地商文化逐漸發展，並於二里崗上層一期偏晚時（盤龍城
四期偏晚）興築盤龍城，城址外環壕溝，現已挖掘有三座大型建築基址，經
復原可知爲兩座位於南北中軸線上的宮殿，以及宮殿北側的廊廡。城址規模
不大，形制與已知商王宮殿基本相同，亦是目前最早發現的一座前朝後寢格
局的商代宮殿遺址。〔註146〕

　　盤龍城的興築，連帶促成當地聚落發展，而周邊區域爲配合新城的需求，
性質功能均有所轉變：城址南端王家嘴，早期住民所建立陶窯已不復見，轉
型爲一居住聚落；城址東面的李家嘴區，則由居址轉變爲貴族墓地。城址北
部楊家灣是與盤龍城同步發展的聚落，並發現疑爲用於鑄煉的坑溝與陶缸，
在其外環還有等級不一的墓葬散落分布。楊家灣以東爲楊家嘴遺址，目前發
掘有平民墓葬以及與銅器鑄煉相關的灰溝，而位居楊家灣西南處的樓子灣，
也同樣發現了墓葬與冶煉遺跡。基本而言，盤龍城遺址隨著居民增多，城外
居址與墓地均不斷擴大，形成以盤龍城爲中心的聚落群。〔註147〕

〔註145〕拓古，〈二里頭文化時期的江漢地區〉，《江漢考古》，1（武漢，2002.03），頁86-87。
　　　　張昌平，〈夏商時期中原與長江中游地區的文化聯繫〉，《華夏考古》，3（鄭州，
　　　　2006.09），頁54-60。

〔註146〕近年發現盤龍城外緣可能還有一層夯土城垣存在，是受兩重城垣圍繞的城
　　　　邑。盤龍城的整體性質目前有宮城與郭城兩說，礙於發掘有限，故未能確知
　　　　其實。劉森淼，〈盤龍城外緣帶狀夯土遺跡的初步認識〉，收入武漢市委宣傳
　　　　部、武漢市歷史文化名城委員會主編，《武漢城市之根·商代盤龍城與武漢城
　　　　市發展研討會論文集》（武漢：武漢出版社，2002），頁190-197。楊鴻勛，〈盤
　　　　龍城商方國宮殿建築復原研究〉，收入湖北省文物考古研究所，《盤龍城：1963
　　　　～1994年考古發掘報告》，頁629-649。杜金鵬，〈盤龍城商代宮殿基址討論〉，
　　　　《考古學報》，2（北京，2005.04），頁178。

〔註147〕湖北省文物考古研究所，《盤龍城：1963～1994年考古發掘報告》，頁
　　　　498-499。武漢市博物館、湖北省文物考古研究所、黃陂縣文物管理所，〈1997

由盤龍城逆江而上，至漢水以西的荊州地區，便抵達長江北岸另一個殷商時期重要遺址──江陵荊南寺遺址。荊南寺遺址發現有大批夏商時期灰坑，以及房屋殘跡和墓葬。遺物以陶器爲主，其中早商階段的遺存延續較爲明確，並且與遺址周邊所發現的同時期遺存有所聯繫。〔註 148〕目前學者將荊南寺出土陶器區分爲五個群組，判定包括釜鼎、大口缸和甕等所組成的土著文化器群，爲荊南寺諸文化因素中的主體。與使用鬲、甗爲主要炊器的黃陂盤龍城相比，荊南寺遺址地方因素較爲濃厚，呈現釜鼎多於鬲、甗的風格。〔註 149〕因此荊南寺遺址明顯與作爲商人經營據點的盤龍城性質有別，應屬受到商文化影響的地區性文化。

長江北岸江漢平原在盤龍城與荊南寺兩大商代前期遺址之外，另有發現幾處小型遺址，但主要集中於漢水以東的武漢、孝感地區，少數墓葬與文物散布於黃岡與隨州地區。〔註 150〕盤龍城所在地黃陂於魯臺山、鍾分衛灣、枹桐鄉紅進村、郭元嘴等地均發現有商代墓葬或青銅器。〔註 151〕武漢新洲香爐山遺址是由新石器時代延續至商代，遺存較具規模的遺址，文化面貌與中原殷商文化相近。〔註 152〕位於長江岸邊的黃州市，境內王家坊鄉蓼葉村下窯嘴曾兩度發現商

～1998 年盤龍城發掘簡報〉，《江漢考古》，3（武漢，1989.09），頁 34-48。武漢市黃陂區文管所、武漢市文物考古研究所、武漢市盤龍城遺址博物館（籌），〈商代盤龍城遺址楊家灣十三號墓清理簡報〉，《江漢考古》，1（武漢，2005.03），頁 19-23、54。

〔註 148〕荊州地區博物館、北京大學考古系，〈湖北江陵荊南寺遺址第一、二次發掘簡報〉，頁 679-698。

〔註 149〕何駑，〈荊南寺遺址夏商時期遺存分析〉，頁 78-100。

〔註 150〕漢水以西地區商代前期遺址發掘資料較少，諸如二里崗時期的江陵張家山遺址，以及由清江打撈出土的枝城市王家渡銅罍。沙市李家臺早期遺存年代亦屬二里崗時期，但文化面貌較爲複雜。詳見陳賢一，〈江陵張家山遺址的試掘與探索〉，《江漢考古》，2（武漢，1980.06），頁 79-82。黎澤高、趙平，〈枝城市博物館藏青銅器〉，《考古》，9（北京，1989.09），頁 775。彭錦華，〈沙市李家臺早期文化遺存淺議〉，收入湖北省考古學會選編，《湖北省考古學會論文選集（三）》（武漢：江漢考古雜誌社，1998），頁 61-67。

〔註 151〕黃錫、況紅梅，〈近年黃陂出土的幾件商周青銅器〉，《江漢考古》，4（武漢，1998.12），頁 24。熊卜發，〈湖北孝感地區商周古文化調查〉，《考古》，4（北京，1988.04），頁 301。熊卜發、鮑方鐸，〈黃陂出土的商代晚期青銅器〉，《江漢考古》，4（武漢，1986.12），頁 27。孝感地區博物館，〈孝感、黃陂兩縣部份遺址複查簡報〉，《江漢考古》，4（武漢，1983.12），頁 1-13。

〔註 152〕武漢大學歷史系考古教研室，〈湖北新洲香爐山遺址（南區）發掘簡報〉，頁 14-19、87。

墓，出土多件青銅器。〔註153〕黃州市南方的黃石陽新大路鋪遺址則是目前鄂東商代遺址地點最南者，然而該地遺存面貌無論與中原或江漢平原文化均有所差異，受到江西硬紋陶文化的影響可能較爲深刻。〔註154〕盤龍城以西，商文化集中於孝感地區的澴水與溳水流域中下游處，目前有聶家寨、〔註155〕漲水廟與城隍墩等商代前期遺址。〔註156〕隨州廟臺子挖掘有商代前期的房基、灰坑與墓葬遺址。〔註157〕而淅河鎮也曾掘獲十多件青銅器。〔註158〕

　　商人勢力約於早商晚期進駐長江以南的洞庭湖地區，岳陽銅鼓山遺址即爲商文化於江南地區發展的代表，其商文化遺存第一期年代與鄭州二里崗下層相當，最晚可延續至殷墟階段，是湘江、資水下游等洞庭湖東半部地區目前所知時代最早的商時期文化遺存。

　　銅鼓山遺址位於岳陽市郊陸城鎮，該地分爲商代遺址與東周墓葬，其中商代遺物主要有以鬲與大口缸爲主的各類陶器，其次爲少量石器以及硬陶，此外尚有零星青銅器出土，遺址性質係屬典型商文化。不過就鬲的型態而言，該地文化面貌可能與黃陂盤龍城與江陵荊南寺等地區更爲相近。〔註159〕銅鼓山商文化遺存除了以中原商文化爲主導，還吸收鄰近印紋陶文化因素，爲一處具有地方特色的商文化類型。銅鼓山遺址反應了商人以盤龍城爲南土經營基地，沿長江水系推展勢力的成果，然而商人勢力進入岳陽地區後卻未有向南發展趨勢，銅鼓山可能即爲商人扼守湘江流域地方勢力的據點。〔註160〕

〔註153〕 黃岡地區博物館、黃州市博物館，〈湖北黃州下窯嘴商墓發掘簡報〉，收入吳曉松主編，《鄂東考古發現與研究》（武漢：湖北科學技術出版社，1999），頁164-169。

〔註154〕 湖北省文物考古研究所、陽新縣博物館，〈陽新大路鋪遺址東區發掘簡報〉，《江漢考古》，3（武漢，1992.09），頁21。

〔註155〕 聶家寨遺址位於，西距澴水兩公里處。發掘者認爲甚至有可能早於二里崗。詳見孝感地區博物館、孝感市博物館，〈湖北孝感聶家寨遺址發掘簡報〉，《江漢考古》，2（武漢，1994.06），頁1-13。

〔註156〕 熊卜發，〈淺談鄂東北地區古代文化〉，頁3。

〔註157〕 武漢大學歷史系考古教研室、襄樊市博物館、隨州市博物館，《西花園與廟臺子》，頁148-161。

〔註158〕 隨州市博物館，〈湖北隨縣發現商代青銅器〉，《文物》，8（北京，1981.08），頁46。

〔註159〕 湖南省文物考古研究所、岳陽市文物工作隊，〈岳陽市郊銅鼓山商代遺址與東周墓發掘報告〉，收入湖南省文物考古研究所、湖南省考古學會，《湖南考古輯刊》，5（長沙，1989.12），頁29-45、200。

〔註160〕 郭勝斌，〈銅鼓山商代遺存文化因素分析〉，《江漢考古》，4（武漢，2001.12），

　　洞庭湖以西的澧水流域和沅水中下游，也是長江南岸受到商文化強烈影響的地區，澧水流域石門皂市遺址年代由早商延續至晚商，鄰近地區另發現有寶塔遺址與梘崗墓葬，寶塔遺址年代爲二里崗上層至殷墟初期，而梘崗墓葬由於曾出土與二里頭二期文化形似之玉璋，顯示澧水流域受到中原文化影響的時間有可能更早。〔註 161〕

　　石門皂市所出土遺物，陶器以釜、鼎爲主，青銅製品則僅見小型製品。相關遺存除了沿用鄭州二里崗上層器物，也對商式器物進行改造。而寶塔址出土器物則可分爲兩組，其中代表當地土著文化的釜、鼎器物組合，遠多於以鬲、簋爲代表的商文化因素。商代前期階段，澧水流域青銅文化受到商文化影響，地區性因素仍始終佔居主體。〔註 162〕

　　江西省鄱陽湖西部與贛江中下游地區，殷商時期爲吳城文化分布地帶。吳城文化是分布於贛江、鄱陽湖流域的一種青銅文化，該文化以發現於贛江中游樟樹市的吳城遺址命名，目前已調查有兩百多處吳城文化遺址。〔註 163〕關於吳城文化屬性，早年學者曾區分其出土遺存爲兩組系統，分別代表地方文化與商文化因素，並認爲商文化因素於吳城遺址中僅爲次要地位。〔註 164〕商代前期於九江神墩遺址〔註 165〕以及瑞昌銅嶺遺址〔註 166〕均發現商文化遺址，當地可能爲配合商人戰略以及資源需求而設立的據點。

　　　　頁 40-48。向桃初，《湘江流域商周青銅文化研究》（長沙：岳麓書社，2008），頁 35-52。

〔註 161〕王文健、龍西斌，〈石門縣商時期遺存調查——寶塔遺址與梘崗墓葬〉，收入湖南省文物考古研究所、湖南省考古學會，《湖南考古輯刊》，4（長沙，1987.10），頁 15-17。何介鈞，〈湖南省商時期古文化研究〉，收入湖南省博物館編，《湖南省博物館四十週年紀念論文集》（長沙：湖南教育出版社，1996），頁 62-63。

〔註 162〕湖南省文物考古研究所，〈湖南石門皂市商代遺存〉，《考古學報》，2（北京，1992.04），頁 185-219。

〔註 163〕詳見李伯謙，〈試論吳城文化〉，原載《文物集刊》，3（北京，1981.03），後收入氏著，《中國青銅文化結構體系研究》，頁 218-230。彭明瀚，〈贛江鄱陽湖區商代文化的區系類型研究〉，《考古》，3（北京，2004.03），頁 69-74。

〔註 164〕李伯謙，〈試論吳城文化〉，頁 227。

〔註 165〕江西省文物工作隊，〈江西九江神墩遺址發掘簡報〉，《江漢考古》，4（武漢，1987.12），頁 12-31。

〔註 166〕銅嶺銅礦遺址位於江西瑞昌市夏畈鄉境內，商代井巷主要分布於發掘區東南向軸線以南，出土有陶器與採礦銅工具，器物型制均與中原和鄰近地區商文化遺址相似。詳見江西省文物考古研究所、瑞昌博物館，《銅嶺銅礦遺址的發現與研究》，頁 7、11。

（三）商代後期的南土

　　盤龍城城址於商代二里崗後期，出現墓葬打破城址西垣的現象，殷墟時期城址與遺址群範圍內，不再出現商人活動遺跡，盤龍城就此荒廢。〔註167〕不過商代後期漢水以東地區的遺址墓葬卻較前期分布更爲廣泛，文化面貌益形豐富，並以黃陂地區出土遺跡最多，次爲孝感、雲夢、安陸和應城等地。主要遺址有郭袁嘴、袁李灣、張韓家灣、晶家寨、臺子湖與曬書臺等處，墓葬則有鍾分衛灣、鍾家崗、官家寨與泊沫港。〔註168〕此外亦有發現不少窖藏與散件青銅器，出土地點遍及襄樊、棗陽、隨縣，孝感地區的應山、安陸、應城，武漢地區的黃陂、漢陽、新洲，鄂州鄂城，黃石的大冶、陽新，以及崇陽等地。〔註169〕

　　漢水以西地區江陵荊南寺遺址被認爲最晚可發展至殷墟初期，〔註170〕其後荊州地區則以沙市周梁玉橋、官堤〔註171〕以及江陵梅槐橋〔註172〕等遺址作爲商代後期文化代表。由於周梁玉橋以及梅槐橋遺址均有卜甲出土，學者曾將該區劃歸爲接受商人統治的地方文化，〔註173〕然而出土卜甲、卜骨上並無卜辭可證明商人與地方族群的直接聯繫，加以當地文化面貌獨特，出土器物以鼎、釜爲主要器形，商文化因素並不突出，應爲一支受到商文化影響但仍自成體系的地區性文化，同類型遺址主要分布於江陵、沙市一帶，於松滋地區亦有所發現。〔註174〕

〔註167〕湖北省文物考古研究所，《盤龍城：1963～1994年考古發掘報告》，頁448。

〔註168〕余從新，〈安陸曬書臺商周遺址試掘〉，《江漢考古》，1（武漢，1980.03），頁64。熊卜發，〈鄂東北地區古代文化發展序列概述〉，收入熊卜發主編，《鄂東北考古報告集》，頁5-6。

〔註169〕關於商代後期漢水以東商代銅器出土概況，詳見李珮瑜，〈商代出土銅器銘文研究〉（臺北：淡江大學中國文學研究所碩士論文，2002），頁120-123。

〔註170〕何駑，〈荊南寺遺址夏商時期遺存分析〉，頁86。

〔註171〕周梁玉橋與官堤遺址位於沙市市東北近郊，遺址年代爲商代晚期。發掘有房基、灰坑、祭祀坑與窯址。詳見沙市市博物館，〈湖北沙市周樑玉橋遺址試掘簡報〉，收入《文物資料叢刊》，10（北京，1987.03），頁22-31。彭錦華，〈沙市周梁玉橋殷商遺址試析〉，《江漢考古》，2（武漢，1989.06），頁45-56。湖北省博物館，〈沙市官堤商代遺址發掘簡報〉，《江漢考古》，4（武漢，1985.12），頁1-9。

〔註172〕梅槐橋遺址位於江陵縣縣城西約十五公里處，發掘有商代殷墟時期與西周晚期的文化層。湖北荊州地區博物館、北京大學考古系，〈湖北江陵梅槐橋遺址發掘簡報〉，《考古》，9（北京，1990.09），頁790-796。

〔註173〕彭錦華，〈沙市周梁玉橋殷商遺址試析〉，頁52-53。

〔註174〕松滋地區發現有博宇山遺址，時代屬晚商，出土炊器以鼎爲主，器形與周梁玉橋遺址同類器物相近。詳見荊州地區博物館，〈湖北松滋博宇山遺址試掘簡報〉，《文物資料叢刊》，10（北京，1987.03），頁22-31。

　　無獨有偶地，洞庭湖東部湘江下游地區文化面貌在商代後期也呈現巨大變化，銅鼓山遺址於此時期已進入發展末段，岳陽市以南則出現對門山、〔註175〕老鴉洲、溫家山〔註176〕與玉筍山〔註177〕等商代後期遺址，〔註178〕出土陶器截然分爲兩群，除了繼承商代前期文化既有內涵，也新出現另一群以釜、鼎爲主器物，以及硬陶、釉陶器，使當地文化面貌更趨於多元。〔註179〕岳陽費家河遺址則爲湘江下游商代晚期的主要遺址，被視爲商代晚期該地類型文化代表。費家河遺址目前已清理有多座陶窯與一個灰坑，出土器物概爲陶器。文化因素可析分爲商文化、地方性文化以及源於贛北地區的文化因素。〔註180〕

　　此時期澧水流域的澧縣斑竹遺址則承繼石門皂市文化發展，斑竹遺址位於澧東鄉斑竹村，濱臨沮水北岸。遺址時代始於殷墟後期階段，出土器物除卻少量的鬲和異形簋，商文化代表器物均不復見，地方性器物則與皂市遺址一脈相承，顯示本地文化持續穩健發展。〔註181〕

　　與長江北岸的情況相同，江南於商代後期出土大量青銅器，目前已發現

〔註175〕對門山遺址位於洞庭湖東岸，遺址年代爲商代後期前段。發掘者認爲對門山遺址應爲專門燒製陶器的窯場。詳見岳陽文物工作隊，〈岳陽縣對門山商代遺址發掘報告〉，收入湖南省文物考古研究所、湖南省考古學會，《湖南考古輯刊》，6（長沙，1994.04），頁64-75。

〔註176〕老鴉洲與溫家山遺址發掘資料尚未正式公佈，轉引於何介鈞，〈湖南省商時期古文化研究〉，頁47-53。

〔註177〕汨羅玉筍山遺址位於岳陽地區西南，遺址時代爲殷墟一期至三期，發現有灰坑與墓葬。玉筍山遺址文化以地方性質爲主，商文化影響日趨消退，印紋陶文化影響力漸增。詳見何捷，〈試論汨羅玉筍山商代遺址〉，收入湖南中青年考古學者論文選集選委會編，《考古耕耘錄——湖南中青年考古學者論文選集》（長沙：岳麓書社，1999），頁185-190。

〔註178〕根據郭勝斌統計，洞庭湖東岸商代遺址墓群目前總計多達一百一十八處，其中確認爲商代前期遺址的僅有銅鼓山一處，而與銅鼓山遺址具有相同特性的遺存亦相當少，多半屬於商代後期遺址。詳見郭勝斌，〈商時期洞庭湖東岸青銅文化的年代分期與文化性質〉，收入湖南中青年考古學者論文選集選委會編，《考古耕耘錄——湖南中青年考古學者論文選集》，頁180。

〔註179〕何介鈞，〈湖南省商時期古文化研究〉，收入湖南省博物館編，《湖南省博物館四十週年紀念論文集》，頁48-53。

〔註180〕費家河遺址爲費家河河岸包括水廟嘴、雙燕嘴、撲拜廟、杉刺園、窯田子與王神廟等處的窯址與灰坑遺跡。詳見湖南省博物館、岳陽地區文物工作隊、岳陽市文管所，〈湖南岳陽費家河商代遺址和窯址的探掘〉，《考古》，1（北京，1985.01），頁1-6。向桃初，《湘江流域商周文化研究》，頁52-90。

〔註181〕何介鈞、曹傳松，〈湖南澧縣商周時期古遺址調查與探掘〉，收入湖南省文物考古研究所、湖南省考古學會，《湖南考古輯刊》4（長沙，1987.10），頁1-10。

有數百件晚商青銅器。此階段青銅器以湘江下游和其支流潙水沿岸的寧鄉一帶出土最爲集中，此外在資水、沅水、澧水和洞庭湖沿岸等區域也有所發現。〔註182〕湖南出土青銅器多種，部份器物與中原銅器相仿，也不乏具有地方特色者，且以動物造型和各種動物紋最爲特殊，而地方性銅器除了產生於江南的鐃、鐘和鎛之外，尊與卣亦爲當地較受重視之器類，出土器物不見飲器的現象，爲湖南與中原文化差異所在。〔註183〕至於湖南商代後期的文化屬性，學界意見分歧，並以近年發掘的望城縣高砂脊商周遺址作爲爭議焦點。

　　高砂脊遺址位於湘江下游西岸，爲潙水流入湘江河口處的一塊長條形沙洲。遺址時代由商末延續至西周中期，主要遺跡爲墓葬，另有灰坑、溝與陶窯，掘獲遺存有陶器、石器，以及主要出自墓葬的銅器，爲湖南境內唯一有銅器、陶器共出於墓葬的完整考古發現。發掘者認爲高砂脊遺址出土遺物可區分爲外來因素與本地因素兩大類，該地文化屬性是一種以外來因素爲主體的融合性文化，中原商周文化因素已非當地文化主體。〔註184〕不過高砂脊遺址的地方性文化因素可能被高估，當地無論是銅器形制、紋飾還有出土墓葬形式，都與中原晚商文化相近，銅器應是在商末直接由中原傳入，而寧鄉、黃材出土的銅器群方屬湖南本地青銅文化。〔註185〕

　　雖然湖南出土青銅器與墓葬遺址缺乏聯繫，也鮮少出現器銘可資辨識，不但無法確認銅器持有者的族群身分，更難以釐清這些銅器的使用歷程。〔註186〕對於江南湘北地區商代文化僅有下述認知：潙水流域於商代後期爲一青銅器高度密集區，當地住民可能由於儲存財富或宗教祭祀等需求，普遍將持有的器物

〔註182〕關於湖南青銅器出土概況，詳見向桃初，《湘江流域商周文化研究》，頁234-248。

〔註183〕何介鈞，〈試論湖南出土商代青銅器及商文化向南方傳播的幾個問題〉，原載氏著，《湖南先秦考古學研究》（長沙：岳麓書社，1996），後收入李伯謙編，《商文化論集》（北京：文物出版社，2003），頁560。施勁松，《長江流域青銅器研究》（北京：文物出版社，2003），頁149-151。

〔註184〕湖南省文物考古研究所、長沙市博物館、長沙市考古研究所、望城縣文物管理所，〈湖南望城縣高砂脊商周遺址的發掘〉，《考古》，4（北京，2001.04），頁27-44。

〔註185〕施勁松，〈對湖南望城高砂脊出土青銅器的再認識〉，《考古》，12（北京，2002.12），頁58-63。向桃初，《湘江流域商周青銅文化研究》，頁100-102。

〔註186〕向桃初指出湖南青銅器缺乏材料證明可證明埋藏年代，目前少數可辨識的銅器埋藏年代多屬西周時段。詳見向桃初，《湘江流域商周青銅文化研究》，頁394-400。

埋藏於湖濱河岸或山腳處。〔註187〕雖然並不排除本地自行鑄造的可能性，但直至商周之際中原文化仍持續輸入當地，中原青銅文化對於江南影響深遠無庸置疑。

江西贛江中游新淦縣大洋洲鄉出土的新淦大墓，爲備受矚目的商代後期遺址之一，年代約當殷墟中期。〔註188〕墓葬出土銅器的組合以炊器爲主，盛酒器和食器爲輔，除瓚之外沒有飲器，炊器則以鼎爲主。犁、鏟、耒、耜等農具陪葬品的出土，象徵當地文化可能將農具附加禮制意義。並可理解中原禮制文化在這裡並沒有被全面性接受或認同，新淦大墓所代表的是一支接受商文化影響的地方文化實體，並非商人直接進行拓殖的據點。而根據挖掘者分析，新淦出土器物型式是以融合式最多，次爲殷商式，土著式與先周式類型分別僅有四件，於出土器物中比例相當微小。〔註189〕當地青銅器工藝大量使用的銅蕊撐技術亦可能源於商代前期盤龍城。〔註190〕上述現象反應了商人於江西境內勢力，至少是文化影響力，持續至殷墟中期仍產生相當作用。

（四）商代南土變遷歷程

黃陂盤龍城遺址的發現，突破過往認爲商人勢力僅及於淮水流域的定見。而隨著江陵荊南寺遺址以及銅鼓山遺址與皂市遺址陸續出土，人們所認知的商代南土逐步南進西拓，成爲跨江南北的廣闊區域。不過商人政權是否能實際統有地區文化組成紛雜的江漢——洞庭湖區，甚至深入江南，直達傳

〔註187〕湖南地區青銅器埋藏環境類似，多爲湖濱河邊，或者山頂山腰，以及源於高山山腳的溪流等地。湖南省文物考古研究所，《湖南考古漫步》，頁 35。

〔註188〕江西省文物考古研究所、江西省博物館、新淦縣博物館，《新淦商代大墓》（北京：文物出版社，1997），頁 191-192。

〔註189〕融合式即器類、型制和紋樣等方面與殷商式基本相同，但又在某些方面進行不同程度的加工和改造，使其在型制或紋樣上帶有一定地域特色。詳見江西省文物考古研究所、江西省博物館、新淦縣博物館，《新淦商代大墓》，頁 192。不過融合式銅器的概念近年已受到質疑，認爲應將融合式器物劃歸爲地方型銅器。詳見施勁松，《長江流域青銅器研究》，頁 26。黃曲，〈湘江下游商代「混合型」青銅器問題之我見〉，《江漢考古》，3（武漢，2001.09），頁 51-55。本文則著眼於融合式器物乃爲地方自行鑄造，並且已與中原器物有所區隔，故將融合型器物視爲當地文化代表器形。

〔註190〕詳見蘇榮譽、華覺明、彭適凡、詹開遜等，〈新淦商代大墓青銅器鑄造工藝研究〉，收入江西省文物考古研究所、江西省博物館、新淦縣博物館，《新淦商代大墓》，頁 294-296。胡家喜、李桃元、李秀輝、李京華，〈盤龍城遺址青銅器鑄造工藝研究〉，收入湖北文物考古研究所，《盤龍城：1963～1994 年考古發掘報告》，頁 590-593。

統文獻中「前交趾」的商土「四至」範圍，考古資料則可稍事補齊文字資料的缺環，並於討論中納入對於商代前後期文化變遷的考量，著眼於兼具時間與空間因素的商代南土面貌。

商代前期，盤龍城為商人經營南土的核心，南下商人聚居於今日武漢、孝感乃至隨州一帶。但在黃石南部地區商人勢力便有所削減，黃岡地區目前亦少見有商人活動遺跡，反而是在長江南岸江西九江神墩與瑞昌銅嶺等地，出現有商人據點。盤龍城西南之咸寧地區亦少有商文化遺跡出土，〔註191〕但至湘北長江東南岸的岳陽，便又出現商人扼守湘江的銅鼓山據點。由此可知漢水以東之境的商文化拓殖與長江極為密切，除卻以盤龍城為中心的武漢、孝感與隨州地區被商人引為勢力發展的腹地之外，餘則多為零星據點分布於長江兩岸。而商人勢力南進此地的路線也應是由豫省東南進入江漢平原，再經隨州、孝感等地抵達武漢營建盤龍城；其後則又仰賴長江分別對東西兩方拓殖勢力，並於江西九江與岳陽銅鼓山等長江沿岸建立據點。

漢水以西，江陵荊南寺遺址以及澧水流域皀市遺址雖然都具有商文化因素，不過當地文化發展卻多以地域文化因素為主，與漢水東岸典型商文化遺址有所差異，因此學者將江漢平原以漢水劃分為東西兩區，〔註192〕形成以湘北鄂西作為鼎釜文化區的論述。〔註193〕然而更多考古資料卻益加顯示當地文化的複雜性。諸如湘西的不二門遺址，〔註194〕雖然和皀市遺址同時發展，但卻為一個以漁獵經濟為主體的獨立聚落，並與峽江以及鄂西山區的商周文化從屬同一文

〔註191〕咸寧地區目前僅於崇陽白霓新堰汪家嘴出土一件商周銅鼓。鄂博、崇文，〈湖北崇陽出土一件銅鼓〉，《文物》，4（北京，1978.04），頁94。

〔註192〕楊權喜便認為漢東商文化分布面積大，遺址密集，文化面貌典型；而漢西商文化發現零星，並僅出現二里崗期的商文化，顯示商朝並沒有完全控制漢西。兩地在地理環境、文化發展序列、土著民族與出土青銅器器銘等方面也都有所差異。楊權喜，〈湖北商文化與商朝南土〉，收入湖北省文物考古研究所編，《奮發荊楚探索文明：湖北省文物考古研究論文集》（武漢：湖北科學技術出版社，2000），頁117-121。

〔註193〕鼎和釜為南方土著於商代遺存中的代表性炊器，形制發展具有典型性，文化延續時間貫穿整個商代。詳見范學斌、張萬高，〈簡論湘北鄂西地區商時期的鼎釜文化〉，收入湖北省考古學會選編，《湖北省考古學會論文選集（三）》（武漢：江漢考古雜誌社，1998），頁39-48。

〔註194〕不二門遺址位於湖南永順縣南的靈溪鎮，為由多個發掘地點組成的遺址群，文化性質單純，說明當地是一個人群活動穩定，並自成一體的長時期文化類型。柴煥波、龍京沙，〈永順縣不二門商周時期遺址〉，收入《中國考古學年鑑》（北京：文物出版社，2002），頁294-295。

化系統。〔註195〕荊南寺遺址與湘西文化的新界定修正了鼎釜文化區概念，可知商代前期漢水西岸以及澧水流域的文化是在中原商文化影響下，尚未形成文化共性的幾支地區文化，彼此間互有聯繫卻又擁有獨立的發展軌跡。

商代後期盤龍城為商人所廢棄，銅鼓山遺址性質也隨之轉變，這些現象呈現商文化影響力逐漸退縮的時代趨勢。〔註196〕而漢水西岸與澧水地區文化中的地方性因素則於此時繼續發展，鼎與釜成為主要炊器，商代文化因素趨於消亡。不過漢水以東地區的商代後期遺址分布更為廣泛，商人於鄂東北地區雖然不復維持以盤龍城為首的統治結構，商文化影響力卻仍不容小覷。此外，湘江出土的商代窖藏青銅器，無論形制、紋飾與鑄造技術最初均承襲於北方中原地區，但是當地青銅工藝極早便顯示出較為強烈的獨立性。〔註197〕晚商岳陽地區的遺址也顯示商文化對長江中游所造成的影響並未中斷，而是與地方文化互為消長，兩者間的交流也必然持續進行。

簡言之，商代南土之盛景成形於二里崗時期盤龍城的建立，當時商人通過隨棗走廊進入江漢地區，以今日之武漢、孝感與隨州地區作為發展腹地，並將長江作為勢力拓殖的主要通道。武漢以東，商人進入江西吳城文化地區建立九江神墩與瑞昌銅嶺兩個主要發展據點；逆江至湘北岳陽地區則又於銅鼓山設置據點。而商代前期商人所掌控的南土，即是包括漢水東部地區與長江沿岸的零星據點，至於漢水以西與澧水流域地區則屬商文化影響區，非商人所能掌握發號政令之地。商代後期，中原政權重心北移至黃河北岸的安陽，商文化向外發展幅度也隨之縮減，南下商人似乎即順應此趨勢，放棄盤龍城此一南土重鎮，且未再建立同等規模的新據點。

殷商政權的南土，基本上是一個不斷盈縮的區塊，不但商王政令所及有限，商文化也與各地固有傳統互為消長，澧水流域和漢水以西地帶，文化屬性變動尤其劇烈，商人與商文化在此區域，幾乎不曾掌握優勢地位。此外，長江對於殷商時期的中原或南方住民而言，並非是一條隔閡互動的假想界線，反而是各區域文化彼此溝通聯絡的重要管道。

〔註195〕柴煥波，〈湘西商周文化的探索〉，收入湖南省文物考古研究所、湖南省考古學會，《湖南考古 2002》（長沙：岳麓書社，2003），頁 522-526。

〔註196〕唐際根認為於中商三期階段（亦即本文的商代後期早段），商文化在絕大部份地方的發展已成強弩之末。隨之而來的是晚商時期商文化在西、南兩面大範圍的收縮。詳見唐際根，〈中商文化研究〉，頁 413。

〔註197〕施勁松，《長江流域青銅器研究》，頁 299-301。

第三章　周人南土封國與經營情形

　　周族承繼夏商文化建立姬周政權，並以蘊含武裝殖民本質的封建制度作爲政權運作體制。而與國家政體經營互爲表裡的宗法暨禮樂制度，亦隨著周人勢力拓殖發展而漸具規模。由武王滅商開始，周人歷經成王時期由周公所擘畫之東進政策，以及後代數世周王對四方地域的興師征伐，方握有以成周雒邑爲中心，掌控四土封國的天下格局。因襲商代以「四土」指稱疆域的觀念，周人將王朝四方區域冠以四土或四國之名。而所謂「南土」，亦稱爲「南國」，《左傳·昭公九年》載：「及武王克商、蒲姑、商奄，吾東土也，巴、濮、楚、鄧，吾南土也。」〔註1〕《國語·鄭語》亦云：「當成周者，南有荊蠻、申、呂、應、鄧、陳、蔡、隨、唐。」〔註2〕其義泛指王朝疆域中心以南的全部疆土。

　　本節將先討論西周政權於南土所分封的同姓、異姓諸侯國，或者曾與周人建立關係的諸多南方古國，以期對周人於南方的經略規劃有所認識，嗣後將以南土封國爲分析基礎，進一步針對周人經略南土的成效與周文化勢力分布範圍等課題作出探討。

第一節　西周南土封國概況

　　西周初年，周王室於王畿四方建立眾多姬姓、姜姓與異姓諸侯國，接續殷商開發之基礎並拓展其勢力，形成了以姬、姜兩姓爲中心的封建政權。對

〔註1〕〔晉〕杜預注，《春秋經傳集解》，收入中華書局編輯部編，《漢魏古注十三經》（北京：中華書局，1998），卷22，〈昭公三〉，頁327。

〔註2〕上海師範大學古籍整理研究所校點，《國語》（上海：上海古籍出版社，1998），卷16，〈鄭語〉，頁507。

於擁有富厚資源的南方地區，周人一如殷人，投注相當心力經營南土。透過周初幾次大型分封，周人於南土建立包含有姬姜、古老氏族與南方土著等同姓、異姓封國。南土封國與周室有著程度不一的從屬關係，爲組成西周政權體系之重要部份，更爲早期南方開發的主體。本節即是計劃綜合既有研究考證，整理出南陽盆地、淮河流域等地之西周封國的發展。

圖 3-1-1：周代「南土」封國圖

一、南陽盆地封國

（一）鄧　國

族姓爲嫚姓。根據西周早期之〈盂爵〉所載，周王初至成周便曾遣使安撫鄧伯，顯示周、鄧關係建立甚早，鄧並受周人重視。〔註3〕今襄樊市西北有古鄧城遺址，城址北方山灣、蔡坡土崗亦出土大型周代墓地，曾先後發現侯氏毀、鄧公牧毀與鄧公乘鼎等兩周青銅器，墓葬等文物也與中原周文化呈現高度一致性，應爲古鄧國重心區域所在。〔註4〕

〔註3〕　〈盂爵〉銘稱：「唯王初祿于成周，王令盂寧鄧伯，賓彝貝用作父寶尊。」器銘釋文依據中國社會科學院考古研究所編，《殷周金文集成釋文》（香港：香港中文大學中國文化研究所，2001），卷5，9104，頁305。

〔註4〕　〈侯氏毀〉銘「侯氏作盂姬尊毀，其萬年永寶」，爲西周晚期器；〈鄧公牧毀〉銘云「鄧公牧作餅毀」，爲春秋早期器。〈鄧公乘鼎〉銘云「鄧公乘自作飤繁，

　　陳夢家曾以鄧孟壺、鄧伯氏鼎出土於陝西，認定西周鄧國地望應在陝西，〔註5〕不過西周封國間的婚喪嫁娶頻繁，各國禮器也隨之流通，而鄧孟壺、鄧伯氏鼎兩器，俱為鄧人嫁女媵器，兩器出土地屬鄧之姻親封國。〔註6〕鄧國地望當為漢水北岸、南陽盆地南端、唐白兩河與漢水的沖積平原之地，領有南陽盆地南至漢水地區，東與曾國、唐國相鄰。〔註7〕

（二）（西）蓼國

　　古文獻中蓼國分有東西兩處，另有位於安徽之舒蓼。《左傳・桓公十一年》云：「楚屈瑕將盟貳軫，鄖人軍於蒲騷，將與隨、絞、州、蓼罰楚師。」〔註8〕地望於今河南唐河縣南，鄰近棗陽一帶；屬於南陽盆地東南地區，為桐柏山入江漢必經之地。

（三）唐　國

　　唐即「安州六器」的〈中甗〉銘文所載之「庚」，且於昭王時已為重要南土封國，國祚更延續至西周末年。〔註9〕依據《國語・鄭語》可知其為姬姓，〔註10〕與〈中甗〉言周王於唐檢閱公族（「王大省公族于庚」）的情境描述吻合。傳世唐器僅得〈唐子且乙觶〉與〈唐子且乙爵〉等少數幾件，〔註11〕而

其眉壽無期永保用之」，係春秋中期器。上述器銘釋文引自中國社會科學院考古研究所編，《殷周金文集成釋文》，卷3，3781、3590，頁155、108；卷2，2573，頁273。出土地點與發現經過參見徐少華，《周代南土歷史地理與文化》（武漢：武漢大學出版社，1994），頁12-13。襄樊市文物管理處，〈湖北襄樊市揀選的商周青銅器〉，《文物》，9（北京，1982.09），頁84-86。楊權喜，〈襄陽山灣出土的鄀國和鄧國銅器〉，《江漢考古》，1（武漢，1983.03），頁52-53。

〔註5〕　陳夢家，《西周銅器斷代》（北京：中華書局，2004），頁63。

〔註6〕　〈鄧孟壺蓋〉銘為「鄧孟作監嫚尊壺，子子孫孫永寶用」，〈鄧伯氏鼎〉銘云「唯鄧八月初吉，伯氏姒氏作□嫚昊媵鼎，其永寶用。」均為媵器之屬。中國社會科學院考古研究所編，《殷周金文集成釋文》，卷5，9622，頁416。郭沫若，《兩周金文辭大系圖錄考釋》（上海：上海書店，1999），釋文頁177。

〔註7〕　徐少華，《周代南土歷史地理與文化》，頁18。周永珍，〈兩周時期的應國、鄧國銅器及地理位置〉，《考古》，1（北京，1982.01），頁51。

〔註8〕　〔晉〕杜預注，《春秋經傳集解》，收入中華書局編輯部編，《漢魏古注十三經》，卷2，〈桓公〉，頁66。

〔註9〕　李學勤，〈盤龍城與商朝的南土〉，收入湖北省文物考古研究所，《盤龍城：1963～1994年考古發掘報告》（北京：文物出版社，2001），頁650-655。

〔註10〕《國語・鄭語》韋昭注為姬姓。上海師範大學古籍整理研究所校點，《國語》，卷16，〈鄭語〉，頁507。

〔註11〕羅振玉，《三代吉金文存》（臺北：文華出版社，1970），頁1535、1639。

湖北棗陽出土之西周晚期「陽食生」銅器群，則有學者將「陽」釋爲「唐」，歸爲唐國器。〔註12〕近年於湖北鄖縣蕭家河春秋墓葬發現一批銅器，其中共有盤、匜與鉦等三件銅器有銘，均署名「煬（唐）子中瀕兒」，並稱「御」器，應爲唐子所作之器。〔註13〕

唐國地望目前有兩說，一爲今湖北隨縣西北地區，另一爲今南陽盆地唐河縣境內。〔註14〕兩說分歧之處即爲唐國是否領有今隨州至棗陽的「隨棗走廊」地區。後說著眼曾國、屬國於隨棗走廊的發展，從而認定唐封地應位於較北之唐河縣，似是較能與文獻相合。

（四）曾　國

隨棗走廊與南陽盆地東南部均發現有曾國銅器，隨縣擂鼓墩出土之曾侯乙墓更證明曾國之存在，棗陽地區也發掘有曾國墓地。〔註15〕然而由於缺乏明確史料對照，使得曾國相關研究紛然雜呈。《國語‧鄭語》云「申、繒、西戎方彊……若伐申，而繒與西戎會以伐周，周不守矣！」，〔註16〕此與申相近的南陽之繒，應爲西周前期南土姬姓封國之一，與其他姒姓之繒國不同。〔註17〕其後隨曾侯乙墓出土，曾與隨是否相同成爲討論焦點，相關論述成果豐碩，〔註18〕總之，最遲至西周後期，湖北隨棗走廊乃至南陽盆地南緣，

〔註12〕黃錫全，《湖北出土商周文字輯證》（武漢：武漢大學出版社，1992），頁116-118。「陽食生」銅器群著錄參襄樊市博物館、谷城縣文化館，〈襄樊市、谷城縣館藏青銅器〉，《文物》，4（北京，1986.04），頁15-20。

〔註13〕鄖縣博物館，〈湖北鄖縣蕭家河出土春秋唐國銅器〉，《江漢考古》，1（武漢，2003.03），頁3-8。黃旭初、黃鳳春，〈湖北鄖縣新出唐國銅器銘文考釋〉，《江漢考古》，1（武漢，2003.03），頁9-15。

〔註14〕前說參見李學勤，〈盤龍城與商朝的南土〉，頁650-655。後說參石泉，〈從春秋吳師入郢之役看古代荊楚地理〉，收入氏著，《古代荊楚地理新探》（武漢：武漢大學出版社，1988），頁360-376。

〔註15〕曾國出土銅器參見湖北省文物考古研究所編《曾國青銅器》（北京：文物出版社，2007）一書整理。曾國主要墓葬資料則有隨州曾侯乙墓、擂鼓墩二號墓以及棗陽郭家廟墓地。參見湖北省博物館，《曾侯乙墓》（北京：文物出版社，1989）、隨州市博物館，《隨州擂鼓墩二號墓》（北京：文物出版社，2008）、襄樊市考古隊、湖北省文物考古研究所、湖北孝襄高速公路考古隊，《棗陽郭家廟曾國墓地》（北京：科學出版社，2005）。

〔註16〕上海師範大學古籍整理研究所校點，《國語》，卷16，〈鄭語〉，頁519。

〔註17〕湖北省博物館，〈湖北京山發現曾國銅器〉，《文物》，2（北京，1972.02），頁47-53。

〔註18〕對於曾、隨關係問題，學界分有（1）「曾、隨爲同一國家說」：以石泉、李學勤爲主要提倡者，後有方酉生、舒之梅、劉彬徽繼之，徐少華亦持此論。（2）

有一實力龐大之封國存在，已無可爭議。

（五）厲 國

族屬有姬姓或南方古族厲山氏等說，而厲古音與賴相通，由此依《左傳》記載可知其於兩周之際便附於楚。〔註 19〕又有研究認為先秦時期曾有兩個厲（賴）國，位於湖北隨州地帶者為厲山氏所建；淮水以北的河南古厲鄉則為商代厲國之延續，春秋中期又南遷至息縣。〔註 20〕總之，今湖北隨州北部隨棗走廊內應有一楚之附庸厲（賴）國存在。

（六）鄂 國〔註 21〕

於商代便以「鄂侯」之名見於史冊，與西伯昌、九侯為商紂三公之一。〔註 22〕西周時期〈鄂侯毁〉銘稱「鄂侯作王姞媵毁」，又有〈鄂侯鼎〉器銘云「王南征伐角僪，唯還自征在坏」。〔註 23〕而〈禹鼎〉更對鄂國發展有詳盡記載：

> 天降大喪于下國，亦唯鄂侯御方率南淮夷、東夷廣伐南國、東國至
> 于歷內，王迺命西六師、殷八師曰撲伐鄂侯御方，勿遺壽幼。〔註 24〕

鄂侯鼎、禹鼎年代目前各家說法不一，〔註 25〕但由其內容可知鄂侯御方初與

「曾、隨不可混同之說」：主要為楊寬、錢林書以〈曾國之謎試探〉一文認為隨、曾兩國乃同時並存，而非一國兩名。該文後收入楊寬，《西周史》（臺北：臺灣商務印書館，1999），頁 611-620。其次尚有（3）「隨滅曾，延姬姓宗嗣之說」（4）「曾滅隨，據其國土之說」。相關討論詳見譚維四，《曾侯乙墓》（北京：文物出版社，2003），頁 66-77。

〔註 19〕 厲、賴實為一國之說初為顧棟高所倡，近人陳槃亦持此說。而依〈左傳・桓公十三年〉云：「楚子使賴人追之」，可知厲（賴）人時已從屬於楚。顧棟高，〈春秋時厲、賴為一國論〉，收入氏著，《春秋大事表》（北京：中華書局，1993），頁 699-700。陳槃，《春秋大事表列國爵姓及存滅表譔異》（臺北：中央研究院歷史語言研究所，1997），頁 611-616。〔晉〕杜預注，《春秋經傳集解》，收入中華書局編輯部編，《漢魏古注十三經》，卷 2，〈桓公〉，頁 68。

〔註 20〕 徐少華，〈古厲國歷史地理考異〉，《歷史地理》，19（上海，2003.06），頁 126-132。

〔註 21〕 鄂於殷周甲骨銘文乃至楚簡中字體均為「噩」，為配合文獻記載，本文乃統稱為「鄂」。

〔註 22〕 〔漢〕司馬遷，《史記》（北京：中華書局，1982 二版），卷 3，〈殷本紀〉，頁 106。

〔註 23〕 中國社會科學院考古研究所編，《殷周金文集成釋文》，卷 3，3928，頁 201；卷 2，2810。頁 376。

〔註 24〕 中國社會科學院考古研究所編，《殷周金文集成釋文》，卷 2，2833，頁 403。

〔註 25〕 關於禹鼎的討論詳見本章第二節，頁 87-88。

周王交好，曾與周室通婚，周室南征時又納獻於王。然而之後卻帶領南淮夷、東夷叛周，周室乃派遣大軍欲盡滅其族，鄂之衰微可想而知。

關於鄂國的地望，過去分有東鄂（今湖北鄂州市）與西鄂（今河南南陽市北）兩說。透過考古資料可知，鄂國在西周早期是以隨州爲發展中心。當地安居羊子山 M4 墓出土數件「鄂侯」器，墓主當爲一任鄂侯。〔註26〕由〈禹鼎〉銘文內容可知，鄂國又與淮水流域族群關係密切，其勢力或許已沿隨棗走廊，越過桐柏山，向淮山與南陽盆地發展。

（七）謝　國

《詩・大雅・崧高》中記載宣王時期，周室南遷申伯封地於謝（「於邑於謝」），又云「王命申伯：『式是南邦。因是謝人，以作爾庸。』」〔註27〕可知謝國原居地改封爲申，謝人甚至爲申伯服役修築城牆。謝於西周前期與鄂同爲南土兩大封國，〔註28〕然鄂侯叛周被滅，謝則可能因宣王大肆對外經略，虛耗國力而衰弱，難再悍拒楚與諸夷對周人南土之侵襲，從而爲宣王以實力較富厚的申取代封土。而申伯南遷，謝國則改遷至今新野、唐河兩縣之間，地約南陽盆地東南部。〔註29〕

（八）（南）申國

依據《詩・大雅・崧高》：「亹亹申伯，王纘之事。于邑于謝，南國是式。」又言王曰：「我圖爾居，莫如南土。錫爾介圭，以作爾寶。往近王舅，南土是保。」申國原爲世居西土之族，宣王時期南遷至南陽故謝國之地，《崧高》記述周王爲元舅申伯南遷送行。〔註30〕此後原居西土之申爲西申，南遷就封者

〔註26〕隨州安居羊子山地區曾兩度出土鄂器：1975 年發現「鄂侯弟曆」器；2007 年羊子山 M4 墓葬又出土多件「鄂侯」器，其中方彝、卣等器裝飾繁複，器腹飾以鼓目捲角之獸（神）面紋，風格特殊。參見隨州博物館，《隨州出土文物精粹》（北京：文物出版社，2009），頁 19-33。

〔註27〕〔漢〕毛亨傳、鄭玄箋，《毛詩》，收入中華書局編輯部編，《漢魏古注十三經》（北京：中華書局，1998），卷 18，〈大雅・崧高〉，頁 143。

〔註28〕徐少華以敘述昭王南征時期的〈中方鼎〉銘云：「唯王令南宮伐反虎方之年，王令中先，省南國貫行，埶王位在夔障眞山。」（釋文依據中國社會科學院考古研究所編，《殷周金文集成釋文》，卷 2，2751）。其中「夔」應改釋爲「謝」，即謝國，可知其爲周人早期南土重要封國之一。徐少華，《周代南土歷史地理與文化》，頁 48。

〔註29〕徐少華，《周代南土歷史地理與文化》，頁 47-53。

〔註30〕〔漢〕毛亨傳、鄭玄箋，《毛詩》，收入中華書局編輯部編，《漢魏古注十三經》，卷 18，〈大雅・崧高〉，頁 143。

稱爲南申，地望爲南陽盆地北部區域，唐、白河中游地帶。湖北鄖縣蕭家河春秋墓葬發現有申國銅簠，銘稱「申王之孫叔姜，自作飤臣，其眉壽無期，永保用之」。〔註31〕

（九）呂　國

根據文獻可知呂爲夏、商以來的古族。商周之際，呂族之呂望與周人聯合伐商，事後受封於齊，呂族就此分爲原居山西西南境本族與齊國兩脈。呂姓舊族於西周朝與王室關係深厚，〈呂伯殷〉銘曰：「呂伯作厥宮室寶傳彝，大牢，其萬年祀厥祖考。」〔註32〕可証其爲王之卿士，並享大牢之禮。宣王時，呂繼申南遷於南陽以實南土。依傅斯年〈大東小東說〉一文論證，〔註33〕呂國於南土之地望，大體離申國不遠，爲今南陽市以西區域。《國語・鄭語》史伯曰：「申、呂方彊」，可知呂與申同爲南土強國。

（十）楚　國

周楚關係開始甚早，周原出土甲骨即載「曰今秋，楚子來告，父后哉」又見「楚白（伯）今秋來，虫（惟）于王其則」等記錄。楚在周人政體可能受封爲子或伯。〔註34〕而《史記》之〈周本紀〉與〈楚世家〉稱文王廣納賢士，時居丹陽之楚族領袖鬻熊即「子事文王」。直待成王之世，楚才得周室受封，《史記・楚世家》云：「熊繹當周成王之時，舉文、武勤勞之後嗣，而封熊繹於楚蠻，封以子男之田，姓羋氏，居丹陽。」〔註35〕楚之受封應是爲周人對其既有領域的承認，並無再行封土賜民。

西周時期楚國丹陽地望多有爭議，至今約可歸結出當塗、秭歸、枝江、丹淅（淅川）、商縣和綜合前述地望的遷徙論等說法，〔註36〕上述各說之中，

〔註31〕鄖陽地區博物館，〈湖北鄖縣蕭家河春秋楚墓〉，《考古》，4（北京，1998.04），頁44。

〔註32〕中國社會科學院考古研究所編，《殷周金文集成釋文》，卷3，3979，頁219。

〔註33〕傅斯年，〈大東小東說──兼論魯、燕、齊初封在成周東南後乃東遷〉，原載《中央研究院歷史語言研究所集刊》（北京，1930.05），後收入氏著，《民族與古代中國史》（石家莊：河北教育出版社，2002），頁79-90。

〔註34〕甲骨編號 H11:83、H11:14，相關資料參見陝西周原考古隊、周原岐山文管所，〈陝西歧山鳳雛村發現周初甲骨文〉，《文物》，10（北京，1979.10），頁 38-43。釋文參見陳全方、侯志義、陳敏，《西周甲文注》（上海：學林出版社，2003），頁 11、60。

〔註35〕〔漢〕司馬遷，《史記》，卷40，〈楚世家〉，頁1691-1692。

〔註36〕學界近年爭論焦點持續環繞於秭歸、枝江與丹淅（淅川）此三說之中。秭歸

當塗地處安徽與楚國活躍之江漢距離過遠；又熊繹後四世之熊渠，依《史記》所言，知其勢力僅達「江漢」，亦即淮河漢水間，則秭歸、枝江兩說均地處長江沿岸似乎不妥。〔註37〕加以考古挖掘成果判定秭歸應屬巴文化範疇，枝江一地則仍缺乏相應遺跡可証，與出土春秋淅川楚墓的丹淅之地，以及發現具有西周文化層遺跡的商縣相比，考古證據較為薄弱。而商縣位於中原進入南土重要隘口武關之內，為周室視為蠻夷之楚似乎亦無法長居於此，因此西周楚丹陽之地望應以丹淅（淅川）之地為是。

二、淮水中上游

（一）樊　國

樊為嬴姓，相關器銘有〈樊君鬲〉與〈樊君盆〉。〔註38〕今河南信陽市平

說首見於唐人，而楊寬、劉彬徽亦支持此說。參〔漢〕司馬遷，《史記》，卷40，〈楚世家〉，張守節《正義》引《括地志》、《輿地志》，頁 1692。楊寬〈西周時代的楚國〉，收入氏著，《西周史》，頁 593-598。劉彬徽，〈試論楚丹陽和郢都的地望年代〉，原載《江漢考古》，1（武漢，1980.04），後收入氏著，《早期文明與楚文化研究》（長沙：岳麓書社，2001），頁 26-37。枝江說首見東漢潁容《傳例》之言，俞偉超、高應勤、程耀庭、羅運環等人亦以為是。參〔漢〕司馬遷，《史記》，卷 40，〈楚世家〉，張守節《正義》引潁容《傳例》，頁 1692。俞偉超，〈關於楚文化發展的新探討〉，原載《江漢考古》，1（武漢，1980.04），後收入氏著，《先秦兩漢考古學論集》（北京：文物出版社，1985），頁 17-30。高應勤、程耀庭，〈談丹陽〉，《江漢考古》，2（武漢，1980.10），頁 23-26。羅運環《楚國八百年》（武漢：武漢大學出版社，1992）。丹淅（淅川）說即釋丹陽於丹淅兩河交會處，持此論者有陳槃、王光鎬、張正明、蒲百瑞等人，馬世之更列舉十三項論證支持丹淅之說。參陳槃，《春秋大事表列國爵姓及存滅表譔異》（臺北：中央研究院歷史語言研究所，1988三版），頁 220。王光鎬，《楚文化源流新證》（武昌：武漢大學出版社，1988），頁 308-359。張正明，《楚史》（武漢：湖北教育出版社，1996），頁 29-30。蒲百瑞撰，王迎譯，李學勤校，〈探索丹陽〉，《江漢考古》，3（武漢，1989.09），頁 87-94；《江漢考古》，4（武漢，1989.12），頁 88-90、86。馬世之，《中原楚文化研究》（武漢：湖北教育出版社，1996），頁 60-85。

〔註37〕《史記·楚世家》云：「熊渠甚得江漢間民和，乃興兵伐庸、楊粵，至于鄂。」參〔漢〕司馬遷，《史記》，卷 40，〈楚世家〉，頁 1692。而上古文獻之「江」並非長江專稱，衡量楚國國勢，熊渠勢力之發展似乎以漢淮間為限。參見石泉，〈古文獻中的「江」不是長江的專稱〉，收入氏著，《荊楚地理新探》，頁 57-73。

〔註38〕傳世〈樊君鬲〉銘文載：「樊君作叔嬴晶滕器寶鬲」，可証其族姓為嬴。〈樊君盆〉銘：「樊君夔用其吉金自作寶盆」。于豪亮曾指出除了嬴姓樊國之外，上古另有位於平陽樊之姬姓仲山甫樊國，但此論尚待證明，本文於此僅處理嬴

橋出土有春秋早中期樊君夫婦墓葬，爲樊國之存在與地望提供證據。南山嘴墓葬一號墓爲樊君夫人龍嬴墓，發現有銅器鼎、壺、盆、盤、匜和鬲，以及玉器、陶器數種。二號墓則有鼎、簠與壺等銅器，以及少量銅質工具，墓主應爲一號墓出土之銅盆製作者樊君夒。而在樊君夫婦墓東北又有編爲三號墓的春秋墓葬，該墓隨葬有鼎、壺等銅器，亦發現少量玉器。〔註39〕春秋之前樊國史跡文獻失載，僅可知其至遲在兩周之際便居於淮河上游，曲鋬盉等器物具有江淮地區文化特色，而以陶器替代銅器的現象，則顯示其封國經濟實力較低。

（二）息　國

息爲姬姓，於商代已立國於河南羅山一帶，羅山蟒張天湖墓葬顯示息族於該地活動至商周之際，其後則因周人封建規劃遷離羅山。〔註40〕傳世〈息伯卣〉銘文：「隹王八月息伯賜貝于姜」，該器時代定爲西周早期康昭之世。可知周初封建，息即被封爲伯，國居淮北；其後伐鄭失敗，曾有南遷之舉，爵稱因而轉變。〔註41〕西周時期息城與南遷之新息地望，經考證均於今息縣西南、淮水北岸之處。〔註42〕湖北鄖陽亦曾出土春秋晚期的息器，可能爲息爲楚所滅後輾轉流徙至楚地。〔註43〕

（三）弦　國

弦爲淮域小國，族姓隗。湖北棗陽郭家廟出土有「幻白隹壺」，「幻」釋爲

姓樊國。中國社會科學院考古研究所編，《殷周金文集成釋文》，卷1，626，頁506；卷6，10329，頁189。于豪亮，〈論息國和樊國的銅器〉，《江漢考古》，2（武漢，1980.10），頁8-11。

〔註39〕河南省博物館、信陽地區文管會、信陽市文化局，〈河南信陽市平橋春秋墓發掘簡報〉，《文物》，1（北京，1981.01）。頁9-14。信陽區文管會、信陽市文化局，〈信陽市平橋西3號春秋墓發掘簡報〉，《中原文物》，4（鄭州，1981.08），頁14-15。

〔註40〕河南省信陽地區文管會、河南省羅山縣文化館，〈羅山天湖商周墓地〉，《考古學報》，2（北京，1986.04），頁153-197。

〔註41〕《左傳‧隱公十一年》云「鄭息有違言，息侯伐鄭，鄭伯與戰于竟，息師大敗而還」。文中稱「息侯」，與銘文所引「息伯」異。參〔晉〕杜預注，《春秋經傳集解》，收入中華書局編輯部編，《漢魏古注十三經》，卷1，〈隱公〉，頁57。〈息伯卣〉銘見中國社會科學院考古研究所編，《殷周金文集成釋文》，卷4，5386，頁143。

〔註42〕李玉潔，《楚國史》（開封：河南大學出版社，2002），頁62。

〔註43〕〈郎子行盆〉出土於湖北隨縣溳陽鄉魚嘴村，器銘云：「息子行自作飤盆永寶用之」。釋文依據中國社會科學院考古研究所編，《殷周金文集成釋文》，卷6，10330，頁189。

「弦」，是爲弦國國君佳所鑄之器。至於傳世文獻最早則有《左傳‧僖公五年》云「楚鬬穀於菟滅弦，弦子奔黃，於是江、黃、道、柏方睦於齊，皆弦姻也。」〔註44〕依據《水經‧淮水注》：「淮水又東北合黃水……又東北逕商城南，故弦國也。」〔註45〕古弦國當在今大別山北麓、淮河南岸平原之上。

（四）黃　國

　　黃是嬴姓東夷活躍的支系，爲殷王朝封國之一。〔註46〕黃國與周室關係較爲密切，並有聯姻關係。發現於河南信陽光山縣寶相寺的黃君孟夫婦墓，出土鼎器銘文可知黃君夫人字孟姬，乃周族姬姓女子。〔註47〕目前可徵之黃國銅器多爲黃君與公室所鑄，僉氏公族銅器亦頗常見。〔註48〕黃國墓葬器物形式和禮器組合與中原地區相似，但卻也有承襲江南地區特色的土墩墓、使用青膏泥等葬制，並出土具有管狀短流和曲捲角狀鋬之盉器，與群舒文化類同。

　　依據文獻與近年考古挖掘，黃國地望應當在今河南潢川西北，不過此說與黃君夫婦墓的發現位置距離略遠，可能爲國都遷徙緣故，尚未能定論。〔註49〕

表 3-1-1：黃國銅器表

器　　名	出土地點或著錄	來　源　出　處
黃大子白克盤	《兩周金文辭大系圖象考釋》	郭沫若，《兩周金文辭大系圖象考釋》，釋文頁 171b、172a。
黃君殷	《兩周金文辭大系圖象考釋》	郭沫若，《兩周金文辭大系圖象考釋》，釋文頁 172a、172b。
黃韋緐父盤	《兩周金文辭大系圖象考釋》	郭沫若，《兩周金文辭大系圖象考釋》，釋文頁 172b。

〔註44〕 襄樊市考古隊、湖北省文物考古研究所、湖北孝襄高速公路考古隊，《棗陽郭家廟曾國墓地》，頁 326。〔晉〕杜預注，《春秋經傳集解》，收入中華書局編輯部編，《漢魏古注十三經》，卷 5，〈僖公上〉，頁 97。

〔註45〕 〔後魏〕酈道元，〔清〕王先謙校，《水經注》（成都：巴蜀書社，1985），卷 30，〈淮水〉，頁 485。

〔註46〕 齊文心透過卜辭相關記載，認爲殷商時期黃國首領稱王，對殷王主要擔負貢職，是較具有自身特點的封國。參齊文心，〈商殷時期古黃國初探〉，收入中國古文字研究會、中華書局編輯部編，《古文字研究》，12（北京：中華書局，1985），頁 139-152。

〔註47〕 河南信陽地區文管會、光山縣文管會，〈春秋早期黃君孟夫婦墓發掘報告〉，《考古》，4（北京，1984.04），頁 302-332、348。

〔註48〕 關於傳世與出土黃國器之概況以及著錄請參表 3-1-1：黃國銅器表。

〔註49〕 徐少華，《周代南土歷史地理與文化》，頁 101-102。

傒氏鼎（單鼎）	《兩周金文辭大系圖彔考釋》	郭沫若，《兩周金文辭大系圖彔考釋》，釋文頁172b、173a。
黃太子伯克盆	山東沂水劉家店子一號墓	山東省文物考古研究所、沂水縣文物管理站，〈山東沂水劉家店子春秋墓發掘簡報〉，《文物》，9（北京，1984.09），頁 5。
黃君孟夫婦器群	河南信陽光山縣寶相寺黃君孟夫婦墓	河南信陽地區文管會、光山縣文管會，〈春秋早期黃君孟夫婦墓發掘報告〉，《考古》，4（北京，1984.04），頁 316-323。
奚君盤	河南羅山高店	信陽地區文管會，〈河南羅山發現春秋早期銅器〉，《文物》，1（北京，1980.01），頁 51。
奚君匜	河南羅山高店	信陽地區文管會，〈河南羅山發現春秋早期銅器〉，頁 51。
奚子宿車作行鼎	河南羅山高店	信陽地區文管會、羅山縣文化館，〈羅山縣高店公社又發現一批春秋時期青銅器〉，《中原文物》，4（鄭州，1981.08），頁 18。
奚子宿車壺	河南羅山高店	信陽地區文管會、羅山縣文化館，〈羅山縣高店公社又發現一批春秋時期青銅器〉，頁 18。
奚子宿車盆	河南羅山高店	信陽地區文管會、羅山縣文化館，〈羅山縣高店公社又發現一批春秋時期青銅器〉，頁 19。
奚季宿車盤	河南羅山高店	信陽地區文管會、羅山縣文化館，〈羅山縣高店公社又發現一批春秋時期青銅器〉，頁 19。
奚季宿車匜	河南羅山高店	信陽地區文管會、羅山縣文化館，〈羅山縣高店公社又發現一批春秋時期青銅器〉，頁 19。
奚子諆盆	河南潢川老李店磨盤山	信陽地區文管會，〈河南潢川發現黃國和蔡國銅器〉，《文物》，1（北京，1980.01），頁 46-47。
奚子諆罐	河南潢川老李店磨盤山	信陽地區文管會，〈河南潢川發現黃國和蔡國銅器〉，頁 46-47。

（五）江　國

　　江為嬴姓之國。究其發展，應為西周晚期召公平淮夷後，同淮水流域諸嬴歸附於周室，從而得封原居地。江國銅器有河南郟縣太平鄉出土之〈江小仲母生鼎〉、淅川下寺墓葬一號墓的〈邡叔鬲〉，出土於鄭、楚兩國墓葬內的江器，顯示江國與黃河以及長江流域兩地重要勢力均有一定關係。〔註50〕傳世「楚王鐘（楚邛仲嬭南和鐘）」云：「楚王媵江仲嬭南龢鐘」，郭沫若認為該

〔註50〕中國社會科學院考古研究所編，《殷周金文集成釋文》，卷 2，2391，頁 218。河南省文物研究所、河南省丹江庫區考古發掘隊、淅川縣博物館，《淅川下寺春秋楚墓》（北京：文物出版社，1991），頁 60、373-374。

器應是楚成王爲妹仲羋嫁江所鑄之媵器。〔註51〕而〈曾侯簠（叔姬霝簠）〉銘稱：「叔姬霝作黃邦，曾侯作叔姬、邛嬭媵器鬵彝」，亦被視爲江女媵器，江國於古時或可作邛或邝。〔註52〕

江國地望依徐少華之說爲今正陽縣陡溝以東、潘店以西、皮店以南範圍；東鄰息國，北爲蔡國，處於嬴姓淮夷與中原諸侯封國交界處。〔註53〕

（六）蔣　國

姬姓之國。《左傳・僖公二十四年》稱周公東征後封建親戚以藩屏周，「凡、蔣、刑、茅、胙、祭，周公之胤也。」〔註54〕可知蔣國爲周公之支子，始封於周初。〔註55〕蔣之地望，往常多以爲位於淮河南岸，今河南固始縣以北地帶。不過以封國分布局勢觀之，蔣若於初封之時便渡淮河居固始縣境，則將孤身陷入淮夷包圍。西周諸王與淮夷間征伐擾攘，亦未見蔣國出現於相關記載。針對此疑點，馬世之、徐少華等學者比對歷代對古蔣國地望的考證，得出蔣與凡、刑等國封地相近，應始封於尉氏縣西蔣城，約於今新鄭市東南部。日後才隨著周室擴展，南遷至河南固始之境。〔註56〕

（七）（東）蓼國

關於東蓼國之記載，只見於其爲楚所滅時，魯大夫臧文種言「皋陶、庭堅不祀忽諸，德之不建，民之無援，哀哉！」，〔註57〕可知東蓼爲以皋陶之後

〔註51〕中國社會科學院考古研究所編，《殷周金文集成釋文》，卷1，72，頁42。郭沫若，《兩周金文辭大系圖彔考釋》，釋文頁165a。

〔註52〕中國社會科學院考古研究所編，《殷周金文集成釋文》，卷1，4598，頁565。馬世之，《中原古國歷史與文化》（鄭州：大象出版社，1998），頁361。又李學勤曾指出江乃嬴姓，故〈曾侯簠（叔姬霝簠）〉之邛羋非江女，而「邛」也缺乏證據可被識爲「江」。關於江器的辨識，尚待更多出土資料加以釐清。李學勤，〈論江淮間的春秋青銅器〉，原載《文物》，1（北京，1980.01），後收入氏著，《新出青銅器研究》（北京：文物出版社，1990），頁153。

〔註53〕徐少華，《周代南土歷史地理與文化》，頁110-112。

〔註54〕〔晉〕杜預注，《春秋經傳集解》，收入中華書局編輯部編，《漢魏古注十三經》，卷6，〈僖公中〉，頁117。

〔註55〕關於蔣之初封時間，齊思和認爲「凡、蔣之封或在周公之後，決非一時之事」，蔣之封可能於成王後期。詳見齊思和〈西周地理考〉，原載《燕京學報》，30（北京，1946），後收入氏著，《中國史探研》（石家莊：河北教育出版社，2000），頁90。

〔註56〕徐少華，《周代南土歷史地理與文化》，頁114-117。馬世之，《中原楚文化研究》，頁133-134。

〔註57〕語見《左傳・文公五年》。〔晉〕杜預注，《春秋經傳集解》，收入中華書局編

受封，爲東夷偃姓。東蓼地望於今河南固始縣城北關一帶，現有北山古口城遺跡，似即爲故東蓼都城，該地於春秋中期東蓼國亡後，則爲楚屬國番國之居地。〔註58〕

（八）番　國

　　己姓之國。番國史事文獻失載，今僅能以出土青銅器銘文爲証。依據定爲厲王時期之〈番生簋〉云「王令藉司公族、卿事、太史寮」，〈王作番妃鬲〉則載「王作番妃齋鬲，其萬年永寶用」。〔註59〕可知番族爲妃姓，即祝融八姓之一的己姓昆吾，至遲於西周晚期已立國並擔任中央職官，又曾與周室聯姻。

　　番國立國初期地望無從可考，番國器集中發現於河南信陽出土之春秋早期墓葬，器銘且普遍稱爲「番君」，與淮河流域諸侯國在兩周之際的文化特徵相符，番國於西周末年應已南遷至信陽北部區域。〔註60〕

表 3-1-2：出土番國銅器表

器　　名	出土地點或著錄	來　源　出　處
番伯酓匜	河南信陽長臺關甘岸	信陽地區文管會，〈河南信陽發現兩批春秋銅器〉，《文物》，1（北京，1980.01），頁 42。
番哀伯者君器群	河南信陽吳店楊河	信陽地區文管會，〈河南信陽發現兩批春秋銅器〉，頁 43。
番昶伯者尹匜	河南桐柏	中國出土青銅器編輯委員會編，《中國出土青銅器》第七卷（北京：文物出版社，1998）。
番君伯龖	河南潢川彭店	鄭杰祥、張亞夫，〈河南潢川發現一批青銅器〉，《文物》，9（北京，1979.09），頁 91-92。
番叔壺	河南信陽平橋西五號墓	信陽地區文管會，〈河南信陽市平西五號墓春秋墓發掘簡報〉，《考古》，1（北京，1989.01），頁 21。
番子成周編鐘	河南固始侯古堆一號墓	固始侯古堆一號墓發掘組，〈河南固始侯古堆一號墓發掘簡報〉，《文物》，1（北京，1981.01），頁 4。
番仲戈	湖北當陽金山家43 號楚墓	盧德佩，〈湖北省當陽縣出土春秋戰國之際銘文銅戈〉，《文物》，1（北京，1980.01），頁 95。
上鄀公簠	河南淅川下寺 83 號墓	河南省文物研究所、河南省丹江庫區考古發掘隊、淅川縣博物館，《淅川下寺春秋楚墓》（北京：文物出版社，1991），頁 9-10。

　　輯部編，《漢魏古注十三經》，卷 8，〈文公上〉，頁 140。
〔註58〕詹漢清，〈固始縣北山口春秋戰國古城址調查報告〉，《中原文物》，特刊（鄭州，1983），頁 61-62。
〔註59〕中國社會科學院考古研究所編，《殷周金文集成釋文》，卷 1，645，頁 512。
〔註60〕番國器出土概況與著錄，請參見表 3-1-2：出土番國銅器表。

三、淮北汝潁地區

（一）房 國

族姓有祁姓或姜姓兩說。《國語‧周語》云：「昔昭王娶於房，曰房后」，[註61] 房於西周前期便與周室關係密切。關於房國地望，徐少華據「安州六器」之〈中甗〉言「中省自方、鄧」，釋方爲房，定其封國早期居於今葉縣、方城間的方城山附近，而最晚於兩周之際房又南遷至今遂平縣一帶。[註62]

（二）道國、柏國、頓國

俱爲汝潁流域間的小國。道國與頓國爲姬姓，柏國族姓不詳。道、柏兩國俱首見於《左傳‧僖公五年》云「弦子奔黃，於是江、黃、道、柏方睦於齊，皆弦姻也。」[註63] 頓國則依應劭言，爲「頓迫于陳，其後南徙，故號南頓」。[註64] 古道國地望依《確山縣志》，當於今河南確山縣城北；柏國地望見杜預注《左傳‧僖公五年》言「柏，國名，汝南西平縣有柏亭」，當爲今河南西平縣之西部。頓國地望經考證約可知其初封於今商水縣境，後南遷河南項城縣西之南頓鄉。[註65]

（三）蔡 國

爲西周初年受封的主要姬姓諸侯之一。《史記‧管蔡世家》載蔡國初封與三監亂後，蔡叔遭流放，後蔡叔子胡方爲周公復封：

> 蔡叔度既遷而死。其子曰胡，胡乃改行，率德馴善。……於是周公言於成王，復封胡於蔡，以奉蔡叔之祀，是爲蔡仲。[註66]

蔡之始封地於商王王畿內應無疑義，其後蔡仲復封之上蔡，則位爲今河南上城縣一帶。西周時期蔡國爲周人抵禦淮夷的重要據點，宣王時期〈駒父盨蓋〉

〔註61〕 上海師範大學古籍整理研究所校點，《國語》，卷1，〈周語上〉，頁32。
〔註62〕 徐少華，《周代南土歷史地理與文化》，頁152-153。
〔註63〕 〔晉〕杜預注，《春秋經傳集解》，收入中華書局編輯部編，《漢魏古注十三經》，卷5，〈僖公上〉，頁97。
〔註64〕 〔漢〕班固，《漢書》（北京：中華書局，1962），卷28上，〈地理志上〉顏師古注引應劭語，頁1562。
〔註65〕 李景堂纂、張縉璜修，《確山縣志》（臺北：成文出版社，1976，據民國二十年（1931）鉛印本影印），卷3，〈古蹟考‧道國城〉，頁91。〔晉〕杜預注，《春秋經傳集解》，收入中華書局編輯部編，《漢魏古注十三經》（北京：中華書局，1998），卷5，〈僖公上〉，頁97。馬世之，《中原楚文化研究》，頁143-144。
〔註66〕 〔漢〕司馬遷，《史記》，卷35，〈管蔡世家〉，頁1565。

曾載宣王時期南仲邦父南進，勢力達淮水以南之境，北返途中即至蔡，可知蔡地於周人南進戰略上的重要性。〔註67〕

透過傳世與出土器銘內容，可知蔡國定居南土後積極與各方諸侯聯姻。西周之〈虢鐘〉、〈蔡姞簋〉顯示蔡國與北方諸侯國互為嫁娶，〔註68〕春秋時又與齊、宋等國通婚。〔註69〕江淮地區更多有與蔡聯姻者，《左傳》便載陳、蔡兩國曾兩度通婚，而〈蔡大師鼎〉銘稱「蔡大師膡賸許叔姬可母飤繁用」，為蔡女嫁許之媵器。〔註70〕此外，蔡國與楚、吳等國亦曾多次聯姻，河南淅川下寺楚墓、湖北當陽，以及安徽壽縣蔡侯墓出土有數件相關春秋後期媵器，蔡女出嫁其南方之楚、吳等國，應與楚、吳勢力之消長牽連甚深，呈現蔡國夾處於江淮兩大勢力間的狀態。〔註71〕

（四）陳　國

嬀姓之國。《史記・陳杞世家》云：「至于周武王克殷紂，乃復求舜後，得嬀滿，封之於陳，以奉帝舜祀，是為胡公。」〔註72〕陳為西周早期受封之國，並與周室曾多次通婚，關係密切。〔註73〕而出土於河南商水縣朱集村先

〔註67〕〈駒父盨蓋〉稱：「唯王十又八年正月，南仲邦父命駒父即南諸侯率高父見南淮夷」。中國社會科學院考古研究所編，《殷周金文集成釋文》，4464，頁4464。

〔註68〕中國社會科學院考古研究所編，《殷周金文集成釋文》，卷1，91，頁56；卷3，4198，頁330。

〔註69〕《左傳・僖公三年》載齊桓公娶蔡女，而春秋時器〈蔡侯作宋姬媵鼎〉則知蔡、宋亦於春秋時期通婚。參〔晉〕杜預注，《春秋經傳集解》，收入中華書局編輯部編，《漢魏古注十三經》，卷5，〈僖公上〉，頁94。張光裕，〈香江新見蔡公子及蔡侯器述略〉，《中國文字》，新22（臺北，1997），頁151-164。

〔註70〕陳、蔡通婚事見莊公十年、二十二年，《左傳》述蔡哀侯娶于陳，又稱陳厲公為蔡女所生。〔晉〕杜預注，《春秋經傳集解》，收入中華書局編輯部編，《漢魏古注十三經》，卷3，〈莊公〉，頁76、82。〈蔡大師鼎〉銘參中國社會科學院考古研究所編，《殷周金文集成釋文》，卷2，2738，頁334。

〔註71〕相關媵器均出於春秋後期，蔡、楚聯姻媵器有淅川下寺三號墓出土之〈鄬仲姬丹盤〉、〈鄬仲姬丹匜〉以及發現於湖北當陽之〈王孫霝作蔡姬簠〉。蔡、吳聯姻之器則俱出於安徽壽縣蔡侯墓，諸如〈蔡侯申作大孟姬媵尊〉、〈蔡侯申作大孟姬媵彝盤〉等。河南省文物研究所、河南省丹江庫區考古發掘隊、淅川縣博物館，《淅川下寺春秋楚墓》，頁369-370。中國社會科學院考古研究所編，《殷周金文集成釋文》，卷3，4501，頁537；卷4，6010，頁272；卷6，10171，頁128。

〔註72〕〔漢〕司馬遷，《史記》，卷36，〈陳杞世家〉，頁1575。

〔註73〕關於陳國與周王室通婚之事可梳理出兩組相關器銘，首先為西周晚期之陳侯作王嬀簋，可知於西周階段陳女已嫁至中原周室；春秋中期則有陳侯作王仲

秦墓葬則出土有〈原仲簋〉，爲陳國大夫原仲爲次女所鑄陪嫁媵器。〔註74〕

　　陳故城於今河南淮陽城關一帶，地處潁水中游。〔註75〕在春秋中期國勢衰微前，陳與北之鄭國、宋國，西之許國相鄰，南抵潁水，領有東至安徽亳縣、渦陽一帶區域。

（五）厲（礪）國

　　傳世〈魯大司徒子仲白匜〉銘載：「魯大司徒子仲白作其庶女礪孟姬媵匜」，釋爲魯女孟姬適礪。然而此礪國與隨州之厲國是否相同，則有爭議。徐少華以礪爲河南東部之厲國，地處淮北渦水上游。〔註76〕隨州之厲據文獻於周代極早便歸附楚國，故此說亦有可信之處。

（六）許　國

　　姜姓。《國語・周語》云：「齊、許、申、呂由大姜」，〔註77〕大姜即太王之妃、王季之母。許之封即源於此，呈現其與周室之間的密切關係。西周許國地望爲今河南許昌縣，應無疑義。

（七）應　國

　　殷商時已有應國，後爲周人所代。《左傳・僖公二十四年》稱：「邗、晉、應、韓，武之穆也」，《詩經・大雅・下武》又有云「應侯順德」，均指封於應之武王後嗣。〔註78〕應國地當今河南平頂山市薛莊鄉滍陽嶺，該地出土有應國貴族墓葬群。〔註79〕

媿𦉢簋等媵器，與《左傳・莊公十八年》載「陳媯歸于京師，實惠后。」一事可相對應。陳侯所作媵器著錄參見臨潼縣文化館，〈陝西臨潼發現武王征商簋〉，《文物》，8（北京，1977.08），頁1-7。中國社會科學院考古研究所編，《殷周金文集成釋文》，卷3，4603，頁568。〔晉〕杜預注，《春秋經傳集解》，收入中華書局編輯部編，《漢魏古注十三經》，卷3，〈莊公〉，頁80。

〔註74〕秦永軍、韓維龍、楊鳳翔，〈河南商水縣出土周代青銅器〉，《考古》，4（北京，1989.04），頁310-313。

〔註75〕曹桂岑，〈楚都陳城考〉，《中原文物》，特刊（鄭州，1981.10），頁37-40。

〔註76〕相關論證詳見徐少華，《周代南土歷史地理與文化》，頁195-199。

〔註77〕上海師範大學古籍整理研究所校點，《國語》，卷2，〈周語中〉，頁48。

〔註78〕〔晉〕杜預注，《春秋經傳集解》，收入中華書局編輯部編，《漢魏古注十三經》，卷6，〈僖公〉，頁117。〔漢〕毛亨傳，鄭玄箋，《毛詩》，卷16，〈大雅・下武〉，頁124。

〔註79〕河南平頂山市薛莊鄉滍陽嶺地區曾多次出土西周時期墓葬，並已有一號、八十四號與九十五號墓公佈發掘簡報。參河南省文物考古研究所、平頂山市文管會，〈平頂山市北滍兩周墓地一號墓發掘簡報〉，《華夏考古》，1（北京，

（八）養（羕）國〔註80〕

養國為史籍無載之國，但其氏族於西周時期已存在，傳世之西周器〈養史尊〉即可引為證明。〔註81〕湖北江陵岳山春秋楚墓出土之〈養伯簠〉銘稱「養伯受用其吉金作其元妹叔嬴為心媵養簠」，故知養國為嬴姓，並與楚國通婚。〔註82〕此外尚有「養伯庸」器群、〈養伯業鼎〉、〈養仲匜〉與〈養仲鬲〉等銅器，至春秋晚期則有〈養子鐸〉。目前可徵之養器全屬春秋階段之器，春秋之後養國淪為楚之封邑與養縣，未再鑄器。〔註83〕

關於養之地望，根據養器的出土地點，可推測大抵位於今河南桐柏一帶，為傍桐柏山北麓的小國。〔註84〕

（九）長子國

該國未見記載。目前依據湖北黃陂縣魯臺山西周早期墓葬群出土 8 件有銘銅器，推測當地於西周時期曾有「長子」國存在。〔註85〕

早年研究多將魯臺山定為最遲至昭王時期便已建立的軍事據點，從屬於姬姓隨國；甚至可能即是受封的姬姓諸侯國，亦即漢陽諸姬之一。〔註86〕不過上古同姓不婚，而出土銅器器銘「公太史作姬瑛」明顯為姬姓女子陪嫁之媵器，故可知魯臺山墓墓主絕非姬姓。此外魯臺山遺存依其規模實已超過軍

1998.03），頁 30-44。河南省文物考古研究所、平頂山市文物管理委員會，〈平頂山應國墓地九十五號墓的發掘〉，《華夏考古》，3（北京，1992.09），頁 92-103。河南省文物考古研究所、平頂山市文物管理委員會，〈平頂山應國墓地八十四號墓發掘簡報〉，《文物》，9（北京，1998.09），頁 4-17。

〔註80〕養國於銅器銘文中有「羕」、「鄴」等字體，本文為行文之便統一釋為養。

〔註81〕〈養史尊〉為西周時期器，銘載「養史作旅彝」。董全生、張曉軍，〈從金文羕、㶛看古代的養國〉，《中原文物》，3（鄭州，1996.06），頁 71。

〔註82〕荊州地區博物館，〈江陵岳山大隊出土一批春秋銅器〉，《文物》，10（北京，1982.10），頁 16-17。

〔註83〕器銘釋文參董全生、張曉軍，〈從金文羕、㶛看古代的養國〉，頁 71。徐少華，〈羕國銅器及其歷史地理探析〉，《考古學報》，4（北京，2008.12），頁 444-448。

〔註84〕養器出土地集中於河南泌陽與桐柏兩縣，並以桐柏月河鎮為中心。徐少華，〈羕國銅器及其歷史地理探析〉，頁 449-452。

〔註85〕黃錫全，〈黃陂魯臺山遺址為「長子」國都蠡測〉，《江漢考古》，4（武漢，1992.12），頁 40-42。遺址發掘內容參考本文下一節。

〔註86〕張亞初以魯臺山遺址為「周王朝直接控制的軍事據點」。詳見張亞初，〈論魯臺山西周墓的年代和族屬〉，《江漢考古》，2（武漢，1984.06），頁 23-28。陳賢一則將公大史媵器誤為公大為夫人所作之器，認定墓主為姬姓，並以「長子狗」之「長」為國名，屬漢陽諸姬之一。詳見陳賢一，〈黃陂魯臺山西周文化剖析〉，《江漢考古》，2（武漢，1982.06），頁 62-72。

事據點程度，而其文化特色具有鮮明地方色彩，並兼雜商周文化特質，應是與西周宗室高層貴族通婚的異姓方國。〔註87〕

「長子」國與西周之關係，黃錫全認為魯臺山「長子」即為甲骨文中向商王進貢之「長子」，於商亡後臣服於周，周王室與之聯姻加強對長江中游的控制，其墓器銘文多以日為名可反映此一歷史連續性。〔註88〕然而一如王光鎬針對遺跡文化特色的分析，魯臺山西周遺址雖具備當時共見的文化屬性，但與西周卻是截然不同的兩個文化主體。魯臺山墓葬群不但缺乏西周標準墓葬中必備之鼎、簋兩器，更有中原從未得見之陶器與銅器相混陪葬的特殊情形。〔註89〕長子國的族裔與文化屬性都有待更多相關資料進行研究。

第二節　周人的南土經營

西周王室以分封同姓、異姓與南方土著諸侯國作為南土經營的據點，並於既有封國基礎上擴展其統治勢力。探察西周時期南土封國地望遷徙與發展，便可發現周人勢力的進程，並非為同心圓擴散模式，除卻需要以過往殷人開發據點為根基，更有順應各區域文化發展特殊性的考量。本節將先試行分析周人於南土勢力發展的極限，探討學界長久以來對於周人勢力是否南抵長江流域，甚至深入江南的爭議。繼之評析史稱「漢陽諸姬」的周人南土佈局，注重周人和南土各族間長期交雜衝突與交流的發展，以求掌握中原周室政權經營南土之實質。

一、周人勢力南界分析

關於周人經營南土的時間與範圍，早年徐中舒〈殷周之際史蹟之檢討〉一文認為早在文王之前，周人勢力便已達江漢一帶，之後更逐步沿江向東推

〔註87〕王光鎬，〈黃陂魯臺山西周遺存國屬初論〉，《江漢考古》，4（武漢，1983.12），頁 58-69。「公大史」唐蘭釋為昭王或穆王時之同公，陳夢家則疑為成康之際的華公，兩說尚未定論，然可知「公大史」為西周王室權高位重之貴冑。參見唐蘭，〈論周昭王時代的青銅器銘刻〉，收入中華書局編輯部編，《古文字研究》，第二輯（北京：中華書局，1981），頁 54-55。陳夢家，《西周銅器斷代》，頁 56-57。

〔註88〕黃錫全，〈黃陂魯臺山遺址為「長子」國都蠡測〉，頁 40-42。

〔註89〕王光鎬，〈黃陂魯臺山西周遺存國屬初論〉，頁 58-69。

進；而太王居岐時仲雍在吳，即爲周人翦商之開端。〔註90〕錢穆於《國史大綱》中則以文王時周人經武關抵漢淮「搗虛批亢，未能直犯殷邦，乃先南下」的翦商路線乃周人進駐南土之始。〔註91〕然而，周人勢力是否真如《論語》所言於克商前便因文王之德「三分天下有其二」，長久以來頗受質疑，傅斯年便曾認爲論「南國之疆域，則周初封建，陳、蔡爲最南」。〔註92〕其後尚有周人經營南土始於武王、昭王等說法，〔註93〕甚至更有研究認爲西周僅能維持漢淮流域的統治，自始至終不曾南下至長江。〔註94〕

　　近年來由於南方地區考古出土收穫甚豐，其中西周時期發現並非主要發掘成果，但仍使西周政權經營「南土」此項長期欠缺資料佐證的課題，浮現深入研究的可能。徐少華便曾考證西周「南土」空間範圍：

> 從空間上來看，它包括南陽盆地和淮河上中游兩個地區，西起秦嶺
> 南坡的漢水支流丹江流域，東起淮河中游今安徽壽春一帶，南以漢
> 水和桐柏大別山脈爲限，北抵汝、潁、渦諸水上游的今河南汝陽、
> 禹縣、太康、永城一線，即文獻所載的周王朝南部境土。〔註95〕

不過此說由於認爲周代南土範圍不及長江，卻與諸多學者認爲周人於立國初期，最晚至昭公之世便已控制江漢的說法互異。例如李學勤便認爲太保玉戈銘載「令太保省南國，帥漢，遂殷南，今屬侯辟，用鼄走百人」，其中的「太保」

〔註90〕詳見徐中舒，〈殷周之際史跡之檢討〉，原載《中央研究院歷史語言研究所集刊》，7：2（北京，1936.12），後收入氏著，《徐中舒歷史論文選輯》（北京：中華書局，1998），頁652-691。

〔註91〕錢穆，《國史大綱（修訂版）》（臺北：臺灣商務印書館，1996三版），頁40。孫作雲亦以鄭玄《詩譜・周南召南譜》之「文王典治南國江、漢、汝旁之諸侯」論證文王經營江漢。孫作雲，《詩經與周代社會研究》（北京：中華書局，1966），頁42-43。

〔註92〕《論語・泰伯》云「三分天下有其二，以服事殷，周之德，其可謂至德也已矣。」，歷來被視爲描述文王時期的周人勢力範圍。參見陳昌遠，〈釋《論語》「三分天下有其二」〉，《人文雜誌》，5（西安，1983.09），頁70-76。傅斯年，〈大東小東說——兼論魯、燕、齊初封在成周東南後乃東遷〉，頁79-90。

〔註93〕武王之說詳見郭人民，〈文王化行南國與周人經營江漢〉，《河南師範大學學報》，2（開封，1980.03），頁21-25。昭王之說詳見周書燦，〈由員卣銘文論及西周王朝對南土經營的年代〉，收入氏著，《西周王朝經營四土研究》（鄭州：中州古籍出版社，2000），頁195-207。

〔註94〕段渝，〈西周時代楚國疆域的幾個問題〉，《中國史研究》，4（北京，1997.12），頁24-33。

〔註95〕徐少華，《周代南土歷史地理與文化》（武漢：武漢大學出版社，1994），頁1。

爲西周之召公，與文獻相證即可推知周人的影響從文王時已南及江漢。何樹環更將徐所論述之南土視爲「『相對穩定』的南土範圍，周人在強盛的時後，南土的範圍是可越過漢水、桐柏山、大別山一線，達於湖北境內的長江邊。」〔註96〕近年研究普遍亦以湖北鄿春銅器窖藏與黃陂魯臺山墓葬，作爲周人勢力於立國初期便可擴張至長江北岸的證明。〔註97〕周人勢力是否能到達江漢地區，以及其政令、文化對南方地區的影響幅度又是如何，長久以來爲學界爭議焦點，更可說是探討日後南土政治結構格局的基本課題。

關於西周初年周人有無延續商人於南土之經營，必先考量周初政權是否擁有足夠力量在處理權力分封與殷遺問題之餘，又可支持周人於南方發展。成王時期，發生三監與殷遺武庚叛亂，顯示周初國基尚不穩固，因此西周初期姬周政權是否有經營南土的餘裕便值得商榷。而嗣後周人逐步於南陽盆地、淮河流域建制封國雖然爲歷史事實，然而周族勢力是否可以越過漢水與大別山山區進佔鄂、贛兩省境內的長江流域地區則仍多有異說。〔註98〕爲求釐清周人南進的範圍，以下依照距離北方周文化中心遠近，對西周時期江漢地帶的考古發掘資料作出梳理。

（一）漢水以東地區

漢水以東隨棗走廊一帶，爲江漢地帶與北方中原聯繫的主要孔道，南北兩地交流可通過今湖北襄樊市沿唐河、白河而上入南陽盆地，或者直接於隨棗走廊處穿越大別山山口，再往北入南陽。目前於南方所發現的西周有銘銅器亦集中於此區域，可知周人南下江漢可能大多仰賴此條通路。〔註99〕以下便將由西周南土北緣南陽盆地因循該條南北通路逐步清理涵蓋南陽盆地、漢水沿線與漢東隨棗走廊等區域的西周考古學文化，藉此檢視當時周人南向勢

〔註96〕 李學勤，〈太保玉戈與江漢的開發〉，收入楚文化研究會編，《楚文化研究論集（第二集）》（武漢：湖北人民出版社，1991），頁 5-10。何樹環，〈西周對外經略研究〉，頁 4。

〔註97〕 中國社會科學院考古研究所，《中國考古學‧兩周卷》（北京：中國社會科學出版社，2004），頁 141-142。

〔註98〕 至於長江流域中下游的安徽省區部份，通過近年對文獻與出土文物的綜合分析，判定應屬淮夷文化一支。可知西周時期周人勢力雖已深入淮河中游區域，但其南界並未越過江淮分水嶺一線。詳見宮希成，〈安徽淮河流域西周時期文化試探〉，《東南文化》，5（南京，1999.05），頁 38-43。

〔註99〕 詳見楊寶成主編，《湖北考古發現與研究》（武漢：武漢大學出版社，1995），頁 99-117。

力之進程。

西周時期南陽盆地的考古遺址以位於河南省丹江口水庫淹沒區內的淅川下王崗遺址爲代表，該遺址西周文化層分布普遍，發現有房基、灰坑以及土坑墓。出土有加工細緻之石器、骨器，亦有銅矛、銅刀和銅鏃，陶器火侯高，造型精良，常見有癟襠袋足鬲，小口高領繩紋罐等器物。下王崗出土器物多與灃西張家坡西周遺址相似，應同屬西周早期遺物。〔註100〕

自淅川沿丹江而下至漢、丹兩水交會處丹江口市，已知有下絞喬家坪遺址，其地處下河北岸，約當上、下絞之間，長久被視爲西周時期絞國所在地。調查者推斷該遺址時代始於西周中期並延續至戰國。下絞遺址的文化面貌與鄰近的均縣朱家臺遺址相仿，其中鬲足的演變與鬲器器形，顯示當地文化除了與周文化特徵相符之外，也兼有與江漢平原地區文化互通的特質。〔註101〕丹江口玉皇廟遺址亦出土有捲沿的罐和鬲，通體以繩紋裝飾的柱狀足等周代時期慣見之陶器遺物。〔註102〕

丹江口市以西，發現有朱家臺遺址。朱家臺位於湖北省西北均縣城南，鄰近漢水與曾河交會之沖積地帶。西周文化遺物大多數爲陶器，另有出土少許銅鏃、銅笄以及石質斧、錛等器具。陶器中的鬲形具有顯著的地區特點，多爲寬襠柱狀實足鬲，少有關中、豫西等地的癟襠袋足鬲，部份陶器形制與湖北南部黃陂魯臺山西周遺址近似，遺址年代上限爲西周中期，下限約當兩周之際。〔註103〕

由丹江口市順漢水向東至漢水沿岸的襄樊市，則有襄城區檀溪村的眞武山遺址，遺址位居漢水沖積平原之上，爲南陽盆地至隨棗走廊間頗值得注意的周代遺址。整個遺址面積約 2.5 萬平方米，發現有灰坑、灰溝以及房基等遺跡，出土遺物計有陶器、銅器、石器和骨蚌器，並有卜用甲骨。〔註104〕發掘

〔註100〕河南省文物研究所、長江流域規劃辦公室考古隊河南分隊編，《淅川下王崗》（北京：文物出版社，1989），頁307-331。

〔註101〕十堰市博物館、丹江口市博物館，〈丹江口市下絞遺址調查簡報〉，《江漢考古》，1（武漢，1997.03），頁1-5。

〔註102〕丹江口市博物館，〈湖北丹江口市玉皇廟遺址調查簡報〉，《華夏考古》，2（鄭州，2003.06），頁8-10。

〔註103〕中國社會科學院考古所長江工作隊，〈湖北均縣朱家臺遺址〉，《考古學報》，1（北京，1989.01），頁46-50、55。

〔註104〕湖北省文物考古研究所、襄樊市博物館，〈湖北襄樊眞武山周代遺址〉，《考古學集刊》，9（北京：科學出版社，1995），頁138-161。

報告指出當地出土鬲器有一致的變化趨勢，即唇部由圓唇變爲方唇，頸部變長，襠部內癟程度變小，並發展爲聯襠。卜用甲骨採行雙聯鑽。與周人有明顯差異。雖然西周中期器物仍有保留少數商代作風（紅陶缸），但究其文化主體源於中原周文化，並與周人器物的演變保持一定同步性。但在總體風格上又有明顯區別，可稱爲典型周文化的變化體。〔註105〕

在隨棗走廊的兩端，亦分別發現有西周時期相關遺址。

棗陽毛狗洞遺址鄰近棗陽縣縣城，該地爲一包含新石器與西周時代的遺址，出土有西周時期灰坑遺跡以及殘存的房基結構，並發現陶器、玉器、青銅器、卜骨等豐富遺物。毛狗洞遺址出土陶器與灃西極爲相似，可判斷遺址年代應屬西周早期。而卜甲採取圓鑿手法，陶器色質多呈紅陶以及具地方特色之紋飾，則爲當地文化與周文化相異處。〔註106〕

隨州廟臺子遺址位於湖北隨州市廟臺子村東，遺址年代由新石器晚期石家河文化延續至東周戰國時期。廟臺子遺址出土西周時期墓葬兩座，發現有銅條、石杵等少量生產工具，生活用具主要爲陶器，並以夾砂陶數量最多，器形有鬲、甗、豆、簋、罐和缸。此外，另發現一件採圓鑽的卜甲。〔註107〕本地出土陶鬲已逐漸由分襠大袋足鬲改變爲癟襠鬲，尖錐足也轉化爲柱足，夾砂陶所佔比重有所減少，有爲泥質陶取代趨勢，紅陶比例亦明顯增加，基本上該地出土之遺物可統屬於周文化範疇。〔註108〕

隨州以下，西周時期遺址分布態勢大抵分爲二股：一是沿大別山山脈續向東南於孝感市和黃岡市北境，出土有大悟呂王城、紅安金盆等周文化主要遺址。此外則是順涢水流域至孝感市中部的安陸、應城和雲夢一帶，亦沿涢水、澴水兩河水系遍佈有大量小規模遺址，這些遺址較之前商代遺址的分布

〔註105〕湖北省文物考古研究所、襄樊市博物館，〈湖北襄樊眞武山周代遺址〉，頁160-161。張昌平，〈試論眞武山一類遺存〉，《江漢考古》，1（武漢，1997.03），頁49-54。

〔註106〕襄樊市博物館，〈湖北棗陽毛狗洞遺址調查〉，《江漢考古》，3（武漢，1988.09），頁10、13-20。

〔註107〕該件文物於發掘報告上稱爲卜骨，但內文卻詳述其材質爲龜腹甲殘片，內面殘餘四個圓形鑽孔，孔底中心部位施一鑿齒，如貓眼狀，有灼痕。報告結語亦稱之卜甲，故此處使用卜甲之名。詳見武漢大學歷史系考古教研室、襄樊市博物館、隨州市博物館，《西花園與廟臺子》（武漢：武漢大學出版社，1993），頁166、192-193。

〔註108〕武漢大學歷史系考古教研室、襄樊市博物館、隨州市博物館，《西花園與廟臺子》，頁161-166、192。

更爲密集，文化層多直接疊壓於新石器或商代文化層之上。〔註109〕而溳水往西至漢水之間的京山、天門地區亦發掘數處西周遺址，〔註110〕顯示漢水以東地區的商周聚落發展，呈現連續擴張趨勢。

大悟呂王城遺址位於湖北大悟縣城東的呂王村，地處溾水上游西岸和呂王河交匯之處。呂王城遺址時代由新石器延續至戰國時期，西周時期文化遺存主要發現於遺址的東區（天燈崗）和西區（陳家崗），出土陶器以夾砂褐陶爲主，依據鬲器的類型演變可劃分爲早、中、晚三期，並與灃西出土陶器形制相近，但亦有小口柱足鬲等表現地區性文化的特徵。〔註111〕而大悟地區於境內竹杆河、澴水與溾水上游等流域，亦發現多處小型西周時期遺址，出土與呂王城遺址同類之陶器。〔註112〕

紅安金盆遺址發現於黃岡倒水上游紅安縣，出土新石器與西周文化層，以及西周時期之建築遺跡和墓葬，陶器以夾砂紅陶、泥質紅陶爲主，器形以鬲器較多，也有發現紡輪、網墜等器，另有出土以石質、銅質爲主的生產工具，諸如石斧、石錛、銅錛、銅範以及銅質兵器矛、刀、鏃等。〔註113〕

溳水流域以安陸曬書臺遺址最爲重要，遺址地處安陸市南的巡店鎮尙堰村，坐落於溳水岸邊平畈的臺地之上，總面積約爲 5 萬平方公尺。曬書臺爲自西周早期發展至晚期的長時期遺址，發現有堆積豐富的文化層和灰坑，出

〔註109〕詳見熊卜發，〈孝感地區文物普查概述〉，收入熊卜發編，《鄂東北地區文物考古》（武漢：湖北科學技術出版社，1995），頁 12。

〔註110〕目前在漢水以東至溳水之間已發現有京山三王臺、上瀏家畈、天門土城、神祖臺、笑城等西周時期遺址，此批遺址陶器形制變化與孝感地區遺址相同，普遍存在具有中原文化特點的聯襠錐足鬲，至西周中、晚期地方特色才有顯著發展。詳見荊州地區博物館，〈湖北荊門、鍾祥、京山、天門四縣古遺址調查〉，《文物資料叢刊》，10（北京，1987.03），頁 49-54。而在漢水中下游沿岸的鍾祥六合遺址亦有零星西周遺存分布，曾發現一些以夾砂紅陶爲主的陶質生活用具，時代爲西周中期，文化面貌概屬漢水中下游地區的類型之一。詳見荊州地區博物館、鍾祥縣博物館，〈鍾祥六合遺址〉，《江漢考古》，2（武漢，1987.06），頁 25-27、29。

〔註111〕孝感地區博物館，〈湖北大悟呂王城遺址〉，《江漢考古》，2（武漢，1990.06），頁 36-38、42。

〔註112〕西周時期遺址於大悟地區分布較爲密集，根據調查已發現有 35 處，出土陶器多爲夾砂紅陶、灰陶材質，紋飾以繩紋爲主，文化特徵與中原地區西周文化較爲接近。詳見大悟縣博物館，〈大悟縣古文化遺址調查簡報〉，《江漢考古》，2（武漢，1990.06），頁 5-12。

〔註113〕湖北省文物管理處，〈湖北紅安金盆遺址的探掘〉，《考古》，4（北京，1960.04），頁 38-40。

土文物以陶器爲主要，陶質陶色以夾砂灰陶居首，器形有鬲、甗、盆、缽、罐與豆，陶鬲、甗的足根大都是兩層包制，可依型態區分爲錐柱狀、獸蹄狀，與商代呈尖錐形狀的器足有明顯不同。〔註114〕

位於漢水下游的漢川，則是探析周人勢力界線是否已逾漢水的重要指標，此一區域目前已發現有霍城、甑山以及烏龜山等西周時期遺址分布於漢水兩岸，其中烏龜山遺址文化內涵甚爲豐富。烏龜山遺址位於漢川縣縣城東部的南河鄉南河村，文化層由西周早期延續至晚期，出土陶器陶色以夾砂褐陶爲主，次爲夾砂紅陶、灰陶，泥質陶較少；器形有鬲、甗、罐、盆、缽與豆，是孝感地區具有代表性的器物組合。調查者指出當地屬於西周早、中期的陶鬲、敞口罐、盆、缽等器物，和澧東、澧西的西周遺址墓葬器物基本一致，顯示西周早期周人勢力便已控制了漢水下游地區。〔註115〕

（二）黃岡、黃石地區

湖北東緣的黃岡、黃石市，新石器時代以來便與江漢平原有所差異，由於位處長江中下游交界，當地文化面貌在皖、贛諸省區的地方文化多重影響下顯得複雜。及至商代，當地遺跡仍以硬紋陶文化因素對其影響最爲深刻。〔註116〕西周時期黃岡西北處紅安縣出土有以中原周文化爲主體之金盆遺址，但至其轄境中部的巴水以東地帶，文化風貌便有所轉變。〔註117〕

位於巴水之南的浠水流域地帶，已發現有子瓏畈、大旗畈、胡家墩、窯嘴、大地坪、黃祖祠、李家嘴、黃龍寨與片街等遺址出土西周時期陶器，並且維持慣有的強烈地方特色。〔註118〕再至黃岡南端的蘄水流域，亦有毛家嘴、

〔註114〕北京大學考古專業商周組、山西省考古研究所、河南省安陽、新鄉地區文化局、湖北省孝感地區博物館，〈晉豫鄂三省考古調查報告〉，《文物》，7（北京，1982.07），頁 8-9、15-16。孝感地區博物館，〈湖北安陸市商周遺址調查〉，《考古》，6（北京，1993.06），頁 503-504、542。

〔註115〕孝感地區博物館，〈湖北省漢川縣考古調查簡報〉，《考古》，8（北京，1993.08），頁 694-700。湖北省文物考古研究所，〈漢川烏龜山西周遺址試掘簡報〉，《江漢考古》，2（武漢，1997.06），頁 10-13。

〔註116〕湖北省文物考古研究所、陽新縣博物館，〈陽新大路鋪遺址東區發掘簡報〉，《江漢考古》，3（武漢，1992.09），頁 21。

〔註117〕商周時期以刻槽鬲、帶護耳甗、長方形鏤孔豆爲基本特徵的一組陶器在巴河以東地區佔有主導地位，此一文化面貌明顯與巴水以西地區有所不同。詳見黃岡地區博物館，〈湖北黃岡巴水流域部分古文化遺址〉，《考古》，10（北京，1995.10），頁 894、929。

〔註118〕黃岡地區博物館，〈湖北黃岡浠水流域古文化遺址調查〉，《江漢考古》，1（武

田家灣、龜金山、蘇灣、回龍灣和有蟠龍等西周時期遺址分布於蘄水水系沿岸。〔註119〕上述遺址又以位於蘄春縣達城鄉柏條鋪村的毛家嘴遺址最具代表性。毛家嘴遺址居於蘄水支流株林河河岸不遠處，遺址面積約 3 萬平方公尺，發掘有木構建築遺跡，以及多種遺物。其中生產工具種類和數量不多，計有石斧、銅斧、陶紡輪與骨錐，兵器只發現銅鏃一種。生活用具陶器以泥質黑陶為主，器形除了有鬲、鼎、罐等常見生活用具之外，尚有陶簋、陶爵、陶盤、陶尊以及彩繪漆杯出土，並發現有鑽鑿過的卜骨和卜甲。發掘者將遺址年代訂於西周早期。〔註120〕

距離毛家嘴遺址 600 公尺處的新屋灣，曾發現西周銅器窖藏，出土器物共計 7 件，分為方鼎 5 件，以及圓鼎、銅斗各一，除了圓鼎之外均有銘文或徽記鑄於器上。由於方鼎上之「㠱」字徽號與毛家嘴遺址出土之銅爵徽記相同，新屋灣窖藏遺址應與毛家嘴遺址同屬西周早期，為兩個相互關聯的居址，或者同屬一個聚落範圍內。〔註121〕蘄春毛家嘴和新屋灣窖藏出土遺物可區分為殷商以及土著文化兩大類群，因此有研究認為該遺跡居民屬殷遺身分。〔註122〕然而由於殷商文化因子在此地區延續甚久，是否能逕行將毛家嘴遺址居民視為南遷殷遺，可能還在需要再行商榷，目前僅能確定該遺址與江漢平原中心的文化屬性差異。

黃石地區主要考古發現為陽新縣白沙鎮土庫村的陽新大路鋪遺址，遺址東區出土有西周灰坑遺跡，發現遺物計有陶器、石器、玉器等器物。陶器以夾砂紅陶佔絕大多數，器類沿襲商代作風，並逐步發展出器形和紋飾特點。〔註123〕

漢，1995.03），頁 25-33。

〔註119〕蘄水流域該批遺址所出土之西周文物主要為陶器，而除有蟠龍遺址出土較多夾砂灰陶之外，該地區西周陶器的陶色陶質多是以夾砂紅陶為主。詳見黃岡地區博物館，〈湖北黃岡蘄水流域古遺址調查〉，《江漢考古》，3（武漢，1994.09），頁 1-8。

〔註120〕詳見中國科學院考古研究所湖北發掘隊，〈湖北蘄春毛家嘴西周木構建築〉，《考古》，1（北京，1962.01），頁 1-9。

〔註121〕詳見湖北黃岡市博物館、湖北蘄春縣博物館，〈湖北蘄春達城新屋灣西周銅器窖藏〉，《文物》，12（北京，1997.12），頁 29-33。

〔註122〕詳見程平山，〈蘄春毛家嘴和新屋灣西周遺存性質略析〉，《江漢考古》，4（武漢，2000.12），頁 77-80、46。

〔註123〕詳見湖北省文物考古研究所、陽新縣博物館，〈陽新大路鋪遺址東區發掘簡報〉，頁 10-21。周國平，〈陽新大路鋪遺址商周陶器淺析〉，《江漢考古》，3（1992.03），頁 58-59、67。

黃石以南至咸寧一帶，西周時期遺跡發掘較少，不過當地出土商周青銅器除卻器物造型不同於中原系統之外，亦長期維持著無銘文的特徵，極具地方文化代表性。〔註124〕

　　綜觀黃岡、黃石等地西周時期文化發展，可知該地不單延續殷商時期因素，當地居民亦在印紋陶等南方本土文化影響下，逐步建構起自身文化，地方文化就此紮根，周人基本上無法仿照經略漢水流域的模式，於此區域建立密集據點，周文化僅爲影響當地文化面貌的一環。

（三）漢水以西地區

　　漢水以西區域涵蓋今日湖北省襄樊、荊州兩市西半部，以及宜昌市東境，地勢由北端鄂西北山地向南日趨低緩，直至長江臨岸的江漢平原，境內有漢水、沮漳河、長江分流其中。漢西地帶西周時期的考古成果，時代偏向西周後期，空間分布則以長江沿岸最爲集中，漢水以及沮漳河水系目前則較顯薄弱，已進行發掘者普遍爲小型遺址，使得判別出土遺存的文化屬性有所限制。本部份將先討論長江沿岸西周時期遺址的文化面貌，再嘗試探討漢水與沮漳河地區西周文化歸屬，釐清周人勢力於該地區的發展極限。

　　位於長江南岸的松滋博宇山遺址，其遺址年代約是從商周之際延續至春秋階段，爲漢西地區少數早期西周遺址之一，發現有居住遺跡、灰坑和大量陶器。〔註125〕而與松滋隔岸相對的荊州地區，最明確的西周遺跡則爲萬城墓葬，該墓不單出土玉器、管形骨器，更發現有17件青銅器，時代爲西周中期，器形分有鼎、甗、簋、爵、尊、罍、卣等器，其中數器又有器銘落款爲「北子」，〔註126〕究其器物形制組合，銅器擁有者可能爲南徙中原民族，「北」爲其氏族名號，或所建之國。〔註127〕紀南城摩天嶺遺址位於紀南城內西北部，西周階段文化遺物均爲日用陶器碎片，已知有鬲、盂、罐、豆、盆與甕的器

〔註124〕詳見湖北省崇陽縣博物館，〈湖北崇陽縣出土一件西周銅甬鐘〉，《江漢考古》，1（武漢，1997.03），頁18-32。

〔註125〕荊州地區博物館，〈湖北松滋博宇山遺址試掘簡報〉，《文物資料叢刊》，10（北京，1987），頁32-38。

〔註126〕王毓彤，〈江陵發現青銅器〉，《文物》，2（北京，1963.02），頁53-54。李健，〈湖北江陵萬城出土西周銅器〉，《考古》，4（北京，1963.04），頁224-225。

〔註127〕劉彬徽便認爲萬城銅器係屬於荊州地區建立北國之殷商□族所擁有。詳見劉彬徽，〈湖北出土兩周金文國別年代考述〉，收入陝西省考古研究所、中國文字研究會、中華書局編輯部，《古文字研究》，13（北京：中華書局，1986），頁241-242。

物組合，爲西周末期的聚居點。〔註128〕荊州市區北部的荊南寺遺址與張家山遺址亦發現有西周晚期遺存。張家山遺址出土有鬲、罐、盆、甕、盂、豆與煉堝等陶器，並有銅質魚勾。而由商代延續至西周的荊南寺遺址，大體維持了以釜、鼎組成之地方性特色。〔註129〕

　　至於分布在江陵、沙市等地的周梁玉橋文化，也有西周早期階段遺跡出土，佔有主導地位的陶器組合爲鼎、釜、罐等器，遺址中的各類鼎、釜形式發展豐富，顯見該地應爲江漢地區一種有別於同期中原文化的遺存，可能與峽江地區文化有所關連，文化性質受周人影響當較淡薄。〔註130〕

　　由荊州逆長江而上，枝江百里洲鄉赫家洼遺址出土有西周卜骨，卜骨形制採用周文化核心區少見的雙聯圓鑽技術。〔註131〕及至西陵峽區秭歸等地亦發掘有數處西周時期遺址。秭歸官庄坪遺址位於長江沿岸秭歸，遺址總面積約 5000 平方公尺，遺跡僅見灰坑，時代爲西周晚期至春秋中期。文化遺物以陶器爲主要，石器、青銅器較少，按其用途可分爲生產工具與生活用具兩類。生產工具主要是石器，有石斧、鑿、錛、刀、石範等，陶製生產工具有紡輪、拍、網墜等。生活用具皆爲陶器，器形有鼎、釜、鬲、罐、甕、缸、盆、盂、豆等。〔註132〕整體而言，川東地區釜鼎文化對於官庄坪遺址仍有影響，同樣的情形於秭歸鱘魚山遺址亦有跡可尋。〔註133〕而長江西陵峽中

〔註128〕湖北省博物館江陵工作站，〈江陵縣紀南城摩天嶺遺址試掘簡報〉，《江漢考古》，2（武漢，1988.06），頁 6-11。

〔註129〕荊州地區博物館、北京大學考古系，〈湖北江陵荊南寺遺址第一、二次發掘簡報〉，《考古》，8（北京，1989.08），頁 679-698。陳賢一，〈江陵張家山遺址的試掘與探索〉，《江漢考古》，2（武漢，1980.10），頁 77-86、113。

〔註130〕沙市市博物館，〈湖北沙市周樑玉橋遺址試掘簡報〉，收入《文物資料叢刊》，10（北京，1987.03），頁 22-31。王宏，〈論周梁玉橋文化〉，《江漢考古》，3（武漢，1996.09），頁 45-54。

〔註131〕赫家洼遺址出土卜骨形制參見黃道華之介紹。張昌平曾對湖北襄樊地區出土兩周甲骨作出研究，並提出將周代甲骨卜筮區分爲周制、繼承商制以及在周文化影響下有兼有地方特色的類似周制等三個系統，而赫家洼遺址西周卜骨則以其雙聯圓鑽的形式，與周制甲骨有所區別，且近於同時期襄樊地區卜骨。詳見黃道華，〈枝江赫家洼遺址出土西周卜骨〉，《江漢考古》，3（武漢，1992.09），頁 92-93。張昌平，〈論湖北襄樊地區兩周甲骨〉，《考古與文物》，5（西安，1996.09），頁 12-17、11。

〔註132〕湖北省博物館，〈秭歸官庄坪遺址試掘簡報〉，《江漢考古》，3（武漢，1984.09），頁 19-35。湖北省博物館、胡雅麗、王紅星，〈秭歸官庄坪周代遺址初析〉，《江漢考古》，4（武漢，1984.12），頁 74-79。

〔註133〕楊權喜、陳振裕，〈秭歸鱘魚山與楚都丹陽〉，《江漢考古》，3（武漢，1987.09），

段的太平溪鎮上磨垴周代遺址，亦是兼雜中原商周文化、江漢地區以及峽江本地自身文化等諸多因素。〔註134〕以秭歸爲中心的峽江地區，西周時期可說爲東部江漢鬲甗文化與西部峽區乃至川東鼎釜罐文化的交會處，文化面貌複雜。

自襄樊沿漢水而下，宜城郭家崗即發現自西周晚期延續至戰國的遺址，西周階段陶器周文化特徵較爲濃厚，捲沿癟襠矮足鬲、捲沿折肩甕均與中原地區同形器物相類。〔註135〕而宜城以南沮漳河流域，同時期遺址則已發掘有當陽趙家湖墓群、磨盤山、楊木崗等處。趙家湖位於沮漳河東岸，墓區內共計出土有近 300 座兩周墓葬，絕大部分墓葬品級不高，時代斷限最早可上探西周晚期，隨葬品主要爲陶器，並呈鬲、盂、罐和豆的組合。〔註136〕磨盤山遺址位於當陽河溶鎮南，根據文化層的堆積可分爲上、下兩層。下層爲西周中期、上層爲西周晚期。出土遺物主要是陶器，陶系以紅陶爲主，尤其是遺址早期紅陶特別多，發現器形種類較少，主要有鬲、甗等炊器，以及豆、盂、罐等飲食器。該遺址出土陶器多與趙家湖墓群所出極爲相似，可能屬於同一文化體系。〔註137〕漳河西岸的當陽楊木崗遺址，則出土有鬲、甕、罐與豆等陶器，是早於當陽季家湖東周遺存的先行文化。〔註138〕

漢水以西地區西周時期的文化面貌，基本上可分爲漢水與長江流域兩個區塊進行觀察。襄樊以下漢水流域中游宜昌地區，中原文化影響較深，但至沮漳河地區，文化風格便有所轉折，傾向自成體系的態勢。長江沿岸荊州、枝江乃至宜昌峽區等地，殷商時期延續而來的地方性文化尚屬穩固，特別是

頁 71-78。

〔註134〕湖北省文物考古研究所，〈湖北宜昌上磨垴周代遺址發掘簡報〉，收入國務院三峽工程建設委員會辦公室、國家文物局（編），《湖北庫區考古報告集（第一卷）》（北京：科學出版社，2003），頁 737-750。楊權喜，〈宜昌上磨垴周代文化遺存的討論〉，收入北京大學考古文博學院編，《考古學研究（五）》（北京：科學出版社，2003），頁 604-612。

〔註135〕武漢大學歷史系考古教研室、湖北省宜城市博物館，〈湖北宜城郭家崗遺址發掘〉，《考古學報》，4（北京，1997.10），頁 548。

〔註136〕關於當陽趙家湖墓群分類與分期參見湖北省宜昌地區博物館、北京大學考古系，《當陽趙家湖楚墓》（北京：文物出版社，1992），頁 26-73、160-215。

〔註137〕宜昌地區博物館，〈當陽磨盤山西周遺址試掘簡報〉，《江漢考古》，2（武漢，1984.06），頁 7-12、28。

〔註138〕湖北省博物館、武漢大學歷史系考古專業，〈當陽馮山、楊木崗遺址試掘簡報〉，《江漢考古》，1（武漢，1983.03），頁 43-50。

西陵峽區內之釜鼎文化甚至延續至春秋階段。﹝註139﹞因此在漢水以西的西周階段文化發展，周人文化的影響力是由北至南逐漸遞減。

（四）武漢區域

　　武漢區域意即今湖北省武漢市所轄之境，目前已發掘有黃陂魯臺山、新洲香爐山、武昌放鷹臺等西周遺址或墓葬，而武漢地區遺址多是與漢水以東地區歸屬同一系統進行討論。﹝註140﹞由於黃陂魯臺山西周貴族墓葬的出土，周人於武漢黃陂地區踵繼前朝商人在盤龍城的經營獲得佐證，周人勢力跨越長江似乎亦已爲勢所當然。然而武漢地區無論是自然或人文環境，都非一均質平面，首先就地理而言，當地有長江橫亙其中，江水兩岸文化性質是否有所差異，仍值得探析。其次又透過本文前述對漢東、鄂東南以及鄂西考古成果的討論，此一地區位居江漢各類文化的交匯集結之處，可以想見當地文化的複雜程度。

　　新洲香爐山遺址位於長江北岸，面積約 3 萬平方公尺。遺址分南區和北區，南區主要是新石器時代文化遺存，北區則爲周代文化遺存。在周代文化遺存中發現西周時期房址和灰坑。出土遺物主要有銅器、陶器、骨角器、石器和卜甲等。香爐山遺址出土仍以陶器爲主，並可將西周文化遺存分爲早、中、晚三期。從陶質陶色來看，早期文化以夾砂褐陶爲主，夾砂灰陶次之，中期之後灰陶比例逐步增加。器型則有鬲、罐、盆、豆、缽、壺、器蓋等。香爐山遺址出土陶器之特色，可分爲三類器群：一類是以瘤襠鬲、細把豆爲代表的中原風格的器群，其次爲以夾砂長頸罐、斂口盂爲代表的具有鮮明地方特色的器群，以及少量帶有江南特色的印紋硬陶和原始瓷器。香爐山遺址整體文化是以中原特色爲主導地位，香爐山文化遺存不單承繼中原周人文

﹝註139﹞諸如位於西陵峽區內的秭歸柳林溪的周代階段遺址，遺址依據陶器變化分有西周晚期、春秋中期偏早、春秋中期以迄春秋戰國之際四期。其中遺址自西周晚期便佔主導地位的釜、罐器物，即延續至春秋階段。國務院三峽工程建設委員會辦公室、國家文物局編，《秭歸柳林溪》（北京：科學出版社，2003），頁 220-222。

﹝註140﹞例如《湖北考古發現與研究》一書便將武漢地區納入湖北地區西周時期的考古學文化類型之「鄂中」類型，其後此觀念亦爲《武昌放鷹臺》等相關考古報告所沿用。詳見楊寶成主編，《湖北考古發現與研究》，頁 92-94。湖北省文物考古研究所，《武昌放鷹臺》（北京：文物出版社，2003），頁 130-131。此外該地區遺跡也曾被劃歸爲「鄂東北」地區進行討論，例見熊卜發，〈鄂東北地區古代文化發展序列概述〉，收入熊卜發，《鄂東北考古報告集》，頁 1-15。

化，並兼融有地方文化特徵。〔註141〕

武昌放鷹臺遺址的西周文化層分布範圍較大，近乎遍及整個遺址，但相關文化堆積卻不甚豐富，文物依材質可區別為石器、陶器與銅器等，器物性質涵蓋有生產工具、生活用具、裝飾品數類。出土陶器以灰陶比例最高，繩紋則是最主要的紋飾。雖然放鷹臺遺址面貌可稱為中原周人以鬲、甗與繩紋裝飾為代表之文化系統，但是刻槽鬲、護耳甗等諸多與鄂東南地區相通之器類，卻又顯示遺址文化內蘊的複雜性。〔註142〕

發掘於 1977 年的黃陂魯臺山兩周遺址與墓葬，對於釐清西周時期長江沿岸發展輪廓極具重要意義。魯臺山座落於長江北岸灄水河畔，該地文化遺址以漢麻公路為界，其北部主要是遺址區，南部主要是墓葬區。遺址區位於魯臺山西北，以郭袁嘴為中心，出土有西周時期陶片。此外，在郭袁嘴之南，黃陂縣化肥廠亦出土有西周早期的銅爵。而遺址南部則為墓葬區，5 座西周時代墓葬以魯臺灣為中心散布，此外另發現有一個西周灰坑，與魯臺山對岸椅子山遺址隸屬於同一居住遺址。〔註143〕

魯臺山西周墓葬群被判定為等級高低不同的貴族墓，時代橫跨西周成王至昭王之世。其中魯臺山 30 號墓具有墓道，並出土有銘銅器，分為公大史為姬琰所作媵器，與標明墓主族屬的「長子狗」為「父乙」所作之器。〔註144〕魯臺山西周遺址所呈現出的文化面貌與殷商盤龍城相比，中原文化色彩已較形淡薄。尚待更多出土文物佐證的「長子」國，其與西周王室間是否有明確的從屬分封關係更難以推估，然「長子」國本身為南方地區一個具有自我意識，並吸收各方文化的獨立文化主體則無庸置疑。

透過對於西周時期江漢地區考古發掘資料的梳理，可以了解到終西周一世，周人於南方實際拓殖的幅度仍多限於漢水流域。周人出南陽盆地至襄樊，其下再行區別成幾條發展路線，其一是往東折通過隨棗走廊，於隨州沿溳水

〔註141〕詳見香爐山考古隊，〈湖北武漢市陽邏香爐山遺址考古發掘紀要〉，《南方文物》，1（南昌，1993.03），頁 5-7。楊寶成主編，《湖北考古發現與研究》，頁 87-88。

〔註142〕湖北省文物考古研究所，《武昌放鷹臺》（北京：文物出版社，2003），頁 91-131。

〔註143〕發掘報告詳見黃陂縣文化館、孝感地區博物館、湖北省博物館，〈湖北省黃陂魯臺山兩周遺址與墓葬〉，《江漢考古》，2（武漢，1982.06），頁 37-61。

〔註144〕〈公大史作姬琰方鼎〉：「公大史作姬琰寶尊彝」〈長子狗鼎〉：「長子狗作文父乙尊彝」。中國社會科學院考古研究所編，《殷周金文集成釋文》，2369-2371，頁 214。

而下可直達漢水下游，或者繼續沿大別山東進；其二則是可直接順漢水而下，經宜城而至江漢匯流處。基本而言，周人南土範圍大體即是以漢水流域為中心，東至今黃岡巴水處，南則抵長江北岸，而漢水以西地區受限於現有資料略顯短少，整體西周階段文化面貌尚難明確，但已可確知周族中原文化遺存於該地並非主導因素。

　　周族文化勢力播散之幅度並不遜於前代商人，然而就實際政治控制而言，卻在掌控南土地區程度上有所退縮。周人於江漢平原仍是以漢水作為主要活動管道，似乎始終無能對長江沿岸的地區性勢力造成深刻影響，至今亦未曾發現與殷商時期盤龍城相稱的周族南土據點。南土各支文化雖與周文化有所接觸，但多仍延續其自殷商時期以來的獨立發展，而史冊失載的長子國、北國也與周族有別。周人對於南方長江流域的經營界線應以漢水為界，並以漢水、長江與大別山三者所構成的範圍為其於江漢地帶發展之核心區域。

二、周人南土佈局及其發展

　　周人為求控制戰略要地，抵禦夷狄部族侵擾，謀求進一步擴大佔有地區，便需要將嫡系姬姓貴族分封至靠近夷狄的邊疆地區。〔註 145〕而周人經營南土的首要佈局即為史稱之「漢陽諸姬」。《左傳‧僖公二十八年》云：「漢陽諸姬，楚實盡之」，《左傳‧定公四年》亦言「周之子孫在漢川者，楚實盡之」。〔註 146〕統整歷來各家諸說，「漢陽諸姬」應為漢水流域之隨國、唐國、貳國，並包括淮水上游地區之蔣國、息國、蔡國、沈國、應國、道國、頓國。這些目前可考的姬姓封國，於西周時期先後就封於南土，擔負有國土南界防禦與擴張的責任，更會因周人經略南方之需求有所遷徙，加以南土情勢少有穩定之局，「漢陽諸姬」的實際性質應是一個為求順應各時期需要而不斷變動的戰略佈局。

　　因此本節將先由昭王南征一事著手，嘗試勾勒出西周早期周人拓展南方疆土的進展。其後再以淮夷與周族之關係，探討西周中後期周人的南土經略成果，並兼論周人勢力南征與南方礦藏資源的關係，理清西周時期中原民族於南方長江流域的發展。

〔註 145〕楊寬，《西周史》，頁 365。

〔註 146〕〔晉〕杜預注，《春秋經傳集解》，收入中華書局編輯部編，《漢魏古注十三經》，卷 27，〈定公上〉，頁 394-395。

（一）昭王南征與西周早期的南土

　　昭王南征爲西周早期周人經略南土的重要事件，傳世文獻已不乏記載。《竹書紀年》稱昭王曾分別於十六年和十九年伐楚，結果「喪六師于漢」，其後再度南征，昭王不反，殞命南土。〔註 147〕西周中期〈史牆盤〉器銘稱「宏魯昭王，廣能楚荊，惟奐南行。」〔註 148〕證明昭王南征一事屬實。及至春秋時期，齊國伐楚，管仲則以「貢包茅不入」與「昭王南征而不復」責問楚使。〔註149〕《楚辭・天問》云：「昭后成游」一句，亦爲王逸注爲「南至於楚，楚人沉之」。昭王南伐荊楚，並在戰事中爲楚人所害命喪漢水，儼然成爲定論。

　　檢視西周早期出土器銘，具體指稱南征者如下所列：

〈中甗〉（《集成釋文》，949）

　　　　王令中先省南國貫行，執應在曾。……中省自方、鄧，復厥邦，在鄂師次，伯買父乃用厥人戍漢中州。

〈中方鼎〉（《集成釋文》，2751）

　　　　唯王令南宮伐反虎方之年，王令中先，省南國貫行，執王應在夔陣眞山，中呼歸生鳳于王，執于寶彝。

〈中方鼎（二）〉〔註150〕

　　　　佳（唯）十又三月庚寅，王才（在）寒師（次），……今兄（貺）畀女（汝）福土，乍（作）乃采。

〈靜方鼎〉〔註151〕

　　　　唯十月甲子，王才（在）宗周，令師中眾靜省南或（國），〔靜〕執（設）應（居），……。

〈𤭯叔鼎〉（《集成釋文》，2615）

〔註147〕方詩銘、王修齡輯，《古本竹書紀年輯證》（上海：上海古籍出版社，1981），頁 43-44。

〔註148〕中國社會科學院考古研究所編，《殷周金文集成釋文》，10175，頁 133。下文均簡稱爲《集成釋文》。

〔註149〕語見《左傳・僖公四年》〔晉〕杜預注，《春秋經傳集解》，收入中華書局編輯部編，《漢魏古注十三經》，卷 5，〈僖公上〉，頁 95。

〔註150〕釋文依黃錫全編，《湖北出土商周文字輯證》（武漢：武漢大學出版社，1992），頁 19-20。黃文將該鼎編爲中方鼎一。

〔註151〕釋文依李學勤，〈靜方鼎與周昭王曆日〉，原載《光明日報》（北京，1997.12.23），後收入氏著，《夏商周年代學札記》（瀋陽：遼寧大學出版社，1999），頁 22。

　　叔從王南征。

〈鼏殷〉（《集成釋文》，3732）

　　　從王戍荊，俘用作餴殷。

〈過伯殷〉（《集成釋文》，3907）

　　　過伯從王伐反荊俘金。

〈作冊矢令殷〉（《集成釋文》，4300）

　　　唯王于伐楚伯，在炎。

〈啓作且丁尊〉（《集成釋文》，5983）

　　　啓從王南征……。

〈小生子尊〉（《集成釋文》，6001）

　　　唯王南征在□。

上述諸多器銘普遍被視爲昭王時器，除了〈中方鼎〉銘文與虎方有關之外，荊或楚爲周人主要南征對象。由於西周中期器〈瓐叔殷〉與〈狀駿殷〉之銘文有連稱楚荊的情形，故楚與荊似乎可同歸一系。〔註152〕至於是否可將西周周人眼中的這支「（楚）荊」族群逕行視爲春秋戰國時期稱霸南方長江流域之楚國先世，仍有待更紮實的史料加以驗證。

　　　綜合此批昭王南征器，相關研究更已排比出昭王在位末年南征日程，可知昭王令南宮伐反虎方（中方鼎），又於宗周命臣屬中與靜「省南國」（靜方鼎），其後令中「省南國貫行」，昭王親赴南國，設帳於夒陽眞山等地（中方鼎）。隔年，王命中省南國，在曾，在鄂師；伯買父率師戍於漢水中州（中甗）。靜返回成周覆命（靜方鼎），王在寒次賜封於中（中方鼎二），又在斥地賜封遣。〔註153〕下一年王伐楚伯（作冊矢令殷），其後或又赴斥地。〔註154〕

〔註152〕〈瓐叔殷〉：「唯九月，瓐叔從王員征楚荊。」（《集成釋文》，3950）〈狀駿殷〉：「狀御從王南征，伐楚荊，有得。」（《集成釋文》，3976）上述兩器或有被視爲載昭王南征事之器，例如彭裕商便指出誜簋（瓐叔殷）器型近於穆王時之載簋，年代應屬昭穆之際，亦將狀駿殷劃爲昭王時期器。詳見彭裕商，《西周青銅器年代綜合研究》（成都：巴蜀書社，2003），頁258-259。本文無意對兩器年代再行論斷，僅依從《殷周金文集成釋文》的分期，將兩器視爲西周中期器。

〔註153〕事見〈遣卣〉銘：「唯十又三月辛卯，王在斥賜遣采」（《集成釋文》，5402）斥地地望難以確認，但普遍被視爲周人南征途經之地。

〔註154〕李學勤曾將昭王南征諸器代表之時日排於昭王十七年至十九年間，彭裕商則以器銘曆日爲主，認爲器銘應排爲昭王十五至十七年，以及十九年之事。詳見李學勤，〈靜方鼎與周昭王曆日〉，頁27-29。彭裕商，《西周青銅器年代綜

通過金文記載，昭王南征行旅曾駐地多處，首先爲「夒隞眞山」，李學勤釋爲「夔」地，以爲即今湖北秭歸；但黃錫全則釋爲「夓」，通「憂」，亦即鄾國之「鄾」，地當漢水北與湖北襄樊市西北古鄧城遺址之間，銘文「夒隞眞山」意指鄾地內的隞眞山。〔註 155〕其後，王又設帳於「曾」，該地普遍被釋爲隨州之曾國，亦即史載之漢東隨國，然而亦有論述認爲銘文後半提及爲昭王的臣屬中是由「方」經「鄧」而先昭王行旅出使南方各邦，「曾」的位置應該不至南於「方」、「鄧」兩地，黃錫全便曾進一步將曾釋爲方城之外的「繒關」。〔註 156〕而〈中方鼎〉銘中南宮受王令所伐之「虎方」，一般多認爲即是商代的虎方，具體地理位置歷來學者論述頗多，依據銘文所述，暫且可推測其地處漢水流域。〔註 157〕結合相關論述，可以發現昭王南征之途大抵南至漢水中游，即今鄂北襄樊地區。而周室臣屬中、靜等人巡省南國之跡雖然可能較昭王行旅更爲深入江漢，伐反荊之師與荊族的衝突也可能發生於距漢水中上游更爲偏遠之南境，但目前實難以推知周人實際巡省南國的範圍。

關於昭王一世數次南征的動機，僅有〈中方鼎〉器銘文稱王命南宮伐「反虎方」，可知該次南征目的在於討伐反叛之虎方；而〈過伯殷〉銘稱王伐「反荊」，亦是周王討伐反叛的南方荊族。雖然已有部份研究推測昭王南征性質並非純然爲軍事平亂，可能兼具巡幸南國等非軍事目的，〔註 158〕但是囿於史料闕佚，昭王南征動機實已難詳考，僅可推測維繫自身與南土臣屬族群的優勢地位，仍應是周人興兵南伐之主要原由。

（二）南土佈局與淮夷

昭王之後，周人南征對象主體轉變爲居於淮水流域的淮夷。淮夷，與東夷同爲夷人文化系統的兩大分支；淮夷與東夷兩者源流的聯繫，相關研究觀

合研究》，頁 267-270。

〔註 155〕黃錫全編，《湖北出土商周文字輯證》，頁 23-24。

〔註 156〕學界普遍將「方」釋爲方城，位於今河南方城縣。「鄧」則爲古鄧國，位於今湖北襄樊市西北。李學勤曾以《左傳·文公十六年》：「楚廬戢黎侵庸，及庸方城」另闢一說，認爲「方」應位於今湖北竹山東南。詳見李學勤，〈靜方鼎與周昭王曆日〉，頁 24。

〔註 157〕關於虎方的討論參見本文第二章第三節，頁 35。

〔註 158〕例如梁國眞認爲昭王南征之時，南方並無特別亂事，昭王十九年南征原因帶有遊樂性質。詳見梁國眞，〈從典籍金文綜論西周之衰亡〉（臺北：中國文化大學歷史研究所碩士論文，1985），頁 77-82。

點分歧，有認為東夷在周人東征後南遷淮水流域成為淮夷，〔註159〕亦有學者認為兩者為分居不同地理區域的夷人集團。〔註160〕西周時期淮夷以安徽江淮地區為活動重心，各分支邦國散佈於淮河兩岸，在相關銘文中有淮夷、淮戎、南淮夷與南夷等名稱：

〈師袁設〉（《集成釋文》，4313）

　　王若曰：師袁戲，淮夷縣我員畮臣，今敢搏厥眾叚，反工吏，弗迹
　　我東國，今余肇令汝率齊師、曩䞿、僰屎左右虎臣征淮夷……。

〈彧方鼎〉（《集成釋文》，2824）

　　曰：烏乎，王唯念彧辟烈，考甲公王用肇使乃子彧率虎臣禦淮戎。

〈仲偁父鼎〉（《集成釋文》，2734）

　　仲偁父伐南淮夷俘金。

〈史密設〉〔註161〕

　　唯十又一月，王命師俗、史密曰：「東征，敆南夷。盧、虎會杞、舟
　　夷藋不墜，廣伐東國。」

〈競卣〉（《集成釋文》，5425）

　　唯伯屖父以成師即東命戍南夷。

〈兮甲盤〉（《集成釋文》，10174）

　　責至于南淮夷，淮夷舊我員畮人，毋敢不出其員，其責其進人其貯，
　　毋敢不即次即市，敢不用命則即刑撲伐。

〔註159〕徐中舒認為夷族「宗周之世，遷於淮，則曰徐、曰淮夷、曰南淮夷，或曰南夷、曰東夷」，詳見徐中舒（遺稿），〈蒲姑、徐奄、淮夷、群舒考〉，《四川大學學報（哲社科學版）》，3（成都，1998.09），頁65-76。楊寬則以淮夷為東夷別名，居於淮河流域至淮北山東一帶，因淮河而得名，詳見楊寬，《西周史》，頁522。何光岳以淮夷原為「佳夷」，因位居東方又有東夷之稱，西周時期才南遷至淮河一地。詳見何光岳，《東夷源流史》（南昌：江西教育出版社，1992），頁72-76。此外，顧頡剛則認為淮夷和徐於周初本居於山東半島西部，由於同殷、奄反周失敗，徐國與部份淮夷因此南遷至淮河流域（稱南淮夷），未南遷之淮夷又於濰水另立一國。詳見顧頡剛，〈徐和淮夷的遷、留──周公東征史事考證四之五〉，《文史》，32（北京：中華書局，1990），頁1-28。

〔註160〕王迅即以上古東方地區的考古遺址劃分為南淮夷北東夷兩系，論證夏商時期夷人文化即分有東夷與淮夷兩大系統。詳見王迅，《東夷文化與淮夷文化研究》（北京：北京大學出版社，1994），頁90。

〔註161〕釋文依張懋鎔，〈安康出土的史密簋及其意義〉，原載《文物》，7（北京，1989.07），後收入氏著，《古文字與青銅器論集》（北京：科學出版社，2002），頁25。

以上淮夷與南淮夷係指涉同一文化族群，前引西周晚期之〈夲甲盤〉便同時並用兩詞於盤銘中。而南淮夷之稱出現較晚，其族可能是在周族勢力侵迫下遷至淮水以南而得名。至於南夷，學界曾將之視爲南淮夷的省稱，不過若據《詩經·魯頌·閟宮》：「淮夷蠻貊，及彼南夷，莫不率從。」則南夷又與淮夷有所區別，近年亦有學者透過銘文疏論兩者差異，顯見南夷不宜被逕行視作南淮夷省稱，還可能爲西周時期另一支南土族群。〔註162〕

淮夷集團以西周中晚期周人的認知而言，其主體或屬東土範圍，〔註163〕例如〈師寰殷〉稱淮夷反，「弗迹我東國」，〈班殷〉（《集成釋文》，4341）銘文亦云：

> 唯八月初吉，在宗周，甲戌。王令毛伯更虢城公服，粵王位，作四方亟，秉緐、蜀、巢，令賜鈴勒，咸。王令毛公以邦冢君、徒御、戲人，伐東國瘖戎。……父身三年靜東國。

銘文之巢若依郭沫若考釋則在今安徽巢湖附近，緐（繁）、蜀大抵皆位於淮域，因此所謂瘖戎也當屬淮水流域部族。〔註164〕不過綜合周、夷征戰往來銘文，卻可發現雙方交戰處有古阜、胡、堂阜、棫林等地，即今河南葉縣、偃城縣一帶。西周晚期更有鄂侯率南淮夷、東夷叛周爲亂於南國、東國之事。〔註165〕簡言之，淮夷之名是對散居在淮水地帶夷族的統稱，整體族群分布橫跨周人意識中的南土與東土區域，其活動發展對周人的南土經略而言，具有直接且決定性的影響。

周人與淮夷間的衝突約從穆王時期漸形頻繁，成爲繼周初東伐東夷之後，周人與夷人間另一波長期衝突。由傳世文獻觀之，徐夷是首先對於周人統治帶來威脅的南方夷族。〔註166〕《竹書紀年》稱穆王六年，徐子誕來朝，

〔註162〕劉翔曾區分南夷爲江漢地區國家，南淮夷則是指淮水流域的邦國。詳見劉翔，〈周夷王經營南淮夷及其與鄂之關係〉，《江漢考古》，3（武漢，1983.09），頁40-46。張懋鎔亦提出征（南）淮夷之〈師寰殷〉，與言及征南夷的〈史密殷〉兩殷器形、紋飾接近，文辭內容亦十分類似，應爲同時代之器。由於兩器殷銘對（南）淮夷以及南夷區分清楚，可知兩者係爲不同內涵的部族集團。詳見張懋鎔，〈西周南淮夷稱名與軍事考〉，原載《人文雜誌》，4（西安，1990.07），後收入氏著，《古文字與青銅器論集》，頁168。

〔註163〕王健曾以對西周東土政治疆域的傳承整合角度提出此論，詳見王健，《西周政治地理結構研究》（鄭州：中州古籍出版社，2004），頁365-366。

〔註164〕郭沫若，《兩周金文辭大系圖錄考釋》，釋文頁20b。

〔註165〕鄂侯叛周一事則見於〈禹鼎〉，相關討論詳見本文頁169。

〔註166〕徐夷本非淮夷，因長期雜處於淮夷部族之內而被納入淮夷集團之中。詳見王

王錫命爲伯。十三年，徐戎卻北進侵洛，隔年王帥楚子克之。〔註167〕相關記載另散見於《史記》、《後漢書》、《韓非子》與《淮南子》等傳世文獻，其中《後漢書·東夷列傳》綜合諸說，對於該段史事提供了較爲詳細的敘述：

> 徐夷僭號，乃率九夷以伐宗周，西至河上。穆王畏其方熾，乃分東方諸侯，命徐偃王主之。偃王處黃池東，地方五百里，行仁義，陸地而朝者三十有六國。穆王後得驥騄之乘，乃使造父御以告楚，令伐徐，一日而至。於是楚文王大舉兵而滅之。〔註168〕

楚文王與周穆王時代相去三百餘年，《後漢書》該段記載將兩者視爲同時代人物乃誤。不過聲勢壯大的徐夷與周人衝突日益劇烈則爲事實，且《後漢書》又引張華《博物志》稱「偃王溝通陳、蔡之間得朱弓朱矢，以己得天瑞，自稱偃王」，徐夷甚或與周人南土重要封國陳、蔡建立關係。〔註169〕穆王三十七年，「大起九師，東至于九江，架黿以爲梁。遂伐越，至於紆。」所謂紆，即徐；穆王以九師所伐之國似乎當爲徐方。〔註170〕

　　西周中期周人於南方除卻與徐夷干戈相向之外，〈彔致卣〉器銘亦稱：

> 王令彔曰：戲淮夷敢伐内國，汝其以成周師氏戍於古師。

顯示當時淮夷曾攻伐周之「内國」，而〈致方鼎〉與〈仲（稱）父鼎〉亦明確指出周人出兵抵禦（南）淮夷，〈競卣〉則言伐南夷。此外又有〈班殷〉稱毛公伐淮水流域之瘄戎，經「三年靜東國」，可知周王朝南進勢力至遲於西周中期便深受以淮水流域爲聚居重心之夷族所節制。時至西周中晚期之交，夷、厲兩王在位時期，周人與淮夷的衝突未曾止歇，並出現周王親征淮夷的記錄：〔註171〕

迅，《東夷文化與淮夷文化研究》，頁 121。

〔註167〕方詩銘、王修齡輯，《古本竹書紀年輯證》，頁 245、246。

〔註168〕〔劉宋〕范曄，《後漢書》（北京：中華書局，1965），卷 85，〈東夷列傳〉，頁 2808。

〔註169〕〔劉宋〕范曄，《後漢書》，卷 85，〈東夷列傳〉，頁 2809。

〔註170〕方詩銘、王修齡輯，《古本竹書紀年輯證》，頁 247。徐旭生，《中國古史的傳說時代》（臺北：里仁書局，1999），頁 229-232。

〔註171〕此處所引之〈敔殷〉、〈噩侯鼎〉、〈翏生盨〉以及〈禹鼎〉諸器爲夷王或厲王時代器，各家說法紛雜。主要說法分有：郭沫若以爲屬夷王，徐中舒定爲厲王，李學勤則以〈噩侯鼎〉爲夷王器，其餘歸爲厲王器。參見郭沫若，《兩周金文辭大系圖录考釋》，釋文頁 107a-110b。徐中舒，〈禹鼎的年代及其相關問題〉，《考古學報》，3（北京，1959.07），頁 53-65。李學勤，〈論多友鼎的時代及意義〉，原載《人文雜誌》，6（西安，1981.11），後收入氏著，《新出青銅器研究》（北京：文物出版社，1990），頁 130。〈無叀殷〉與〈虢仲盨蓋〉

〈敔殷〉（《集成釋文》，4323）

　　唯王十月王在成周，南淮夷**遷殳**入伐……。

〈噩（鄂）侯鼎〉（《集成釋文》，2810）

　　王南征伐角僑，唯還自征在坏。鄂侯御方納壺于王，乃祼之。御方
　　侑王。王休宴，乃射，御方卿王射。御方休闌，王揚。咸飲，王親
　　賜御……。

〈翏生盨〉（《集成釋文》，4459）

　　王征南淮夷，伐角淮伐桐遹，翏生從執訊折首俘戎器俘金……。

〈無㠯殷〉（《集成釋文》，4225）

　　王征南夷，王賜無㠯馬四匹。

〈虢仲盨蓋〉（《集成釋文》，4435）

　　虢仲以王南征伐南淮夷。

而〈噩侯鼎〉銘文中與周王親善之鄂侯御方亦與周交惡，率夷族反周，事見
〈禹鼎〉（《集成釋文》，2833）銘文：

　　天降大喪于下國，亦唯鄂侯御方率南淮夷、東夷廣伐南國、東國至
　　于歷内，王迺命西六師、殷八師曰撲伐鄂侯御方，勿遺壽幼。肆師
　　彌怵匐弗克伐鄂，肆武公迺遣禹率公戎車百乘，厮御二百，徒千，
　　曰：「于匡朕肅慕唯西六師、殷八師，伐鄂侯御方，勿遺壽幼」雩禹
　　以武公徒御至於鄂。敦伐鄂，休獲君御方，……。

鄂國位於今南陽盆地北部，鄂侯御方之亂牽連甚廣，除卻淮水流域爲之騷動，
必也擾及江漢地帶。而王師無法防禦鄂與淮夷的攻勢，必須仰賴卿士武公的
軍事力量方得敉平此場動亂，除卻顯示周室武備力量不彰之外，周人喪失曩
昔作爲南方前哨的鄂國，也使得南疆防線就此崩解，鄂侯與淮夷極有可能由
鄂國北上入南陽盆地，經漢水上溯丹水，進逼宗周。〔註172〕而史載厲王時淮
夷侵洛，厲王命虢仲征之不克，應是此時期周人勢力南向受挫的寫照。〔註173〕

　　　　爲厲王時代器則較無疑義。

〔註172〕梁國眞，〈商周時代的東夷與淮夷〉（臺北：中國文化大學歷史研究所博士論
　　　　文，1993），頁132-133。

〔註173〕《竹書紀年》載：「（厲王）三年，淮夷侵洛，王命虢公長父征之，不克。」
　　　　《後漢書》亦云：「厲王無道，淮夷入寇，王命虢仲征之，不克。」參方詩銘、
　　　　王修齡輯，《古本竹書紀年輯證》，頁25。〔劉宋〕范曄，《後漢書》，卷85，
　　　　〈東夷列傳〉，頁2808。

厲王〈麸鐘（宗周鐘）〉（《集成釋文》，260）之銘則有另一次南土部族聯合反周的記載：

> 王肇遹省，文武勤疆土，南國艮子敢陷處我土，王敦伐其至，戠伐
> 厥都。艮子迺遣間來逆昭王，南夷、東夷俱見，廿又六邦……。

為厲王攻陷都城之南國艮子，其族裔居處不詳，依銘文可知其不屬夷族，似為西周南方地區另一族群，或有考證為濮族君長者。〔註174〕

厲王執政末年政局動盪，厲王為國人所逐奔彘。歷經十餘年共和時期，宣王繼位整飭王業，史稱諸侯復宗周，周室似有中興之象，對南土的經營亦開新局。《詩經・大雅》便載宣王命召伯虎經營南國，並曾親自領軍循淮水一線征伐徐方，又將申伯徙封於南陽故謝國地，作為南土經略之據點。〔註175〕同時期〈兮甲盤〉（《集成釋文》，10174）銘則表明彼時周人對於淮夷的態度：

> 責至于南淮夷，淮夷舊我員畮人，毋敢不出其員、其責、其進人、
> 其貯，毋敢不即次即市，敢不用命，則即刑撲伐。其唯我諸侯百姓，
> 厥貯毋不即市，毋敢或入蠻宄貯，則亦刑。

「員畮」釋為布賄，銘文中周人將淮夷視為固有賦貢之臣，必須為周人提供稅賦（其員）與勞役（其進人），周人也可能掌握淮夷與他方的交易利權，夷族交易須「即次即市」，受控於周。〔註176〕〈駒父盨蓋〉（《集成釋文》，4464）亦記載宣王十八年周臣駒父率高父見南淮夷，淮水流域諸邦莫不順服：

> 唯王十又八年正月，南仲邦父命駒父即南諸侯率高父，見南淮夷，
> 厥取厥服。謹夷欲墜，不敢不敬畏王命，逆見我，厥獻厥服。我乃
> 至於淮小大邦亡敢不□俱逆王命。四月還至于蔡，作旅盨，駒父其
> 萬年永用多休。

〔註174〕楊樹達，《積微居金文說（增訂本）》（北京：科學出版社，1959），頁136-138。

〔註175〕宣王命召伯虎討伐淮夷事見《詩經・大雅・江漢》，其云：「江漢浮浮，武夫滔滔。匪安匪游，淮夷來求。既出我車，既設我。匪安匪舒，淮夷來鋪。……江漢之滸，王命召虎：『式辟四方，砌我疆土。匪疚匪棘，王國來極。于疆於理，至于南海。』」宣王親征徐方事蹟則見《詩經・大雅・常武》：「赫赫業業，有嚴天子。王舒保作，匪紹匪游。徐方繹騷，震驚徐方。如雷如霆，徐方震驚。」申伯徙封於南陽故謝國地，《詩經》云：「亹亹申伯，王纘之事。于邑于謝，南國是式。王命召伯，定申伯之宅。登是南邦，世執其功。」〔漢〕毛亨傳，鄭玄箋，《毛詩》，卷18，〈大雅・崧高〉，頁143。

〔註176〕李學勤，〈兮甲盤與駒父盨——論西周末年周朝與淮夷的關係〉，原載《人文雜誌叢刊》2；後收入氏著，《新出青銅器研究》，頁138-145。尚秀妍，〈兮甲盤銘匯釋〉，《殷都學刊》，4（安陽，2001.12），頁89-94。

周人對於淮夷的賦貢人力征集，或許導因於對抗北方玁狁而需要維持一定軍力，於是隨著周人在北境戰事膠著，軍費需求日益擴張，致使其與南方部族關係生變。〔註177〕〈師寰殷〉稱「淮夷繇我員畮臣，今敢搏厥眾叚」，似乎即指淮夷反抗周人控制，拒納貢賦之景。

透過上述包含文獻與器銘的宣王時期史料，可知宣王用兵南方，謀求經略南土意圖明確。〈兮甲盤〉銘顯示周人與淮夷曾一度爲臣屬關係，周人對夷族徵收賦稅，並掌握當地資源供輸，然而值得注意的是盤銘有云：「厥貯毋不即市，毋敢或入蠻宄貯，則亦刑。」亦即恫嚇淮夷不可不於周人所規劃之「市」進行交易，也不得爲了逃避賦役而「入蠻」，也許可就此推估此時期周人對於南方的控制仍有一定局限，不可能全然掌握淮夷物資流通，在淮夷分布地區更有許多是周師力所未逮之「蠻」境。而〈駒父盨蓋〉稱淮域大小諸邦敬畏周王，對王命不敢不從，亦未見得是兩族關係之全貌。〔註178〕宣王朝經略南土事蹟止於因南征而喪南國之師，爲求補充兵源不得不料民於太原，〔註179〕周人對四方的征戰經略也就此進入尾聲。

（三）周人南征與「南進掠銅論」

西周時期，周人於南方主要活動於漢淮一帶，周人經營南土如同前列章節所述，是以長期分封漢陽諸侯與短期軍事征伐作爲統治手段。至於周人拓展南土動機，除卻爲貫徹「溥天之下，莫非王土」之王土概念外，〔註180〕南方地區的自然資源，特別是長江流域所蘊藏之豐富礦料，也應是西周歷代諸王動輒發兵南征的重要原因。南方礦藏對於中原民族的吸引力無庸置疑，但是周人如何獲取南土諸族所掌控之銅礦資源，則仍須進一步探究。西周歷代

〔註177〕參見葉達雄，《西周政治史研究》（臺北：明文書局，1982），頁118-122。

〔註178〕例如夏含夷便曾分析蓋銘應是周人與淮夷交換貢物，兩族當時應爲平等交換關係。詳見夏含夷，〈從駒父盨蓋銘文談周王朝與南淮夷的關係〉，收入氏著，《溫故知新錄：商周文化史管見》（臺北：稻禾出版社，1997），頁157-165。

〔註179〕《國語‧周語》載：「宣王既喪南國之師，乃料民於太原。」《史記‧周本紀》從之。至於宣王何以喪南國之師，〈集解〉韋昭注「敗於姜戎時所亡也」。然而，姜戎與宣王戰於宗周籍田千畝，引南國之師從征難以理解。上海師範大學古籍整理研究所校點，《國語》，卷1，〈周語上〉，頁24-25。對此疑義，楊寬業已申論韋說之非，並認爲宣王當是南征攻楚而喪南國之師，詳見楊寬，《西周史》，頁542-544。本文則取南國之師喪於南征之說，但認爲目前仍缺乏足夠資料可證明周人該次南征對象爲楚。

〔註180〕語出《詩經》，見〔漢〕毛亨傳、鄭玄箋，《毛詩》，卷13，〈小雅‧北山〉，頁97。

銘文中僅出現於南征紀錄的「俘金」一詞，長久爲學者所注意，所謂南進掠銅說更是以此立論。相關器銘諸如：

〈過伯毀〉：過伯從王伐反荊，俘金，用作宗室保尊彝。

〈鼎毀〉：鼎從王戍荊，俘用作餗毀。

〈馭駿毀〉：馭御從王南征，伐楚荊，有得，用作父戊寶尊彝吳。

〈仲稱父鼎〉：仲僀父伐南淮夷俘金。

〈翏生盨〉：王征南淮夷，伐角淮伐桐遹，翏生從，執訊折首，俘戎器俘金……。

〈師袤毀〉：毆俘士，女牛羊，孚吉金。

顯見周人南征是以掠取銅產（俘金）作爲重要戰利品，楊寬便依據〈過伯毀〉等銘文認爲「西周向楚長途跋涉的征伐，其重要目的之一就是掠奪楚國的銅器。」〔註181〕后德俊則認爲西周時期的楚不可能擁有大量青銅器，周人南征應是掠奪銅原料。〔註182〕上述兩說均將銘文之荊楚視同楚國，是爲論述不妥之處；而周人在短期戰爭中掠奪敵方青銅器也不難理解。但是供應周室實際所需銅、錫等礦產原料的途徑，仍應以平時交易往來爲主，周人希望於物資流通過程中取得優勢地位，並以軍事力量確保此項資源供應不至中斷。

此外，相關俘金器銘並非專爲伐楚，周人南進掠銅之舉所針對者應該是以掌握銅礦開採乃至冶鍊的南方民族。西周時期南方地區的銅礦開採目前已知湖北境內便有大冶銅綠山、陽新港下、豐山洞等西周銅礦採冶遺址，〔註183〕位於長江南岸之銅綠山礦區，係屬長江中下游銅鐵礦成礦帶的西部，其中 XI 號礦體採礦遺址年代由西周早、中期延續至春秋，其採礦形式是先由露天開採後至坑採，主要開採對象爲孔雀石，該遺址西周文化層出土的生活用品主要是陶器，分有鼎、鬲、甗、尊、罐與甕等器形，陶質以夾砂紅褐陶最多，次爲夾砂灰陶與褐陶，並有微量印紋陶片。〔註184〕由銅綠山再順長江而下，江西瑞昌銅嶺以及安徽南陵亦有古銅礦遺址。江西銅嶺西周時期遺址位於發掘區北部，井巷分

〔註181〕楊寬，《西周史》，頁 603。

〔註182〕后德俊，《楚國礦冶髹漆和玻璃製造》（武漢：湖北教育出版社，1995），頁 18。

〔註183〕銅綠山礦區開採於商代晚期，並延續至西漢時期，冶煉遺址年代最早則爲兩周之際。陽新豐山洞爲西周晚期遺址，港下古銅礦遺址時代可及於商周之際。相關發掘資料詳見：黃石市博物館，《銅綠山古礦冶遺址》（北京：文物出版社，1999），頁 183-184。港下古銅礦遺址發掘小組，〈湖北陽新港下古銅礦遺址發掘簡報〉，《考古》，1（北京，1988.01），頁 30-43。

〔註184〕詳見黃石市博物館，《銅綠山古礦冶遺址》，頁 23-57。

布密集，還有選礦場一處。開掘工具有銅錛、鉞以及和銅錛配套的木錛，並有發現以陶質爲主的生活用具器皿；〔註 185〕安徽南陵也有西周中、晚期的採礦遺址，當地銅礦開發屬異地開採再集中冶鍊的模式。〔註 186〕長江中下游地區的西周礦冶遺址過去曾被認爲與楚國有關，然而楚人勢力應至春秋時期方得擴及漢東地區，贛、皖兩省更非初興楚族所能控制之境。西周時期鄂東大冶、陽新一帶，考古學文化面貌與北部深受西周中原文化影響具有本質上的差異，亦與漢水以西區域有所隔閡。礦冶遺址出土之日用陶器又多符合地方文化特色，礦產的開發可能與百越文化有關。〔註 187〕

淮夷居地至今未見有銅礦開採情形，然而卻對當時南方金屬礦藏的供應造成影響。根據春秋初期之《曾伯霥簠》、《晉姜鼎》等器銘，位於蔡國北部之繁陽，乃周人金（銅）錫入貢或交易的重要據點，銘文稱爲「金道錫行」。〔註 188〕兩器銘文如下：

> 唯王九年初吉庚午，曾伯霥哲聖元武。元武孔黹，克狄淮夷，印燮鄒湯，金道錫行。俱既俾方余擇其吉金……。《曾伯霥簠》（《集成釋文》，4631）
>
> 唯王九月乙亥……文侯覭命俾貫通弘，征繁陽，𩰫取厥吉金，用作寶尊鼎。《晉姜鼎》（《集成釋文》，2826）

據銘文可知此條礦產運輸交易路線，曾經因淮夷佔領而一度不暢，可知周人礦藏供應亦與淮夷有所牽連。過去學者曾以《史牆盤》稱昭王南征爲「隹奐（貫）南行」，故將昭王南征視爲貫暢「金道錫行」之因，然而昭王南征之境

〔註 185〕江西省文物考古研究所、瑞昌博物館主編，《銅嶺古銅礦遺址發現與研究》，頁 36-55。

〔註 186〕發掘者將南陵古銅礦遺址分爲兩大階段，第一階段爲周代，計有十二處遺址，而其中有半邊沖、劉家井、江木沖、沖口和喬村等五處屬西周時代，其性質俱爲冶鍊遺址。詳見安徽省文物考古研究所、南陵縣文物管理所，〈安徽南陵縣古銅礦採冶遺址調查與試掘〉，《考古》，2（北京，2002.02），頁 45-54。

〔註 187〕例如大冶地區的眠羊地、古塘墩、李河等幾處出土有煉渣和冶鍊遺物的商周遺址，所採集之文化遺物均不乏刻槽鬲、放射狀紋飾陶盤等富有地方特色之器物。詳見黃石市博物館，〈大冶古文化遺址考古調查〉，《江漢考古》，4（武漢，1984.12），頁 10-16。而陽新港下古銅礦遺址出土文物亦包含有與江西築衛城遺址相近的幾何形印紋陶。詳見港下古銅礦遺址發掘小組，〈湖北陽新港下古銅礦遺址發掘簡報〉，頁 41。關於與這些遺址文化特徵相應的族屬百越文化，本文將於下一章節進行處理。

〔註 188〕郭沫若，《兩周金文辭大系圖錄考釋》，釋文頁 186a-186b、229a-230b。

應為漢水，論其目的是暢通淮水地帶通路殊為可疑。〔註189〕「金道錫行」相器銘顯示南方金屬礦藏往北輸送的可能管道，是透過淮水，鄰近蔡、蔣等姬姓封國的繁陽，與西周時期南土已開發之礦藏地連接，銅、錫礦料以此管道抵達周室南土據點，而周人於〈兮甲盤〉銘中征集淮夷賦貢之或許亦位於繁陽一帶。

周人力求掌握南土礦藏，卻頻受南土諸夷蠻越阻礙之情形。西周晚期，周室對於南土控制力逐步因王室內部紛擾與外在戎楚攻伐而衰弱，南土銅、錫北輸勢必受到巨大影響，加以在技術侷限下可獲取的礦藏儲量終究有限，〔註190〕兩周之際周文化系統墓葬之青銅器器型製作簡陋、花紋銘文草率的現象即可為証。〔註191〕

西周南土封國主要有三個大規模變革時期，首先是周初周公東征後成王初封蔡國、息國、唐國、隨國等國於南土「屏藩宗周」。隨後於昭王穆王時期，周人南征淮夷，同時並南遷姬姓封國加強對淮夷的監控，諸如蔣國等姬姓小國多數於此時由北方徙封至漢淮區域。西周末期，南土佈局變動則以南遷非姬姓的申、呂兩國最為重大。查考上述姬姓封國發展脈絡，便可發現周人經營南土的大型姬姓封國（蔡國、隨國）均立國於西周早年，嗣後周人陸續建立或南移的姬姓封國規模則多屬小型封國，分布於漢淮北岸，與以淮夷南蠻為主的南土各族相比為鄰，形成周人發展的南線。然而姬周政權經營南土至王朝中晚期卻已逐漸顯露疲勢，周室早先倚賴的「漢陽諸姬」布局此時業已喪失屏衛南疆功能。隨後宣王喪南國之師，更可稱為周人經營南土之終局。

〔註189〕何樹環並以繁陽附近封建有蔡、應、蔣等諸侯，論證周初「金道錫行」受控於周人，毋須昭王南征貫通。詳見何樹環，〈西周對外經略研究〉，頁 163。本文則認為「金道錫行」是一條運輸通路，繁陽僅為其中一個重要據點。因此「金道錫行」通暢與否關鍵不在繁陽一地歸屬，應須視整個南土藏開採的供輸狀況而定，以南土諸民族與周室不穩定的關係，周人的銅錫來源應也難以穩定，恐怕必須不時仰賴武力征服，方可保持「金道錫行」通暢。

〔註190〕張世賢指出從西周共王以後直到春秋中葉，銅器製造因為銅器功能變化以及鑄造原料短缺等原因而漸趨衰頹，琉化礦煉銅則為因應銅、錫原料短缺之道，而此項技術進展起源雖可能早自西周中期，但實際大量運用仍待東周階段。張世賢，〈試論西周政治社會的演變對中國用銅文化的影響〉，收入中國科技史論文集編輯委員會，《中國科技史論文集》（臺北：聯經出版事業公司，1995），頁 49-68。

〔註191〕例如河南三門峽市虢國墓、平頂山應國墓均為明顯例子。詳見周自強主編，《中國經濟通史》（北京：經濟日報出版社，2000），頁 835。

對周人而言，淮夷不單影響其於南土的佈局規劃，更是南方銅、錫礦產是否能穩定供給的關鍵。中原地區雖然為商周兩代青銅器主要製作中心，但是當地銅礦資源不豐也缺乏錫礦，必須仰賴南方礦源供應。周人雖然依靠交易或貢納制度獲致掌握於南土夷人蠻越手中的礦產原料，然而銘文中關於「金道錫行」不暢以及周人多次南征「俘金」的紀錄，則顯露出周人取銅仍受制於南土諸族。

綜上所述，周人於西周一代積極經營南土，除卻意圖貫徹「溥天之下，莫非王土」的政治理想外，更有許多關乎國家實質運作的軍事及經濟因素。周人封國漢淮對於南方開發有其助力，但是深究周人經略南土的整體成效，實際上卻是深受淮夷、蠻越以及楚等南方地區勢力發展影響而有相當侷限。

第四章　先秦南土族群分布

　　錢穆論及周室東遷後的局勢，認為「當時中國本為一種華、夷雜處之局。所謂諸夏與戎狄，其實只是文化生活上的一種界線，乃耕稼城郭諸邦與遊牧部落之不同。」而美籍學者 Nicola Di Cosmo 更認為在帝國體系形成前，先秦中國四方並非是固定或封閉的防禦體系，邊疆（frontier）的意義除了不斷在改變，其性質應是具有相當文化複雜性的區域性邊疆（zonal frontier），而非是純粹界線。〔註 1〕先秦南土地區即為深具複雜文化特質的塊狀區域，眾多擁有不同文化內蘊的族裔居住其上，這些族群的歷史各有其獨立發展之進程，彼此間種種交互流通，更為先秦江漢地域政治結構演變的主軸。然而囊昔在南土諸族缺乏文字史料佐證下，相關研究多半隨著周人與楚人等南土主體經營者的走向進行，對於南土族群在面對強勢政治下的變遷，以及其內部發展都少有著墨，因此所呈現出的先秦南方景觀，便趨於較為單元平面的狀態，難以展現先秦南土結構發展的全貌。

　　徵諸南土實際歷史發展，踵繼中原商、周勢力經略長江流域的楚國，無論其公族淵源為華夏後裔，抑或自遠古一脈相承的本土世族，楚人於西周時期成為南土重要族裔，並且形成獨立於中原系統之外的個體文化意識。於是當周夷王時期，王室衰微，周族對四土控制有廢馳跡象，諸侯不再朝覲周王，並且互相征伐奪利。據《史記・楚世家》所載，此時期的楚國亦趁勢開展勢力版圖：

> 熊渠甚得江漢閒民和，乃興兵伐庸、楊粵，至于鄂。熊渠曰：「我蠻
> 夷也，不與中國之號諡。」乃立其長子康為句亶王，中子紅為鄂王，

〔註 1〕錢穆，《國史大綱（修訂版）》（臺北：臺灣商務印書館，1996），頁 55-56。
Nicola Di Cosmo, *Ancient China and It's Enemies: the rise of nomadic power in East Asian History*, （Cambridge, U.K. ; New York: Cambridge University Press, 2002），p.2。

少子執疵爲越章王，皆在江上楚蠻之地。〔註2〕

《史記》稱熊渠由於獲致江漢諸族之和，得以擴張己身勢力，亦即楚族在當時掌控了本質構成複雜的南土情勢，楚子就此順利分封諸子於楚蠻之地。如何能在不同文化族群之間得取平衡，甚至獨佔優勢地位，便爲競逐南土主導地位的群體長期致力的目標。

以文獻史料中的零星記載作爲研究主幹，除卻於前章已有討論的周人封國之外，後續篇章將分梳出巴、濮、越、群舒、徐、蠻等長期處居南土境內的族裔進行討論，並且在避免對號套用的前提之下，配合現有出土考古資料探討這些族群自身的變遷，以及各個群體彼此的交流。受限於史料之闕遺，本節將不可避免處理到缺乏實證，或者只能附會傳說譜系的古老族系，以及暫時無法確認族屬的考古學文化。如同陳槃所提出的「『戎』、『狄』、『蠻』、『夷』之稱，本自無定，必欲爲之此彊彼界，毋乃泥耶」。〔註3〕對於這些可預見的疑義，本文將盡可能爲該群體隸定其應有的時空範圍，致力建構出先秦南土地域的族群活動樣貌，從而得以對楚國於南土面對的複雜情勢，亦即楚人必須去接觸的各種南方文化支系有所認知。

圖 4-1-1：長江中游先秦族群分布示意圖

〔註2〕〔漢〕司馬遷，《史記》（北京：中華書局，1982 二版），卷 40，〈楚世家〉，頁 1692。

〔註3〕陳槃，《春秋大事表列國爵姓及存滅表譔異》（臺北：中央研究院歷史語言研究所，1997），頁 1490。

第一節　南土西境族群分布：巴、蠻

先秦時期的長江中游西境，亦即三峽、江漢平原西部等地帶，文化面貌長期以來呈現紛雜之勢，且多有小邦分立其中。徵之史料，當地至遲在春秋時期已有雄據峽江川東的巴，以及活動於江漢平原西半部的蠻族等南土族群。巴、蠻兩族裔並與楚國多所牽繫，可說為春秋前期，楚人佈劃南土格局所須考量之重要因素。以下討論將以傳世典籍文獻紀錄為主軸，配合相關考古資料，探討先秦南土區域西境的巴與蠻的文化面貌與發展態勢。

一、巴

巴族是以今日川東漢中、鄂西山地和峽江地帶為主要根據地的古老族裔。晉人常璩《華陽國志》云：

> 禹會諸侯於會稽，執玉帛者萬國，巴蜀往焉。周武王伐紂，實得巴蜀之師，著乎《尚書》。巴師勇銳，歌舞以凌殷人，殷人倒戈。故世稱之曰，「武王伐紂，前歌後舞」也。武王既克殷，以姬於巴，爵之以子。……其地，冬至魚復，西至僰道，北接漢中，南極黔涪。〔註4〕

巴人可能於西周時期便與中原民族建立關係，並與濮、楚、鄧諸國一同被視為周人南土重邦，當時巴族雄據長江中上游地區，勢力或許擴及江漢平原與漢中，實為南土強勢族群之一。巴族在春秋以前的活動範圍，相關研究大抵分別指向漢水上游與鄂西清江流域兩地。

> 秦之行暴於天下，正告楚曰：「蜀地之甲，輕舟浮於汶，乘夏水而下江，五日而至郢。漢中之甲，乘舟出於巴，乘夏水而下漢，四日而至五渚。」〔註5〕

目前已不復見的巴水、巴山等漢水古地名似乎顯示漢中地區與巴人的淵源。顧頡剛與童書業便曾提出巴人早先活動於漢水，其後方南徙入川。〔註6〕而漢水沿岸城固縣銅器群和白馬石類型新石器時期文化，俱被視為與巴蜀早期文

〔註4〕〔晉〕常璩撰，任乃強校注，《華陽國志校補圖注》（上海：上海古籍出版社，1987），卷1，〈巴志〉，頁4-5。

〔註5〕〔漢〕劉向集錄，《戰國策》（上海：上海古籍出版社，1985），卷30，〈燕二〉，頁1077-1078。

〔註6〕顧頡剛，〈牧誓八國〉，收入顧頡剛，《史林雜識‧初編》（北京：中華書局，1963），頁32。童書業，《春秋左傳研究》（上海：上海人民出版社，1980），頁241-243。

化相關，漢水可能即爲巴蜀民族的起源地之一。〔註7〕童恩正則認爲巴人源出鄂西清江，商周之際就已避開三峽天險，由宜都入川，春秋時期巴楚相爭，巴師出現於今枝江、松滋一帶，又可直趨夷水上之扞關，即可爲證。〔註8〕

　　巴文化常與蜀文化被籠統納入巴蜀文化概念，但其早期文化至夏商時期目前已約略有跡可循。在史載巴族長期活動聚居之處，亦即包括川東、三峽以及鄂西的峽江地帶，新石器時代早期隸屬大溪文化系統核心區域。其後隨長江中游的新石器文化重心東移，該地由於夾處在四川盆地與江漢平原兩區域之間，轉變爲東西兩方文化交疊的邊緣地帶，文化內涵漸趨複雜。〔註9〕夏商時期，一支分布於鄂西宜昌地區的考古學文化別具特色，以西陵峽廟南寬谷爲中心的區域內已多有發現，諸如路家河、鰱魚山、楊家嘴、白獅灣、上磨瑙、朝天嘴與中堡島遺址等夏商時期遺址；而在峽區以南的清江流域，又有深潭灣崖葬墓、長陽香爐石、馳灘岩、千漁坪、南岸坪以及外村里等遺址，並以位於西陵峽的宜昌路家河遺址與清江中游的香爐石遺址最具代表性。〔註10〕

〔註 7〕 對於城固銅器群與白馬石類型文化與巴蜀文化關聯的討論，詳見李伯謙，〈城固銅器群與早期蜀文化〉，原載《考古與文物》，2（北京，1983.03），後收入氏著，《中國青銅文化結構體系研究》，頁 260-267。王煒林、孫秉君，〈漢水上游巴蜀文化的蹤跡〉，中國考古學會編，《中國考古學會第七次年會論文集》（北京：文物出版社，1989），頁 236-248。然而針對白馬石類型文化與四川盆地早期巴蜀文化之間的關係，也多有異說，參見宋治民〈試論蜀文化和巴文化〉，原載《考古學報》，2（北京，1999.04），後收入氏著，《宋治民考古文集》（北京：科學出版社，2003），頁 150。趙殿增、李明斌，《長江上游的巴蜀文化》（武漢：湖北教育出版社，2003），頁 32-38。

〔註 8〕 《史記》載：「秦西有巴蜀，大船積粟，起於汶山，浮江以下，至楚三千餘里。舫船載卒，……一日行三百餘里，里數雖多，然而不費牛馬之力，不至十日而距扞關。」〔漢〕司馬遷，《史記》，卷70，〈張儀列傳〉，頁 2290。詳見童恩正，《古代的巴蜀》（重慶：重慶出版社，1998），頁 18-20。

〔註 9〕 關於川東鄂西地區的新石器文化發展，請參本文第一章第二節。

〔註 10〕 上述相關遺址考古發掘報告參見：長江水利委員會，《宜昌路家河》（北京：文物出版社，2002）。楊權喜、陳振裕，〈秭歸鰱魚山與楚都丹陽〉，《江漢考古》，3（武漢，1987.09），頁 71-78。三峽考古隊第三組，〈湖北宜昌楊家嘴遺址發掘簡報〉，《江漢考古》，1（武漢，1994.03），頁 39-55，12。湖北省文物考古研究所，〈長江三峽工程壩區白獅灣遺址發掘簡報〉，《江漢考古》，1（武漢，1991.03），頁 1-10。湖北省文物考古研究所，〈湖北宜昌上磨瑙周代遺址發掘簡報〉，收入國務院三峽工程建設委員會辦公室、國家文物局（編），《湖北庫區考古報告集（第一卷）》（北京：科學出版社，2003），頁 737-750。國家文物局三峽考古隊，《朝天嘴與中堡島》（北京：文物出版社，2001）。清江流域考古遺址則參湖北省清江隔河岩考古隊、湖北省文物考古研究所，《清江

　　香爐石遺址地處宜昌市長陽土家族自治縣境內的清江北岸，文化層堆積約由二里頭時期延續至東周。遺址面積可達三萬多平方公尺，〔註 11〕出土文物甚為豐富，種類繁多，採用魚類鰓蓋骨為卜骨素材以及陶印章為當地特有文物。而自商代早期文化層開始，出土陶器便形成釜、罐兩器數量居高不下的現象，好用釜器的趨勢還延續至兩周文化層，反應出強烈地域特性。

　　西陵峽區內的路家河遺址隸屬湖北宜昌，是一個以商時期遺存為主體的古文化遺址。其地背靠丘陵，西臨長江，又有路家河自東北匯入長江，地處河流交匯的三角洲地帶。遺址文化屬性從新石器城背溪文化時期開始，其後於夏商階段又有朝天嘴類型文化，商代的路家河文化與周梁玉橋類型文化。〔註 12〕路家河文化可辨識出分別以夾砂褐紅陶釜、鼓腹杯和以鼓腹罐等器為核心的兩種主要文化因素，此外亦有商文化鬲，來自於長江中下游地區的陶器等外來文化因素。路家河兩組文化因素隨著時間發展日趨融合，最終成為以夾砂褐紅陶釜為核心的單一文化面貌。

　　綜合峽江與清江地區的夏商文化面貌，可以發現當地存在著一支以釜、罐使用作為代表的古文化，生產工具則仍以石質為主。而此一文化群體的經濟生活受限於自然環境，基本上是以漁獵為主要營生型態。不過就整體而言，地形較顯封閉的清江地區，當地香爐石遺址面貌較為單純，長江沿岸三峽地帶則多有外來變因。位於西陵峽區的中堡島商代遺存便是一個以早期巴文化為發展主軸，又兼融中原商文化和早蜀文化的綜合文化體。〔註 13〕

　　巴人源出川東峽江之論，仍有許多環節尚待釐清，相關研究業已提出辨別早期巴、蜀文化的難度，峽江地區文化可能須至周代才建立起與川西盆地有所區別的主體風格，更不能忽略峽區並非專為巴人所獨佔，而是遍佈有眾多族裔部落的紛雜地域。〔註 14〕但將清江流域與峽江地帶視為早期巴人文化發展重心之一則應無疑義，約至西周晚期，此塊區域為巴人與楚人兩者頻繁

考古：長陽地區考古發掘報告》（北京：科學出版社，2004）。
〔註11〕香爐石遺址於 1988 年、1989 年兩度發掘面積為三九九平方公尺，發掘報告稱遺址總面積僅七百平方公尺。1995 年的探察則顯示已發掘區域應屬遺址的中心區域或首領居住區，整個香爐石遺址總面積可達三萬平方公尺。詳見王善才，〈香爐石遺址與香爐石文化〉，《四川文物》，2（成都，2001.04），頁 22。
〔註12〕長江水利委員會，《宜昌路家河》，頁 13。
〔註13〕國家文物局三峽考古隊，《朝天嘴與中堡島》，頁 285。
〔註14〕詳見孫華，《四川盆地的青銅時代》（北京：科學出版社，2000），頁 132-135。

接觸之境。發現於湖南的楚公豪戈即製造於此階段，[註15] 巴、楚兩族群的交流已然發展。

春秋時期楚人勢力於江漢日漸茁壯，南土政治局勢因此產生變化，也影響了巴楚關係。《左傳·桓公九年》載巴人向楚請結好於鄧，楚率巴使赴鄧，卻為鄧南鄙鄾人攻之，聘禮遭奪；其後楚與鄧議和不成，楚將鬥廉便率楚、巴兩師圍鄾。[註16] 上述一事為巴國首度見諸於東周史料，若依據《左傳》記載，楚國此時已於江漢諸國掌控主導權，而巴族日後活動亦與楚息息相關。在巴楚合攻鄧國後不滿三十年，巴師與楚伐申，途中叛楚而伐那處，並轉攻楚都；其後兩國關係彌合，巴師又偕楚、秦兩師共同滅庸，至春秋後期巴人圍鄾，為楚所敗。[註17] 此外，巴亦與楚聯姻，楚共王曾納巴姬，並擇立巴姬之子為王。時序至戰國，由於「楚主夏盟，秦擅西土」，巴族處於秦、楚勢力之間，生存空間勢必受到壓縮，巴國重心似有向西南移動的趨勢，也不再出現參與盟會或征戰等紀錄。根據《華陽國志·巴志》記載，巴國此時期與川西的蜀國頻起爭端，巴人曾先後引進楚與秦等勢力，試圖於政爭中獲致優勢，但最後卻也因此為秦所併滅。[註18]

對於與蜀文化關係緊密的巴文化面貌，最初是以出土於四川省巴縣冬筍壩和昭化（今屬廣元市）寶輪院的戰國船棺葬為代表。[註19] 此地船棺葬是將大楠木削製為形似獨木舟的棺槨，亦有部份墓葬採行在舟中另置小棺殮屍

[註15] 楚公豪戈於 1959 年為湖南博物館由廢銅中撿選而出，戈上有銘「楚公豪秉戈」，銅戈形制與出土於川境的戈相類，其援為等腰銳角三角形，無胡，援的後部有一較大圓穿，援與內相接處作弧形，援面上並有橢圓形黑色斑塊，因此該戈器形制被判定為（巴）蜀式戈。此一器物真偽早年曾引起相當爭議，如今則可推斷此戈當屬西周時期的楚人所製，川鄂兩地巴蜀與楚兩個族群在先秦早期的來往交流可見一斑。關於楚公豪戈的發現參見高至喜，〈「楚公豪」戈〉，《文物》，12（北京，1959.12），頁 60。針對器物與戈銘真偽等討論詳見間瀨收芳，〈楚公豪鐘〉，《泉屋博物館紀要》，3（京都，1986.03），頁 86-90。以及彭萬廷等編，《巴楚文化源流》（武漢：湖北教育出版社，2002），頁 38-42。

[註16] 〔晉〕杜預注，《春秋經傳集解》，收入中華書局編輯部編，《漢魏古注十三經》（北京：中華書局，1998），卷2，〈桓公〉，頁 65。

[註17] 上述諸事分見於《左傳》莊公十八年，文公十六與哀公十八年。〔晉〕杜預注，《春秋經傳集解》，收入中華書局編輯部編，《漢魏古注十三經》，卷3，〈莊公〉，頁 80；卷9，〈文公下〉，頁 153；卷30，〈哀公下〉，頁 437。

[註18] 〔晉〕常璩撰，任乃強校注，《華陽國志校補圖注》，卷1，〈巴志〉，頁 11。

[註19] 四川省博物館，《四川船棺葬發掘報告》（北京：文物出版社，1960），頁 84-89。

的情形。兩地所發掘的船棺葬和狹長土坑墓，[註20] 出土文物以陶器和銅器為主要。銅器隨葬則以兵器佔首要，發現劍、鉞、矛、戈、斧、鏃等。銅質容器有甑、釜、鍪、盤和壺諸器，另有帶鉤、鏡、環與巴蜀字類印章等銅質雜器。由於該墓群年代橫跨先秦乃至秦漢數朝，從而體現出巴人群體在政治局勢遞嬗下的面貌；諸如陶質與銅質器物形制與組合改變，以及出土器物雜揉各方文化特色的發展。不單出土加上銅格形式特殊的巴蜀式劍，墓葬群隨時間演進，陪葬兵器數量便依序銳減。而陶器除卻形制變化之外，陶色更有由赭紅轉變爲青灰之趨勢，代表了當地製陶技術演進概況;。

　　川省峽西地區的涪陵即先秦巴人先王陵墓所在地「枳」。[註21] 當地發現有小田溪巴人墓群，遺址地處烏江西岸台地，隸屬重慶涪陵區。歷年共計發掘出 9 座墓葬，[註22] 其中又以編號 M1 至 M3 以及 M9 等四座墓葬完整且等級較高，墓主應屬巴族統治階層。至於墓葬時代，發掘報告均定爲戰國晚期，其後另有研究認爲該地墓群下葬時間應已進入秦代。[註23] 但當地遺存性質仍應是以巴人爲主體的上層巴族文化，楚、秦等系統的文化因素只表現於單

〔註20〕 在《四川船棺葬發掘報告》發表之後，1995 年爲配合寶成鐵路復線工程，寶輪院地區曾進行大量調查和探勘工作，並清理有船棺葬八座、長方形豎穴土坑墓一座，該批墓葬與《四川船棺葬發掘報告》所載係屬同一墓群。詳見四川省文物考古研究所、廣元市文物管理所，〈廣元市昭化寶輪院船棺葬發掘簡報〉，收入四川省文物考古研究所，《四川考古報告集》（北京：文物出版社，1998），頁 197-211。

〔註21〕 《華陽國志・巴志》載：「巴子時雖都江州，或治墊江，或治平都，後治閬中，其先王陵墓多在枳。」〔晉〕常璩撰，任乃強校注，《華陽國志校補圖注》，卷 1，〈巴志〉，頁 27。

〔註22〕 四川省博物館、重慶市博物館、涪陵縣文化館，〈四川涪陵地區小田溪戰國土坑墓清理簡報〉，《文物》，5（北京，1974.05），頁 61-80。四川省文物管理委員會、涪陵地區文化局，〈四川涪陵小田溪四座戰國墓〉，《考古》，1（北京，1985.01），頁 14-17、32。四川省文物考古研究所、涪陵地區博物館、涪陵市文物管理所，〈涪陵市小田溪 9 號墓發掘簡報〉，收入四川省文物考古研究所，《四川考古報告集》（北京：文物出版社，1998），頁 186-196。

〔註23〕 關於小田溪墓葬年代的討論最初是以 M3 號墓的一件四穿長胡內刃戈銘文載「廿六年蜀月武造」而展開，並形成此銘所指究竟爲秦昭王廿六年抑或秦始皇廿六年的爭議。相關討論參見段渝、譚曉鐘，〈涪陵小田溪戰國墓及所見之巴、楚、秦關係諸問題〉，《四川文物》，2（成都，1991.04），頁 3。其後宋治民則以小田溪墓葬的墓葬與出土文物形制多盛行於戰國末期以迄秦漢，故認爲墓葬當屬秦代產物。詳見宋治民，〈略論四川戰國秦墓的分期〉，原載中國考古學會編，《中國考古學會第一次年會論文集》（北京：文物出版社，1979），後收入氏著，《宋治民考古文集》，頁 4。

件器物之上。小田溪墓群隨葬器物絕大部分爲銅器，陶器除了少數幾件釜、罐器，多半均已破損散失難以得知原貌，此外也發現零星漆器、玉器與綠松石飾品。整體出土文物依性質用途分有生活器具和生產工具，並有不少兵器，1972 年所清理的 3 座墓葬還發現編鐘、錞于、銅鉦等樂器。常見銅器組合有銅釜甑、銅釜、銅鍪、銅壺、銅盆等，而兵器則以劍、戈、矛、鉞、弩機爲大宗，其中柳葉劍、三角援戈等形式係屬純然巴式兵器風格。

此外，涪陵東北重慶市轄區內的雲陽縣亦發現有巴人墓葬群，位於長江北側支流澎溪河東岸李家壩遺址即清理出 45 座戰國至西漢時期墓葬，其中八號墓形制爲使用獨木棺的豎穴土坑墓，乃川東地區首見之例。出土隨葬品多以兵器爲銅器基本組合。涪水過往通常被視爲巴、蜀兩國之分界，〔註 24〕但是如今先秦晚期巴人墓的分布卻已越過涪水，四川盆地西南緣的雅安市榮經縣便已先後出土南羅壩村、同心村以及烈太等巴人墓葬。〔註 25〕墓葬形制與川東巴人墓相似，時代則約爲戰國末至秦漢。

戰國巴人墓葬特色，大致以船棺葬此一葬式最爲突出，但至戰國末年巴人葬俗則大量轉變爲土坑豎穴墓。出土隨葬品以銅質兵器爲首要，無格並有花紋之巴式劍爲代表性器物。這些文化特色，自春秋至戰國階段亦有透過川湘間的通路，逐步向湘西擴展趨勢，〔註 26〕然而卻始終未能於今日川、渝之境外再形成據點，顯見巴人於先秦時期的發展，大抵是因於楚國勢力於春秋

〔註24〕 蒙文通即指出巴與蜀之間，大致以涪江爲界，而在個別地區各佔東西。詳見蒙文通，《巴蜀古史論述》（成都：四川人民出版社，1981），頁 22-27。

〔註25〕 考古發掘報告參見：四川大學歷史文化學院考古學系、重慶市文化局、雲陽縣文管所，〈重慶雲陽李家壩東周墓地 1997 年發掘報告〉，《考古學報》，1（北京，2002.01），頁 59-94。榮經嚴道古城遺址博物館，〈四川榮經南羅壩村戰國墓〉，《考古學報》，3（北京，1994.07），頁 381-396。四川省文物考古研究所、榮經嚴道古城遺址博物館，〈榮經縣同心村巴蜀船棺葬發掘報告〉，收入四川省文物考古研究所，《四川考古報告集》，頁 212-280。李曉鷗、劉繼銘，〈四川榮經縣烈太戰國土坑墓清理簡報〉，《考古》，7（北京，1984.07），頁 602-606。

〔註26〕 湘西地區於東周時期雖然不乏有巴文化類型文物出土，但至今未發現單獨巴人墓地，出土文物也較顯零碎，並且與楚式文物同時並存，可知巴族於該地區並未構成具有主體性的文化。帶有巴人文化色彩的遺跡可能與納入楚文化系統的巴人有所關聯。參見：張欣如，〈漵浦大江口鎮戰國巴人墓〉，《湖南考古輯刊》，1（長沙，1982.11），頁 37-38。熊傳新，〈湖南發現的古代巴人遺物〉，《文物資料叢刊》，7（北京，1983.02），頁 30-33。郭偉民，〈湘西巴跡初探〉，《四川文物》，5（成都，1994.10），頁 10-14。

時期勃興，故逐步向西南退卻，又受限於湘西既有情勢而難圖新局。

二、蠻

　　蠻作為指涉長江流域住民的概念已有相當時日，蠻之族源被視為與苗同系，隸屬於古代三大部族之苗蠻集團，亦為上古江漢民族代稱。〔註 27〕習稱三苗的上古之苗，相關記載史料短少，只能依《戰國策・魏策》載吳起言稱「昔者，三苗之居，左彭蠡之波，右洞庭之水，文山在其南，而衡山在其北。」〔註 28〕知此族裔大抵居住於江漢地區，而三苗族群的活動，僅有少量三苗與華夏集團的競逐記載，《史記・五帝本紀》云：

　　　　三苗在江淮、荊州，數為亂。於是舜歸而言於帝，請流共工於幽陵，以變北狄；放驩兜於崇山，以變南蠻；遷三苗於三危，以變西戎；……。〔註 29〕

不過其後三苗仍再度興事，見於《墨子・非攻》：

　　　　昔者三苗大亂，天命殛之，日妖宵出，雨血三朝，龍生於廟，犬哭乎市，夏冰，地坼及泉，五穀變化，民乃大振。高陽乃命玄宮，禹親把天之瑞令以征有苗，……，苗師大亂，後乃遂幾。禹既已克有三苗，焉磨為山川，別物上下，卿制大極，而神民不違，天下乃靜。則此禹之所以征有苗也。〔註 30〕

三苗由於與華夏集團的幾次戰爭失利，就此失去在文化主流發展佔有的地位，淪為散落邊緣地區，依附強勢文化的部族。於是長江中游新石器文化發展末期，石家河文化為中原龍山文化大幅度取代的現象，便常被拿來與三苗、

〔註 27〕 徐旭生認為，華夏、（東）夷與（苗）蠻為日後中國民族的三個主要來源。苗蠻集團的中心在今日湖北、湖南兩省。西與南兩方的界限不明，在東面，江西省的大部份當仍屬這個集團，再向東的吳及越地，在文化上是否屬於這一集團仍無法確定，北面疆域則較明白，東以今日豫、鄂連境的大別山脈為界，東鄰東夷集團。西部則北越南陽一代，侵入伏牛、外方各山脈間，北鄰華夏集團。詳見徐旭生，《中國古史的傳說時代》（臺北：里仁書局，1999），頁 27-72。蒙文通則將上古民族區分為河洛、海岱與江漢三大民族，而江漢民族究其內涵實與徐旭生所言之苗蠻集團相通。詳見蒙文通，《古史甄微》（成都：巴蜀書社，1999），頁 42-62。

〔註 28〕 〔漢〕劉向集錄，《戰國策》，卷 22，〈魏策一〉，頁 782。

〔註 29〕 〔漢〕司馬遷，《史記》，卷 1，〈五帝本紀〉，頁 28。

〔註 30〕 〔清〕孫詒讓，《墨子閒詁》（北京：中華書局，2001），卷 5，〈非攻下〉，頁 146-148。

華夏兩部族相爭之傳說進行比附；江漢地區自屈家嶺文化以來的考古發現，便被統稱爲三苗，或苗蠻集團的文化遺存。〔註 31〕不過這些論述在文獻與考古學文化之間，未能建構完整聯繫，所謂的三苗或苗蠻集團，其部族發展與文化面貌仍屬未定。

殷周時期，舉凡《詩經》、《竹書紀年》、《國語》和《左傳》等傳世文獻均出現有「荊蠻（蠻荊）」之詞，依其文意可知荊蠻不只爲族裔稱號，亦可指涉空間範圍。諸如《詩經》稱「蠢爾蠻荊」；〔註 32〕《國語・鄭語》篇章內有史伯爲桓公論興衰，史伯曰：「王室將卑，戎、狄必昌，不可偪也。當成周者，南有荊蠻、申、呂、應、鄧、陳、蔡、隨、唐……。」〔註 33〕而同書〈晉語〉亦載叔向言稱：「昔成王盟諸侯于岐陽，楚爲荊蠻，置茅蕝，設望表，與鮮卑守燎，故不與盟。」〔註 34〕上述引文的「荊蠻」明顯屬國族名號。至於《左傳・昭公二十六年》「茲不穀震盪播越，竄在荊蠻」之語，以及《漢書・賈捐之傳》稱武丁、成王治下統有領地「南不過荊蠻」，《地理志》則稱成王封「熊繹於荊蠻」，於是「荊蠻」的意涵又與地域有所關聯。〔註 35〕由於荊蠻之名質性浮泛，僅能大體上將荊蠻視爲西周至春秋間，中原文化對於長江中、下游流域族群的統稱。〔註 36〕

春秋時期，蠻在文獻脈絡中形成了較爲清晰的定義，《後漢書》便稱平王東遷，「蠻遂侵暴上國」，顯示在周人原有政治秩序失衡後，蠻族活動頻繁。

〔註31〕 相關論述可參見俞偉超，〈楚文化的淵源與三苗文化的考古學推測 —— 爲中國考古學會第二次年會而作〉，收入俞偉超，《先秦兩漢考古學論文集》，頁228-238。韓建業、楊新改，〈苗蠻集團來源與形成的探索〉，《中原文物》，4（鄭州，1996.08），頁 44-49。劉玉堂、李安清，〈關於三苗若干問題的辨析 —— 兼論新石器時代江漢地區居民的族屬及其社會狀況〉，《江漢石油學院學報》，3：2（武漢，2001.06），頁 51-54。

〔註32〕 〔漢〕毛亨傳、鄭玄箋，《毛詩》，卷 10，〈小雅・采芑〉，頁 76。

〔註33〕 上海師範大學古籍整理研究所校點，《國語》，卷 16，〈鄭語〉，頁 507。

〔註34〕 上海師範大學古籍整理研究所校點，《國語》，卷 14，〈晉語八〉，頁 466。

〔註35〕 〔漢〕班固，《漢書》，卷 64 下，〈賈捐之傳〉，頁 2831。〔晉〕杜預注，《春秋經傳集解》，收入中華書局編輯部編，《漢魏古注十三經》，卷 25，〈昭公六〉，頁 375。

〔註36〕 詳見劉和惠，〈荊蠻考〉，《文物集刊》，3（北京，1981.03），頁 287。而李默則認爲荊蠻是對於居住在江南揚越、吳越地區蠻夷的泛稱，與荊襄地區的楚蠻有所區別。詳見李默，〈荊蠻質疑〉，《中央民族學院學報》，1（北京，1984.02），頁 90-91。

〔註37〕而蠻於此階段活動俱與楚有關，楚武王時楚將屈瑕伐羅，爲羅與盧戎兩軍所敗。〔註38〕羅與盧即屬蠻。《左傳・文公十六年》又載：

> 庸人帥群蠻以叛楚，麇人率百濮聚於選，將伐楚。……使廬戰黎侵庸，及庸方城。庸人逐之，囚子揚窗。三宿而逸，曰：「庸師眾，群蠻聚焉，不如復大師，且起王卒，合而後進。」師叔曰：「不可。姑又與之遇以驕之。彼驕我怒，而後可克，先君蚡冒所以服陘隰也。」又與之遇，七遇皆北，唯裨、儵、魚人實逐之。庸人曰：「楚不足與戰矣。」遂不設備。楚子乘駟，會師于臨品，分爲二隊，子越自石溪，子貝自仞以伐庸。秦人巴人從楚師。群蠻從楚子盟，遂滅庸。〔註39〕

居處於江漢的群蠻從庸人伐楚，其中有裨、儵、魚人抗楚甚勤。群蠻在戰事失利後與楚莊王盟，庸國則被滅。可知蠻的組成複雜，係屬眾多支族匯合而成的群體，整體實力在江漢不容忽視。

第二節　南土東境族群分布：徐、舒

本節將討論重心轉移至先秦時期位居南土東境之夷族，這些西起長江流域中下游皖南，向東又可達蘇北的群體，對於楚人經營南土發揮有積極影響。西周時期以淮水流域爲根據地的夷族，由於彼此間缺乏強力政治聯繫，春秋之前形成散居淮域南北的眾多邦國，嬴、偃兩姓爲其主要支系。這兩股夷人勢力與楚國多有接觸，其中又以嬴姓徐國和偃姓群舒最具代表性，並牽動了楚人向東拓境之格局。

兩周時期淮河流域地帶爲各系夷族所領，西周後期滋擾周室甚深的淮夷、徐夷，即是將淮域引爲根據地的夷族支系。透過傳世典籍記載，可知春秋時淮水兩岸遍佈眾多嬴、偃兩姓的夷族古國部落。其中嬴姓國多居於淮北，廣及泗水，並多認爲與山東南遷之夷族有關，計有徐、江、黃、養、樊、鐘離、州來等國。偃姓國則位處淮南，概以大別山、長江作爲西、南兩方分布界線，東則與吳、越接壤，該地區除卻六、英、巢、蓼、宗等國見於史冊，

〔註37〕〔劉宋〕范曄，《後漢書》，卷86，〈南蠻西南夷列傳〉，頁2831。

〔註38〕事見《左傳・桓公十三年》。〔晉〕杜預注，《春秋經傳集解》，收入中華書局編輯部編，《漢魏古注十三經》，卷2，〈桓公〉，頁68。

〔註39〕〔晉〕杜預注，《春秋經傳集解》，收入中華書局編輯部編，《漢魏古注十三經》，卷9，〈文公下〉，頁153。

尚有舒庸、舒鳩等由舒族所組成的小國。淮水南北此批夷族小國或族群，由於不曾整合爲聽憑單一號令的強勢聯盟，彼此政治聯繫鬆散，未能形成以夷族爲代表之政治實體。而淮水南、北兩境各具差異的自然環境與政治地理格局，使得淮域眾多夷族的發展走向並非一致，黃國、樊國等至遲於春秋階段，已可併屬中原姬周文化系統，也存在維持夷族文化面貌的淮南群舒，或者是器物自成體系的徐國。

　　本節由於意在探討南土族群文化面貌，因此以整體地域的先秦文化面貌爲重心，聚焦於分處淮水南北的徐、舒兩族系。徐屬夷族，嬴姓；舒爲淮夷，偃姓。根據西周時期銘文與文獻所載，徐夷在淮夷部族集團中佔有主導地位，然徐夷與淮夷是否同源，則仍多有疑義，僅能確認徐起源於蘇北或魯南地區。〔註40〕至於徐、舒兩者關係，囊昔論者有以兩族族姓嬴、偃於古相通論證徐、舒同屬一系，但持反論者亦眾。〔註41〕徵之史料，徐、舒兩群體在先秦時期的關係緊密，已爲不爭事實，是故此處將兩者併歸於夷族的概念探討。

一、徐

　　安徽淮河以北與江蘇北部地區，長久被視爲徐族聚居之地，亦即徐國根

〔註40〕相關討論參見張鍾雲，〈徐與舒關係略論〉，《南方文物》，3（南昌，2000.09），頁45。

〔註41〕徐、舒同源論起源甚早，清人已多有此論。徐旭生稱「群舒就是說群徐。別部離開他的宗邦，還戴著舊日的名字。」陳槃更指出徐與舒兩者氏姓相通，祖源亦接近，加以兩族所在相距不遠，故關係應爲本同而末異，至於春秋時期爲何分化爲兩族則已無從知之。而郭沫若亦曾認爲：「徐、舒爲兩者，乃徐人疊受周人壓迫，由其淮水流域之故居已移植至江水以南（徐器多出今江西西北部），其殘留于舊地臣服於周之部落，後乃沿用周人所呼之名，故徐、舒遂判爲二耳。」其後曹錦炎根據江蘇丹徒北山頂墓中的有銘銅器，提出金文內「舍」、「余」並存的現象，反駁徐、舒同源之論。董楚平亦續發其徐、舒不同源之論。其後安徽舒城九里墩墓的青銅鼓座銘文，以及江浙地區墓葬出土含有徐、舒文化因素的銅器又再度引發徐、舒是否同源之爭議，徐、舒族源關係仍待更多資料加以釐清。參見徐旭生，《中國古史的傳說時代》，頁223-224。陳槃，《春秋大事表列國爵姓及存滅表譔異》（臺北：中央研究院歷史語言研究所，1997），頁578-579。郭沫若，《兩周金文辭大系圖錄考釋》，釋文頁60。曹錦炎，〈北山銅器新考〉，《東南文化》，6（上海，1988.06）頁41-45。董楚平，《吳越徐舒金文集釋》（杭州：浙江古籍出版社，1992）頁249、323-326。張鍾雲，〈淮河中下游春秋諸國青銅器研究〉，收入北京大學考古系編，《考古學研究（四）》（北京：科學出版社，2000），頁173-174。

據所在，但唯一可作爲鑑別徐夷國族文化的文物，自銘爲徐器的青銅器竟少有出土於徐之故地者，而是散見於江漢乃至吳、越地域，甚至廣及北方山東、山西之境。〔註42〕使得指認徐夷面貌有其困難度，徐夷歷史發展也較爲模糊。綜觀典籍文獻所載，徐在周人連番征伐後，仍維持有相當國力。至春秋時期，徐與齊國關聯深厚，徐、齊雙方相互征戰，但亦曾締結婚姻關係。此外，徐人也向南方淮域發展，使江淮間的淮夷舒族歸服。〔註43〕徐可能爲齊國稱霸的重要盟友，原居泗水的徐國疆土也在春秋階段，向西南擴張至淮南皖中群舒之地。〔註44〕然而江淮群舒地域絕非人煙罕居之境，徐國拓展版圖至淮南，其統治仍屬較鬆散的權力網絡。且不出幾年，南方楚國勢力向東推進，敗徐於淮北婁林，〔註45〕徐國勢力範圍應更加縮減，淮域夷族小國逐步歸屬楚國勢力範圍。

　　目前唯一可確認爲徐夷文化的出土資料，來自江蘇邳州九女墩三號墩墓葬。該墓葬位於今徐州邳州市，時代屬春秋晚期，共計出土有青銅器、石器、陶器、骨角器和玉器等 300 餘件隨葬器物。〔註46〕九女墩三號墩出土鈕鐘上有明確銘文「徐王之孫義楚乍」，顯示墓葬與徐的關聯，而經由墓葬所出土權杖，以及涵蓋成套編鐘與編磬的完備樂器組合，該墓遂被斷定爲春秋晚期的徐王義楚時期前後。值得注意的是，邳州雖與徐之故地相連，但應屬古薛國或邳國之境，此外九女墩二號墩墓葬經發掘亦是屬吳文化系統，〔註47〕先秦邳州地區實係各方勢力犬牙交雜之境，尚無法釐清其地歸屬。出土地點遍佈江淮流域各地的徐器，其流散也應與徐之衰微有關，而非代表徐夷勢力範圍。〔註48〕

〔註42〕出土於故徐國境內的徐器，僅有江蘇邳州市九女墩三號墩的徐王之孫紐鐘。詳見孔令遠、陳永清，〈江蘇邳州市九女墩三號墩的發掘〉，《考古》，5（北京，2002.05），頁 24。目前所見徐器的散佈參見表 4-2-2〈徐器表〉。

〔註43〕上海師範大學古籍整理研究所校點，《國語》，卷 6，〈齊語〉，頁 242。〔晉〕杜預注，《春秋經傳集解》，收入中華書局編輯部編，《漢魏古注十三經》，卷 3，〈莊公〉，經二十六年，頁 84；卷 5，〈僖公上〉，經三年，頁 94。

〔註44〕徐旭生，《中國古史的傳說時代》，頁 243-244。

〔註45〕事見《左傳·僖公十五年》。〔晉〕杜預注，《春秋經傳集解》，收入中華書局編輯部編，《漢魏古注十三經》，卷 5，〈僖公上〉，頁 104、106。

〔註46〕參見孔令遠、陳永清，〈江蘇邳州市九女墩三號墩的發掘〉，頁 19-30。

〔註47〕南京博物院、徐州市文化局、邳州市博物館，〈江蘇邳州市九女墩二號墩發掘簡報〉，《考古》，11（北京，1999.11），頁 28-34。

〔註48〕研究者將徐器出土地點逕行視爲徐之勢力範圍並不少見。郭沫若便曾推測「徐人乃由山東、江蘇、安徽接境處被周人壓迫而南下，且入於江西北部者，則

　　徐的文化特色複雜，又與中原關聯較爲深厚，曾被視爲「諸夏」一系，〔註49〕青銅器普遍鑄有銘文，亦爲其與諸夏文化同質處。不過就現存徐系青銅器觀之，其器形仍有自身特色，甚至保留若干商代風格，因而與楚同被稱爲古代青銅器的南系中心。〔註50〕

表 4-2-1：徐器表

器名	出土地點或著錄	來源出處
余大子鼎	湖北枝江問安	楊權喜，〈江漢地區發現的商周青銅器——兼述楚文化與中原的關係〉，《中國考古學會第三次年會論文集》（北京：文物出版社，1981），頁 209。
余子氽鼎	山東費縣台子溝	心健、家驥，〈山東費縣發現東周銅器〉，《考古》，2（北京，1983.02），頁 188。
昃甫人匜	《貞松堂集古遺文》	《貞松堂集古遺文》（10‧40）、《金文總集》（6861）等。
徐王糧鼎	《韡華閣集古錄跋尾》	《韡華閣集古錄跋尾》（壬‧五）、《殷周金文集成》（2675）等。
宜桐盂	《周金文存》	《周金文存》（4‧39）、《兩周金文辭大系》（錄165、考159）等。
庚兒鼎	山西侯馬上馬村墓地	山西省文物管理委員會侯馬工作站，〈山西侯馬上馬村東周墓葬〉，《考古》，5（北京，1963.05），頁 237-238。
沇兒鎛	《陶齋吉金續錄》	《陶齋吉金續錄》（上5）、《三代吉金文存》（1‧53‧2～1‧54‧1）等。

春秋初年之江浙猶殆徐土者，亦未可知也。」曹錦炎亦曾以紹興坡塘（亦即紹興306號戰國墓）出土一批徐器而將該地視爲越建國之前，徐人入浙所鑄造之器，論證徐人已深入浙江。然而，徐器分布範圍不止於江淮，還廣及北方山東、山西等地；且以楚墓爲例，楚族墓葬中亦曾出土吳、越諸系的文物，故郭氏與曹氏之說似嫌薄弱。至於徐器何以流散至各地，萬全文曾提出徐人除卻亡國後攜器外逃外，更可能大量鑄器以賂諸強。然而徐人如何獲致銅礦原料鑄器，甚至是在國勢衰頹之際確保銅礦供應不斷，則仍是有待解決的問題。郭沫若，《殷周青銅器銘文研究》（上海：大東出版社，1931），頁 80。曹錦炎，〈紹興坡塘出土徐器銘文及其相關問題〉，《文物》，10（北京，1984.10），頁 27-29。萬全文，〈徐國青銅器研究：兼論徐楚青銅文化之關係〉，《故宮文物月刊》，16：1（臺北，1998.01），頁 90。

〔註49〕語見《左傳‧僖公十五年》。〔晉〕杜預注，《春秋經傳集解》，收入中華書局編輯部編，《漢魏古注十三經》，卷5，〈僖公上〉，頁 104。

〔註50〕郭沫若，《兩周金文辭大系圖彔考釋》，序文頁 4。

徐王子旃鐘	馮雲鵬《金石索》	馮雲鵬《金石索》（1‧61～62）、于省吾《商周金文錄遺》（4‧1～4‧2）、《殷周金文集成》（261‧1～2）等。
徐王禹又觶	江西高安清泉	《奇觚室吉金文述》（17‧34、35）、《兩周金文辭大系圖彖考釋》（錄170）等。
義楚觶	江西高安清泉	《奇觚室吉金文述》（17‧36）、《兩周金文辭大系圖彖考釋》（圖207、錄170）等。
徐王義楚觶	江西高安清泉	《奇觚室吉金文述》（17‧36）、《兩周金文辭大系圖彖考釋》（錄170、考162）等。
徐茜尹征城	江西高安清泉	《周金文存》（1‧76）、《兩周金文辭大系圖彖考釋》（錄175～176、考163）等。
徐王義楚盥盤	江西靖安	江西省歷史博物館、靖安縣文化館，〈江西靖安出土春秋徐國銅器〉，載《文物》，8（北京，1980.08），頁13。
徐令尹者旨型爐盤	江西靖安	江西省歷史博物館、靖安縣文化館，〈江西靖安出土春秋徐國銅器〉，載《文物》，8（北京，1980.08），頁13-14。
徐疇盤	商承祚《十二家吉金圖錄》	商承祚《十二家吉金圖錄》（退10）、《三代吉金文存》（17‧3‧5）等。
徐王義楚元子劍	湖北襄陽蔡坡山崗戰國墓	湖北省博物館，〈襄陽蔡坡戰國墓發掘報告〉，載《江漢考古》，1（武漢，1985.03），頁1-31。
儔兒鐘	《積古齋鐘鼎彝器款識》、《商周金文錄遺》、《從古堂款識學》、	其一著錄於《積古齋鐘鼎彝器款識》（3‧3～5，稱「楚良臣余義鐘」）、《兩周金文辭大系圖彖考釋》（2‧8，稱「僕兒鐘」）、《殷周金文集成釋文》（183，稱「余購迖兒鐘」）等。其二著錄於《商周金文錄遺》（1‧1～1‧2）、《金文總集》（7119）、《殷周金文集成》（184）等。其三著錄於《從古堂款識學》（13‧4，稱「周郟倪編鐘」）、《殷周金文集成釋文》（185）等。
徐王之子羽戈	《商周金文錄遺》	《商周金文錄遺》（570）、《金文總集》（7506）等。
徐䣙尹鯀鼎	浙江紹興市坡塘獅子山西麓306號墓	浙江省文物管理委員會、浙江省文物考古所、紹興地區文化局、紹興市文管會，〈紹興306號戰國墓發掘簡報〉，《文物》，1（北京，1984.01），頁11-12。
涂鼎	《貞松堂集古遺文補遺》	《貞松堂集古遺文補遺》（上4）、《金文總集》（0298）等
徐王元子爐	浙江紹興市坡塘獅子山西麓306號墓	浙江省文物管理委員會、浙江省文物考古所、紹興地區文化局、紹興市文管會，〈紹興306號戰國墓發掘簡報〉，《文物》，1（北京，1984.01），頁15-16。

徐缶蓋	江蘇丹徒縣北山頂春秋墓	江蘇省丹徒考古隊，〈江蘇丹徒北山頂春秋墓發掘報告〉，《東南文化》，3～4（南京，1988.04），頁 23-24。（原文稱「尸祭缶蓋」）
邁邟編鐘	江蘇丹徒縣北山頂春秋墓	江蘇省丹徒考古隊，〈江蘇丹徒北山頂春秋墓發掘報告〉，頁 25。
甚六鼎	江蘇丹徒縣北山頂春秋墓	江蘇省丹徒考古隊，〈江蘇丹徒北山頂春秋墓發掘報告〉，頁 21-22。
徐王之孫紐鐘	江蘇邳州市九女墩三號墩	孔令遠、陳永清，〈江蘇邳州市九女墩三號墩的發掘〉，《考古》，5（北京，2002.05），頁 24。

二、舒

先秦時期淮水流域小國部族林立，周人封國分布於淮水沿岸，淮水以南地帶亦多有族群建國營生。在淮水上游以南至大別山北麓，即今日河南信陽市與安徽六安市，分布有黃、六、英、潛、蓼等夷族小國。往東至巢湖處的江淮之地，大約今安徽六安舒城、安慶桐城至巢湖的區域，則爲群舒聚居之處。〔註 51〕舒族傳爲皋陶後裔，偃姓，《左傳・宣公八年》「楚爲眾舒叛」孔穎達正義引《世本》曰：

> 偃姓，舒庸、舒蓼、舒鳩、舒龍、舒鮑、舒龔。以其非一，故言「屬」
> 以包之。〔註 52〕

又《左傳・文公十二年》「夏，子孔執舒子平及宗子，遂圍巢」杜預注云：

> 宗、巢二國，群舒之屬。〔註 53〕

不過，舒龍、舒鮑與舒龔僅見孔穎達所引之《世本》，活動分布無從查考，其餘舒族史跡亦僅能得於《左傳》，舒族之地出土器物也缺乏族徽文字。故針對舒族

〔註 51〕 徐旭生認爲群舒散處地域爲「當日淮水南，大江北，如今霍邱、壽縣、六安、霍山、合肥、舒城、廬江、桐城、懷寧等縣，西不過霍山山脈，東不過巢湖」劉和惠以爲群舒居於「淮河以南，長江以北，大別山以東，巢湖以西的地帶。」並曾指正徐說將壽縣與鍾離之地納入舒地有誤。陳偉則又提出春秋前期群舒居於淮水南岸，即今安徽六安市東北地區，至春秋後期因爲楚人壓迫才向南遷徙，居住於淮南丘陵以南的舒城、巢湖一帶。詳見徐旭生，《中國古史的傳說時代》，頁 244。劉和惠，《楚文化的東漸》（武漢：湖北教育出版社，1996），頁 27、68。陳偉，《楚東國地理研究》（武漢：武漢大學出版社，1992），頁 76。

〔註 52〕 〔唐〕孔穎達疏，《春秋左傳正義》，收入中華書局編輯部編，《唐宋古注十三經》（北京：中華書局，1998），卷 22，〈宣公〉，頁 242。

〔註 53〕 〔晉〕杜預注，《春秋經傳集解》，收入中華書局編輯部編，《漢魏古注十三經》，卷 9，〈文公下〉，頁 148。

發展脈絡，目前只能透過傳世文獻和考古成果進行判別。

　　舒族源流與上古東夷、淮夷的關係密切，周代之前安徽江淮地區的考古學文化，包含有較多山東龍山文化與岳石文化因素。西周時期，東夷文化傳統陶器進入江淮，當地文化面貌與北方夷族有共通之處。比對安徽西周遺址出土陶器類型，可知舒族在西周便已構成一支獨立文化。〔註54〕

　　群舒首見於《春秋》稱僖公三年時徐人取舒，不過《左傳‧文公十二年》卻又云「群舒叛楚」，可知淮南舒族曾順服於徐，其後由於徐國勢力日趨衰頹，群舒又脫離徐之控管，依附於新進崛起的楚國勢力之下。楚人因群舒之叛，攻舒並俘舒族領袖平以及宗國子，並圍巢國。兩年後，楚國子孔、潘崇又襲群舒，使公子燮與子儀守，而伐舒蓼。至宣公八年，楚莊王在位，舒復叛楚，楚伐之，舒蓼遂滅。〔註55〕楚在對舒蓼戰役獲勝之後，楚軍又至滑汭，與長江下游吳、越兩國盟後而返，楚人勢力初度觸及江淮下游，而舒族亦隨之捲入春秋中後期吳、楚兩國的傾軋鬥爭，舒庸、舒鳩即是兩個擺盪於吳、楚強鄰間的舒族小國。楚成王時，舒庸便因楚敗於城濮一役，轉而向吳輸誠，領吳人圍巢，伐駕，圍釐、虺，將吳國勢力引入舒地。〔註56〕舒庸於是倚恃吳國而不設備，為楚公子橐師滅之。〔註57〕其後舒鳩亦與吳通好，楚康王因此率師駐於舒地荒浦，並命使臣責之：

　　　　吳人為楚舟師之役故，召舒鳩人。舒鳩人叛楚。楚子師于荒浦。使
　　　　沈尹壽與師祁犁讓之。舒鳩子敬逆二子，而告無之，且請受盟。二
　　　　子復命。王欲伐之。蒍子曰：「不可。彼告不叛，且請受盟，而又伐
　　　　之，伐無罪也。姑歸息民，以待其卒。卒而不貳，吾又何求？若猶
　　　　叛我，無辭，有庸。」乃還。〔註58〕

隔年，舒鳩叛楚，楚令尹子木伐之，吳出師救之卻敗於楚。楚師遂圍舒鳩，至

〔註54〕王迅，《東夷文化與淮夷文化研究》，頁 118-119。張鐘雲，〈淮河中下游春秋
　　　　諸國青銅器研究〉，頁 170。
〔註55〕三事分見於僖公三年、文公十二年與十四年。〔晉〕杜預注，《春秋經傳集
　　　　解》，收入中華書局編輯部編，《漢魏古注十三經》，卷 5，〈僖公上〉，頁 94；
　　　　卷 9，〈文公下〉，頁 148、150；卷 10，〈宣公上〉，頁 165。
〔註56〕駕，釐、虺地在。顧棟高，《春秋大事表》（北京：中華書局，1993），頁 2072。
〔註57〕事見成公十八年。〔晉〕杜預注，《春秋經傳集解》，收入中華書局編輯部編，
　　　　《漢魏古注十三經》，卷 13，〈成公下〉，頁 211。
〔註58〕事見襄公二十四年。〔晉〕杜預注，《春秋經傳集解》，收入中華書局編輯部
　　　　編，《漢魏古注十三經》，卷 17，〈襄公四〉，頁 260。

八月，楚滅舒鳩。不過淪爲楚之附屬的舒鳩，似乎仍未喪失其主體性，至楚昭王時舒鳩氏仍與吳聯合，時鄰近舒地之桐國叛楚。吳子便使舒鳩氏引誘楚人，曰：「以師臨我，我伐桐。爲我使之無忌。」吳人趁楚出兵於豫章，便率師攻克疏於防備的巢地，俘獲守巢大夫楚公子繁。〔註 59〕綜觀春秋之世，舒族似乎早年爲徐所領，但數十年後又都爲楚人囊括殆盡，只是楚人初期似乎未對舒族進行直接控管，及至莊王時期，楚開始滅舒族之國，但吳、楚兩勢力相爭過程，群舒仍多有參與，由上述《左傳·定公二年》記載可知，楚人在群舒之地派駐有基本軍力，故有楚公子任守巢大夫，但楚軍主力仍在江漢。

舒族在舒鳩氏附吳之後，便不再見於文獻記載。群舒的考古資料則以青銅器爲主要。出土於舒城、肥西、六安、壽縣與廬江等地的 73 件青銅器，已可辨識出舒器的特色。〔註 60〕此批銅器均無銘文，在零星器物上曾發現圖徽。代表性舒器以獸首鼎最爲突出，此類鼎有蓋、附耳、折沿、三蹄足；兩足之上的鼎體有一獸首，器身兩側各有捲形紋飾，整體器形肖似牛、羊之屬。墓葬內出土同樣形制紋飾的成對鼎組「對鼎」亦爲群舒文化特色，此外亦有形制少見的簋、盉，器物組合因此較爲特殊。〔註 61〕目前舒地出土具有舒族文化風格的墓葬概爲春秋時期，諸如安徽舒城河口與六安縣春秋墓以及舒城九里墩春秋墓，至戰國階段則有六安城西墓，呈現了群舒文化於東周時期的轉折變遷。

舒城河口墓葬發現於舒城縣縣城南，主體爲一大型豎穴土坑墓，時代屬春秋早期。隨葬器物有一組包含鼎、簋、盉、缶等器物組成的青銅禮器。另有印紋硬陶罐、原始青瓷盉以及玉玦。〔註 62〕墓葬內所出土的獸首鼎、舒系簋、盉與銅禮器組合，顯示舒城河口墓墓主應爲舒族。六安縣春秋墓出土之盤口鬲形盉、匜形勺亦展現其與群舒文化的聯繫。〔註 63〕相形之下，九里墩墓葬表現出

〔註 59〕 事載襄公二十五年、定公二年。〔晉〕杜預注，《春秋經傳集解》，收入中華書局編輯部編，《漢魏古注十三經》，卷 17，〈襄公四〉，頁 263-264；卷 27，〈定公上〉，頁 390。

〔註 60〕 李國梁，〈群舒故地出土的青銅器〉，《文物研究》，6（合肥，1990.10），頁 162-190。中國青銅器全集編輯委員會編，《中國青銅器全集》，第十一卷（北京：文物出版社，1997），頁 24-26。

〔註 61〕 鄭小爐，〈試論徐和群舒青銅器——兼論徐、舒與吳越的融合〉，《文物春秋》，5（石家莊，2003.10），頁 9。

〔註 62〕 安徽省文物考古研究所、舒城縣文物管理所，〈安徽省舒城縣河口春秋墓〉，《文物》，6（北京，1990.06），頁 58-66、53。

〔註 63〕 安徽省博物館、六安縣文物管理所，〈安徽六安縣發現一座春秋時期墓葬〉，《考古》，7（北京，1993.07），頁 656-657、670。

較爲複雜的文化面貌。九里墩位於舒城縣縣城東，墓葬形式屬長方形土坑豎穴墓。出土隨葬器物以青銅器比例最高，計有禮器簠、盉流、敦、鼎（殘鼎蓋一件）；兵器矛、戈、戟、殳、鏃、鐓；樂器鼓座、甬鐘；生產工具錛、斧、鑿、鐮；以及車馬器。〔註64〕雖然九里墩春秋墓是以舒族爲主體的墓葬，〔註65〕但是除了青銅禮器中的獸首形器之外，許多器物與楚系墓葬相似，整體墓葬形式更與壽縣蔡侯墓雷同，並出土有蔡戟一件，或可說明在蔡東遷州來之後，舒、蔡互有往來，舒文化受到一定程度影響。〔註66〕

　　戰國時期，江淮間舒地出土墓葬較少，〔註67〕多屬戰國偏晚時期楚墓，應與楚國勢力逐步東遷有關。而出土於六安市的六安城西墓爲江淮少見的戰國初期墓葬，其文化因素已與同時期楚系墓葬難以辨別。〔註68〕據此，舒族文化的消亡可能即在春秋戰國之交。

第三節　南土南境族群分布：濮、越

　　本節討論重心轉移至先秦時期濮族與越族，其分布區域概屬長江流域中游以南。濮族基本活動於洞庭湖之西，並以澧水與沅水流域爲主體，其文化面貌較爲模糊，但與南入湘境的楚人往來相當深刻。越又稱爲百越，百越係傳世文獻典籍籠統指涉上古諸系越族的概念，越族分布地涵蓋今日兩湖、兩廣、閩、贛以及江、浙等長江及其以南省區的廣袤之境。目前已難再區分差異的先秦越族，與楚國關係聯結複雜，爲先秦南土首要部族。

〔註64〕安徽省文物工作隊，〈安徽舒城九里墩春秋墓〉，《考古學報》，2（北京，1982.04），頁229-242。

〔註65〕另有學者判定舒城九里墩春秋墓的族屬應是楚，認爲該墓爲楚滅群舒後的楚人墓。然而形制等級偏高的九里墩墓，卻仍含有一定程度的舒文化因素，而且墓葬面貌所受到的影響在楚之外亦不乏有蔡等族群，判斷該墓確切文化屬性不易，遽視爲楚墓有其難處。張鍾雲，〈徐與舒關係略論〉，頁48。

〔註66〕劉和惠，《楚文化的東漸》，頁64-68。

〔註67〕相關考古發掘報告有：褚金華，〈安徽省六安縣城北楚墓〉，《文物》，1（北京，1993.01），頁29-39。安徽省六安縣文物管理所，〈安徽六安縣城西窯廠2號楚墓〉，《考古》，12（北京，1995.12），頁124-140、123。舒城縣文物管理所，〈舒城縣秦家橋戰國楚墓清理簡報〉，《文物研究》，6（北京，1990.10），頁135-138。安徽省文物考古研究所，〈舒城鳳凰嘴發現二座戰國西漢墓〉，《考古》，8（北京，1987.08），頁723-727。

〔註68〕六安城西墓葬發掘報告尚未正式發表，此處轉引於劉和惠《楚文化的東漸》一書相關討論。劉和惠，《楚文化的東漸》，頁68-70。。

一、濮

濮族乃南方古老民族之一，又稱爲百濮。文獻載其族曾與武王會盟伐商，[註69] 而厲王時期的〈宗周鐘〉銘稱南國艮子爲亂，亦可能與濮族有關。[註70] 濮族與楚族的關係數次見於史籍，首先在周宣王六年，楚君熊霜卒，其弟仲雪、叔堪、季徇爭立，叔堪最後「奔濮而蠻」。兩周之際，楚蚡冒「始啓濮地」，成爲接替衰微周室的新興國家之一。[註71] 進入春秋時期，濮族之境大抵已被納入楚國範圍，濮人幾度與楚發生衝突，《左傳・文公十六年》稱：

> 庸人帥群蠻以叛楚，麋人率百濮聚於選，將伐楚。於是申息之北門
> 不啓。楚人謀徙於阪高。蔿賈曰：「不可。我能往，寇亦能往，不如
> 伐庸。夫麋與百濮，謂我饑不能師，故伐我也。若我出師，必懼而
> 歸。百濮離居，將各走其邑，誰暇謀人？」乃出師。旬有五日，百
> 濮乃罷。[註72]

其後，《左傳・昭公十九年》又云：「楚子爲舟師以伐濮。」[註73] 麋人是少數得以立國的濮族支系，濮人群體之間不存在明確統屬關係。春秋戰國之世濮族活動僅見此兩例。

綜合文獻記載，可知濮族至西周時期便同巴、楚、鄧等族，一同被中原民族視爲南土的重要組成。[註74]《逸周書・王會解》亦稱「卜人以丹沙」，

[註69] 《尚書・牧誓》：「王曰：『嗟我友邦冢君，御事、司徒、司馬、司空，亞旅、師氏、千夫長、百夫長，及庸、蜀、羌、髳、微、盧、彭、濮人，稱爾戈，比爾干，立爾矛，予其誓。』」〔漢〕孔安國傳，《尚書》，收入中華書局編輯部編，《漢魏古注十三經》，頁37。

[註70] 楊樹達，《積微居金文說（增訂本）》，頁136-138。徐中舒，《論巴蜀文化》（成都：四川人民出版社，1982），頁93-94。

[註71] 〔漢〕司馬遷，《史記・楚世家》，頁1694。《國語・鄭語》載史伯爲桓公論興衰，「及平王之末，而秦、晉、齊、楚代興，秦景、襄於是乎取周土，晉文侯於是乎定天子，齊莊、僖於是乎小伯，楚蚡冒於是乎始啓濮。」上海師範大學古籍整理研究所校點，《國語》，卷16，〈鄭語〉，頁524。

[註72] 〔晉〕杜預注，《春秋經傳集解》，收入中華書局編輯部編，《漢魏古注十三經》，卷9，〈文公下〉，頁153。

[註73] 〔晉〕杜預注，《春秋經傳集解》，收入中華書局編輯部編，《漢魏古注十三經》，卷24，〈昭公五〉，頁353。

[註74] 語見《左傳・昭公九年》載王使詹桓伯辭於晉曰：「我自夏以后稷，……巴、濮、楚、鄧，吾南土也……。」〔晉〕杜預注，《春秋經傳集解》，收入中華書局編輯部編，《漢魏古注十三經》，卷22，〈昭公三〉，頁327。

即指濮人對周王貢獻丹沙。〔註75〕

> 伊尹受命，於是爲四方令曰：「……正南甌鄧、桂國、損子、產里、
> 百濮、九菌，請令以珠璣、瑁、象齒、文犀、翠羽、菌鶴、短狗爲
> 獻。」〔註76〕

附於《王會解》內的《伊尹朝獻‧商書》記載，雖然無法逕行視爲商代信史，
卻顯示濮族已存在於中原族群意識之內。濮地實際位於何處，依據現有史料
仍無法確指，但其分布大抵不出江漢流域；西周後期楚族勢力直入濮地，濮
族受到直接影響，及至《左傳》所述的濮族分布可能已有所變嬗。其後百濮
隨庸、麇兩國與群蠻伐楚不成，在庸、麇兩國分別爲楚所滅後，濮人即有可
能移轉重心至湘西或川、滇等地。〔註77〕

先秦時期的濮族文化，無法透過文獻窺知其貌，僅能針對湘西先秦考古
文化，在楚與巴文化因素以外的部份略作探討。湘西出土的先秦文化遺跡主
要爲遍佈沅水流域的東周墓葬，此批以戰國時期爲主的墓葬，北自張家界市
桑植縣，南抵懷化南端黔鎮（今湖南懷化市地區洪江市），東至懷化漵浦縣，
西達湘西土家族苗族自治州的保靖縣均有所發現。〔註78〕墓葬內涵普遍夾雜

〔註75〕 語見《逸周書‧王會解》，黃懷信、張懋鎔、田旭東撰，《逸周書彙校集注》（上
海：上海古籍出版社，1995），頁 923-924。

〔註76〕 語見《伊尹朝獻‧商書》。黃懷信、張懋鎔、田旭東撰，《逸周書彙校集注》，
頁 973-976。

〔註77〕 學者多半認爲商代至西周時期，濮族廣泛分布於江漢流域，其後由於楚族勢
力興起，濮族方輾轉遷徙至今湖南、四川、貴州和雲南等地區。諸如徐中舒
與童恩正等學者均持此說，詳見徐中舒，《論巴蜀文化》，頁 93。童恩正，《古
代的巴蜀》（重慶：重慶出版社，1998），頁 48-49。張增祺更稱濮人分布區域
廣闊，「東起江漢之南，北至金沙江流域，西達滇池區域，南抵元江以北」。
詳見張增祺，〈"濮"說〉，《貴州民族研究》，1（貴陽，1986.03），頁 51。羅香
林則認爲湖北秭歸至四川奉節一帶的歸夷或可稱爲濮。楊權喜承襲羅氏說
法，並將「濮」與「濮地」作出較嚴格區分，認爲濮原分布於今湖北西部山
區及其邊緣地帶，而濮地則是指部份濮族所分布之楚西南地區，即今湖北西
部長江兩岸和其支流，以及南至洞庭湖一帶的水域。詳見羅香林，《百越源流
與文化》（臺北：國立編譯館中華叢書編審委員會，1978），頁 109。楊權喜，
〈關於巴、濮若干問題探討〉，湖北省考古學會選編，《湖北省考古學會論文
選集（二）》（武漢：江漢考古編輯部，1991），頁 148-149。

〔註78〕 麻陽古銅礦遺址亦爲湘西地區的重要先秦考古發現，然而根據清理簡報，該
地礙於文物發掘不豐，對於遺址族屬文化判斷有其困難，故本文不將之列於
討論。參見湖南省博物館、麻陽銅礦，〈湖南麻陽戰國時期古銅礦清理簡報〉，
《考古》，2（北京，1985.02），頁 113-123。

多種文化，在楚族、巴族等文化因素之外，屬於地區性的文化特徵亦相當鮮明，與先秦時期自江漢南徙至湘西營生的濮族有關。

澧水上游西岸的桑植朱家臺遺址，發掘有 22 座戰國時期的小型豎穴土坑墓，半數以上墓葬出土以陶器爲主之隨葬品，但器物組合則與南方沅水流域墓葬內涵有相當符節處。小壺加豆以及壺與碗成套的組合，顯示該地與中原或楚地文化差異，並且有富含地方特色之罐、壺和蝙蝠形匕，墓主當屬地方文化之主體居民。〔註 79〕朱家臺以南至湘西土家族苗族自治州，有酉水自西向東貫穿州境，沿岸發現保靖四方城與古丈白鶴灣遺址，以及總數達 50 餘處的先秦遺址；酉水在進入懷化市境後於沅陵縣處匯入沅江，該地亦有木形山以及木馬嶺等戰國墓葬。〔註 80〕酉水流域水系出土戰國時期墓葬，〔註 81〕以古丈白鶴灣墓群爲代表，可發現該地墓葬普遍窄坑，並帶有頭龕或二層臺等形制，白鶴灣甚至還出現帶有斜坡墓道之墓，又有與戰國楚文化特徵相符之隨葬品，墓葬文化性質被判定屬於楚墓。然而，該地墓葬頭龕均爲高於墓底的「吊龕」，還有無法比對歸類的簋形器、罕見平底壺，以及帶有巴文化特徵的柳葉形劍、多環耳矛和肖形虎印等隨葬器，亦是不得忽視的地方特點，此外墓葬出土文物缺乏銅鏡，兵器比例卻甚高，更是該地與楚文化相異之處。

自沅陵溯沅江而上，至沅江與辰水會合處辰溪則有米家灘遺址，依據發掘簡報主要爲楚墓與秦墓。被劃定爲楚墓的墓葬，可依據出土陶器組合情形區分爲以罐、缽、豆和以鼎、敦、壺爲主的組合，配合與兩類組合相應的墓葬形制，

〔註79〕 桑植縣文物管理所，〈湖南桑植縣朱家台戰國墓〉，《江漢考古》，3（武漢，1991.09），頁 13-25。

〔註80〕 上述酉水流域考古發掘報告參見：湘西土家族苗族自治州文物工作隊，〈湘西保靖縣四方城戰國墓發掘簡報〉，《湖南考古輯刊》，3（長沙，1986.06），頁 122-126。湖南省博物館、湘西土家族苗族自治州文物工作隊，〈古丈白鶴灣楚墓〉，《考古學報》，3（北京，1986.07），頁 339-360。湘西自治州文物工作隊，〈湖南湘西自治州境內酉水沿岸古遺址調查〉，《考古》，10（北京，1993.10），頁 865-879。湖南省文物考古研究所、沅陵縣文管所，〈湖南沅陵木馬嶺戰國墓發掘簡報〉，《考古》，8（北京，1994.08），頁 683-684。湖南省文物考古研究所，〈沅陵木形山戰國墓發掘簡報〉，《湖南考古輯刊》，6（長沙，1994.04），頁 92-96。

〔註81〕 保靖四方城、古丈白鶴與沅陵木形山遺址根據相關報告可知已發掘有 109 座戰國時期墓葬，沅陵木馬嶺一地則發掘有戰國至漢代墓葬 101 座，然而由於目前發掘者僅公佈其中編號 90YTM106 的戰國墓簡報，因此未能確知酉水流域出土墓葬之總數。

可推知兩類墓葬依序有早晚之別。〔註82〕辰溪往東則到漵浦縣境，該地爲群山環繞之平坦地帶，物產豐富，素有「湘西糧倉」之稱，於先秦時期亦應爲人口聚集中心，目前於此區域已發現有馬田坪、江口、高低村以及大江口等遺址，〔註83〕其中高低村遺址春秋時期墓葬，出土湘西地區先前未見的鬲器，被視作楚人勢力進入沅水物證。〔註84〕馬田坪戰國墓群根據隨葬物差異，又可分爲楚墓、巴墓與秦墓；其中楚墓計有58座，爲湘西地區楚墓最爲密集之地。出土陶器亦分爲罐、缽、豆以及鼎、敦、壺與豆兩種組合，隨葬銅器甚少，且全爲兵器。此外另有墓葬以銅兵器爲主要隨葬品，出土少量陶器組合與楚墓不類，故被判定屬於巴文化系統。漵浦地區的江口與大江口墓群內涵基本上近似於馬田坪，較爲突出的現象是江口墓葬均出土豆器，而大江口墓以罐、簋和紡輪作爲隨葬器物的特殊組合。

　　沅江上游則在黔陽縣黔城（今爲懷化洪江市）地區發現戰國墓葬，出土陶器組合分爲兩類，一類以罐、缽、豆等器爲主，另一類則是以鼎、敦（或盒）、壺三器爲組合。由於器形與楚地所出相仿，並發現有楚墓常見之四山紋銅鏡，黔城墓地區的戰國墓葬應可斷定爲楚墓，但是又有人爲殘斷的銅劍首隨葬品，近似爲古駱越人的葬俗，此批墓葬文化性質尚得釐清。〔註85〕

〔註82〕懷化地區文物工作隊、辰溪縣文化局，〈米家灘戰國墓發掘簡報〉，《湖南考古輯刊》，4（長沙，1987.10），頁 33-47。

〔註83〕漵浦地區相關考古發掘報告參見：湖南省博物館、懷化地區文物工作隊，〈湖南漵浦馬田坪戰國西漢墓發掘報告〉，《湖南考古輯刊》，2（長沙，1984.02），頁 38-69。漵浦縣文化局，〈漵浦江口戰國西漢墓〉，《湖南考古輯刊》，3（長沙，1986.06），頁 112-121。懷化地區文物工作隊、漵浦縣文化局，〈漵浦縣高低村春秋戰國墓清理簡報〉，《湖南考古輯刊》，5（長沙，1989.12），頁 46-51。懷化地區文物工作隊、漵浦縣文物管理所，〈1990 年湖南漵浦大江口戰國西漢墓發掘簡報〉，《考古》，1（北京，1994.01），頁 23-33。湖南省博物館，〈湖南漵浦馬田坪、西漢墓〉，《文物資料叢刊》，10（北京，1987.03），頁 88-101。楊祖沛，〈漵浦縣茅坪坳戰國西漢墓〉，收入中國考古學會編，《中國考古學年鑒（1988）》（北京：文物出版社，1989），頁 215-216。

〔註84〕漵浦地區於馬田坪西漢義陵城以及江口青江溪沅水岸等地也發現有鬲器殘足，器形與湘中地區早期楚墓所出之鬲所差無幾，可推測漵浦地區可能亦曾存在有鬲器。詳見漵浦縣文化局，〈漵浦江口戰國西漢墓〉，頁 119。此外舒向今亦指出依據懷化與湘西土家族苗族自治州的文物普查資料可知，楚鬲其實還出土於漵浦、辰溪、沅陵和懷化市等地的楚人遺跡。但是除卻漵浦高低坪墓葬之外，多數鬲器均不見於墓葬。詳見舒向今，〈試探考古學上的濮文化〉，《民族研究》，1（北京，1993.01），頁 78。

〔註85〕懷化地區文物工作隊、黔陽縣芙蓉樓文管所，〈黔陽縣黔城戰國墓發掘簡報〉，

　　湘西地區的先秦墓葬年代絕大多數爲戰國時期，配合傳世文獻記載，此時期湘西黔中似是納入楚國版圖，〔註86〕當地出土墓葬盡被視爲楚墓。雖然當地數百座墓葬不乏有與楚系墓葬形制相異，或者地方色彩特出之文物，卻只有漵浦地區墓葬被指認爲巴文化系統產物，多數墓葬仍被視爲以楚人爲主體，統屬於湘省楚系墓葬的類型之下。但是相關研究對於巴、楚文化兩者的界定其實相當模糊。故已有論述指出湘西先秦文化與江北楚地截然不同，缺乏鬲器的現象，顯示當地形成以罐作爲主要炊器的文化體系。〔註87〕

　　湘西先秦墓葬不能全然視爲楚文化遺址，當地文化面貌仍需要進一步加以釐清。根據現有考古成果，在整個湘西乃至澧水流域的戰國墓葬，其所出土之青銅劍，多數劍身甚短，並且有可以活動的寬格，寬格上有繁複紋飾；劍身與扁莖一次鑄成，莖脊貫通。此種短劍形制不見於楚、巴或中原等先秦地域，當屬湘西特有產物。〔註88〕這批短劍的持有者族屬至今未明，但卻爲先秦湘西存在一系主體文化之旁證。此外，大量陶質豆器也爲該地域的特殊現象，除沅陵和沅江上游的黔陽（洪江）兩地遺址出土豆器較少，澧水與沅江水域遺址均有發現接近40%，甚至高達60%的隨葬陶器爲豆器。如此頻繁重用豆器的現象不見於楚文化，湘省其餘地區也未曾得見，沅水流域於先秦時期存在有將豆器作爲主要禮器的文化體系。〔註89〕

　　湘西先秦墓葬，究其文化面貌在楚、巴兩族之外，尚蘊含許多地區性特質。綜合文獻與考古資料，目前已有不少研究將湘西東周墓葬與先秦濮族做出聯繫，此論述雖然尚待更多史料補強，但是本地區的考古學文化不單與楚地相異，其實與湘省北境洞庭湖或湘東流域，亦擁有不容忽視的獨特色彩。間或參雜巴、濮等本土族群文化因素的湘西楚系墓葬，便顯示楚人約於戰國階段南進至湘西五溪地帶，又與當地住民維持相當程度往來的關係。

　　　　《湖南考古輯刊》，5（長沙，1989.12），頁 61-73、51。

〔註86〕例如《戰國策》即稱楚威王時，「楚地西有黔中、巫郡」。〔漢〕劉向集錄，《戰國策》，卷 14，〈楚策一〉，頁 500。

〔註87〕詳見舒向今，〈試探考古學上的濮文化〉，頁 78-79。

〔註88〕參見何介鈞、鄭元日，〈關於湘西、湘西北發現的寬格青銅短劍〉，《文物》，2（北京，1993.02），頁 87-92。陳啓家、舒向今、向開旺，〈湘西辰溪、漵浦發現青銅劍〉，《湖南考古輯刊》，2（長沙，1984.02），頁 204。

〔註89〕柴煥波即曾依據考古出土文物現狀，提出濮人墓葬係以壺、豆和寬格短劍爲主要特徵。詳見柴煥波，〈湘西濮文化的考古學鉤沉〉，《古代文明》，6（北京，2007.12），頁 116-134。

表4-3-1：湘西地區先秦墓葬出土豆器統計表

遺　址　地　區	遺　址　名	陶　器　數	豆　　數	比例（%）
懷化漵浦（漵水）	馬田坪（1978 發掘）	14	9	64.28
懷化漵浦（漵水）	馬田坪（1982 發掘）	188	82	43.61
土家族苗族自治州（酉水）	保靖四方城	48	27	56.25
懷化漵浦（漵水）	大江口	5	2	40.11
懷化漵浦（漵水）	高低村	61	24	39.34
懷化漵浦（漵水）	江　口	121	47	38.84
懷化辰溪（辰水）	米家灘	162	62	38.27
張家界（澧水）	朱家臺	58	20	38.27
土家族苗族自治州（酉水）	古丈白鶴	210	80	38.09
懷化漵浦（漵水）	馬田坪（楚墓）	255	96	37.64
懷化洪江（沅江上游）	黔　城	224	52	23.21
沅陵（酉水）	木形山	35	8	22.85
沅陵（酉水）	木馬嶺	不詳	不詳	
總　　　　計		1381	509	36.85

二、越

　　傳世文獻對越族起源追溯甚早，《史記・越王句踐世家》記載春秋時期立國於長江下游的越王句踐，係先禹之苗裔，先祖爲被封於會稽的夏后帝少康庶子，世代奉守禹之祀。而越族的文化形象則是「文身斷髮，披草萊而邑焉」。〔註90〕然而居於江南的越族，實際上族枝龐雜，名號眾多，史籍中的「粵」即通「越」，典籍史料中更出現「於（于）越」、「越漚」、「楊越」以及「夷越」等稱謂，〔註91〕亦有研究認爲古越族包含有揚越、干越及于越三大主要文化

〔註90〕　〔漢〕司馬遷，《史記》，卷41，〈越王句踐世家〉，頁1739。
〔註91〕　越族諸種稱謂見於：《逸周書・王會解》：「歐人蟬蛇，蟬蛇順，食之美。姑於越納，曰姑妹珍。」。《伊尹朝獻・商書》：「伊尹受命，於是爲四方令曰：『臣請正東：符婁、仇州、伊慮、漚深、九夷、十蠻、越漚……。』」〈春秋・哀公十三年〉：「於越入吳。」《史記・楚世家》：「熊渠甚得江漢閒民和，乃興兵伐庸、楊粵，至于鄂。」、「鎮爾南方夷越之亂，無侵中國。」詳見黃懷信、張懋鎔、田旭東撰，《逸周書彙校集注》，頁 891-892、970-971。〔晉〕杜預注，《春秋經傳集解》，收入中華書局編輯部編，《漢魏古注十三經》，卷29，〈哀公上〉，頁426。〔漢〕司馬遷，《史記》，卷40，〈楚世家〉，頁1692、1697。

群體，〔註92〕但箇中區別實際上已難再進行辨識。殆至戰國時期，越族被統稱爲「百越」，諸如《呂氏春秋‧恃君篇》載：「揚漢之南，百越之際」，《史記》亦出現描述戰國、秦代中原民族向南攻克「百越」的記載。〔註93〕百越分布地域相當廣闊，所指涉的範圍亦有擴大的趨勢，最初百越大抵等同於江水以南之義，及至《漢書‧地理志》，則有顏師古注引臣瓚曰：「自交阯至會稽七八千里，百越雜處，各有種姓」，〔註94〕越族已成爲佔據亞洲大陸東南地區的龐大族裔。

　　長江以南的考古學成果，特別是頻繁發現的印紋陶遺存，成爲可供辨識先秦百越文化的主要出土文物。印紋陶爲表面裝飾有幾何形圖案紋飾的陶器，器皿基本是採取拍印的方式，讓線條於器面上排列交錯成幾何紋飾，再依一定的角度、距離和方向延伸展開，最後形成以四方連續紋樣爲主的規則圖案。〔註95〕目前江南的幾何形印紋陶遺存，已排比出由新石器時代延續至戰國時期的時代發展，並劃分印紋陶文化爲寧鎮區、太湖區、贛鄱區、湖南區、嶺南區、閩台區與粵東閩南區等分布區塊，其中又以寧鎮、贛鄱和湖南區的文化與外界聯繫較爲深刻。〔註96〕

　　另一個可指認越族文化的文物爲越式鼎，該類鼎形體一般較小，胎壁不厚，顯得較中原鼎器來得輕薄。鼎的三足聚於底部，略有外撇。鼎足樣式於春秋時期還爲半管形足或錐形足，足根近於底部邊沿，與中原同形器較爲接近，但發展至戰國階段，鼎足則呈扁瘦修長狀並外撇，成爲江南越族所獨有之器物。目前出土越式鼎鼎底通常有煙燙痕跡，可知此類鼎器對於越族而言，也是實用炊食器。就外形、紋飾抑或用途而言，越式鼎堪稱爲越族文化

〔註92〕彭適凡即認爲由湖北東南至江西西北、北部的鄱陽湖以西地區屬揚越文化分布地帶，而鄱陽湖以東，江西東北至皖南、浙北與蘇南地區爲干越文化，以浙江紹興爲中心建國的則爲于越。詳見彭適凡，〈論揚越、干越和于越族對我國青銅文化的傑出貢獻〉，《東南文化》，5（南京，1991.05），頁33-41。

〔註93〕〔戰國〕呂不韋，陳奇猷校注，《呂氏春秋新校釋》（上海：上海古籍出版社，2002），卷20，〈恃君覽‧恃君〉，頁1331。〔漢〕司馬遷，《史記》，卷6，〈秦始皇本紀〉，頁234。

〔註94〕〔漢〕班固，《漢書》，卷28下，〈地理志下〉，頁1669。

〔註95〕彭適凡，《中國南方古代印紋陶》（北京：文物出版社，1987），頁1。

〔註96〕李伯謙，〈我國南方幾何形印紋陶遺存的分區、分期及其有關問題〉，原載《北京大學學報（哲學社會科學版）》，1（北京，1981.01），後收入氏著，《中國青銅文化結構體系研究》（北京：科學出版社，1998），頁195-217。

的代表性器物。〔註97〕通過對越式鼎演變歷程的觀察，基本上可將越族文化分爲三大時空區塊，亦即越式鼎發展初期是由江浙吳越以及湘江、嶺南所組成的兩大系統。春秋後半期吳越勢力崛起，成爲越族文化核心，器物形式影響到嶺南地區，然而同時間江漢楚文化日趨興盛，也波及至湘江流域的越族文化，促成湘江越式鼎形制的變化。〔註98〕

　　由於傳世文獻的越多以長江下游的越國爲核心，分布於江南的湘、贛以及兩廣的百越則普遍缺乏記載，越式青銅器又不載銘文，更增添認知越族文化的難度。以下將取江南洞庭湖、鄱陽湖地區的越族相關出土遺跡作爲討論主軸，釐清先秦活動於長江流域的百越面貌。

（一）洞庭、湘江水系

　　湘江水系爲越族主要聚居地區，從湘江上游至上游，越族文化因素呈現由強轉弱的趨勢，此現象可能與外來文化的傳播是通過長江進入洞庭湖周邊地帶有關，鄰近長江或洞庭湖的文化面貌因此顯得較爲複雜。〔註99〕此外，終東周之世，湘江流域的越族亦逐漸南徙據點，楚文化更成爲戰國時期湘江中上游的重要組成因素。〔註100〕基本而言，越族文化面貌大抵至湘江中游

〔註97〕熊傳新、吳銘生，〈湖南古越族青銅器概論〉，收入中國考古學會編，《中國考古學會第四次年會論文集》（北京：文物出版社，1985），頁 162-163。

〔註98〕三種類型的越式鼎區分及演變參見橫倉雅幸、西江清高、小澤正人等學者研究。此外，間瀨收芳更曾提出具體的越式鼎是南方諸族在楚文化影響之下成形，楚鼎鼎足的瘦長化對於越式鼎形制的影響深刻。橫倉雅幸、西江清高、小澤正人，〈所謂「越式鼎」の展開——紀元前 1 千年紀後半の東南中國〉，《考古學雜誌》，76：1（東京，1990），頁 66-100。間瀨收芳，〈戰國時代楚文化の中の鼎と敦——周邊文化との關連を主眼にみる〉，《古史春秋》，3（東京，1986.08），頁 33。

〔註99〕湖南省常德市東境、益陽北部與岳陽市地區在東周時期的考古學文化通常被概括爲楚文化的一個分區，然而該地區出土墓葬卻通常兼有難以歸類爲楚文化系統的内涵，性質複雜。諸如位於湘北常德津市的金魚嶺東周墓葬，便發現有形制奇特從未見於同期楚墓的銅盒與陶罐，而益陽地區墓葬則出土大量豆器，總數超越鼎、敦等器，與長沙地區鮮少出豆的現象相較頗具特色。長江水系通路或許於其中發揮了促進當地與外界文化交流的作用。詳見津市市文物管理所，〈津市市金魚嶺東周墓葬〉，《湖南考古輯刊》，5（長沙，1989.12），頁 74-83。湖南省博物館、益陽縣文化館，〈湖南益陽戰國兩漢墓〉，《考古學報》，4（北京，1981.10），頁 519-549。湖南省益陽地區文物工作隊，〈益陽楚墓〉，《考古學報》，1（北京，1985.01），頁 89-117。

〔註100〕李龍章便曾指出兩廣青銅時代越墓時代既晚於湖南越墓，又與湖南越族文化互有承接關係，可推估先秦末期湘地越族在楚國勢力壓迫下有一南遷兩廣的

方有清楚輪廓可循，以墓葬爲主的遺跡自湘潭市韶山、湘鄉起發現較多，溯湘江而上，衡陽境內的耒陽以及郴州市內的資興，則爲越族墓葬的重要發現點，越族的分布於湘南乃至兩廣之境更爲廣泛。春秋中、晚期越系中型墓的墓壙多窄長而帶龕，隨葬越式鼎、印紋硬陶器、兵器。〔註101〕這些遺跡普遍與含有楚文化因素的墓葬相混，進入戰國時期，湘江流域內的越、楚兩系文化特色日益交雜，似有步向融合之態勢。

　　湖南省湘潭湘鄉地帶，約於春秋階段在大茅坪、新塘沖等地，普遍出現有所謂「特長形」形制的墓葬，且隨葬品多爲銅器，少見陶器，相關墓葬族屬多被判定爲越族。〔註102〕往南至衡陽市，衡陽赤石則出土形制特點春秋時期墓葬，首先墓底長、寬比率均大於3：1，比例差距最大近6：1，可再行區分爲狹長形與長方形土坑豎穴墓。而該地狹長形土坑豎穴墓內，逾半數墓葬發現有陶、銅質隨葬品，器物形制係與湖南和兩廣出土文物相類，將零星鼎器部件放入墓內隨葬，以及兵器與紡輪不共出等現象，也與湘南眾多墓葬有所相連，係屬越族墓葬特點。〔註103〕衡陽苗圃亦發現有春秋晚期階段的越族墓地，隨葬器物甚少。〔註104〕而同位於苗圃的涂家山戰國墓則出現楚、越器物同出的現象，但墓內陶器均有彩繪，並出土特殊形制的矛與陶壺，顯示當地文化發展至戰國階段，雖然楚文化日趨強勢，卻無法逕行取代越文化，從而使衡陽地區文化先秦末期呈現較爲紛雜的狀態。〔註105〕

　　衡陽南端，地處湘水支流耒水的耒陽，亦發現有數批春秋戰國墓葬，其中春秋墓集中於灶市，並幾乎全屬狹長形豎穴土坑墓，半數墓坑長寬比例相

發展歷程。詳見李龍章，〈湖南兩廣青銅時代越墓研究〉，《考古學報》，3（北京，1995.07），頁275-312。

〔註101〕相關研究曾指出先秦越族葬俗特徵尚有以東、西向爲主要墓向，隨葬品偏少，以及兵器與紡輪不同出，葬俗會因墓主性別有所區別等諸多特點。參見吳銘生，〈湖南東周時期越人墓葬的研究〉，《湖南考古輯刊》，5（長沙，1989.12），頁161-164。

〔註102〕墓葬發掘報告參見：湖南省博物館，〈湖南韶山灌區湘鄉東周墓清理簡報〉，《文物》，3（北京，1977.03），頁36-54。

〔註103〕衡陽市博物館，〈湖南衡陽縣赤石春秋墓發掘簡報〉，《考古》，6（北京，1998.06），頁47-56。

〔註104〕衡陽市博物館，〈衡陽市苗圃五馬歸槽茅坪古墓發掘簡報〉，《考古》，10（北京，1984.10），頁880。

〔註105〕衡陽市文物管理處，〈湖南衡陽市苗圃涂家山戰國墓〉，《考古》，12（北京，1997.12），頁22-28。

差懸殊，均有 3：1 以上。出土隨葬物稀少，基本以銅器為主，許多墓坑只發現單件銅質隨葬品。雖然灶市墓群不見腰坑、二層臺、頭龕等越系墓葬慣見形制，也缺乏越式鼎等器物，不過陶器與扁莖銅劍仍與越文化有共通處。耒陽戰國時期墓葬發現於耒陽縣城內，墓葬文化類型應屬楚系，但是卻未曾見有鬲器，或許與當地原居民越族慣以鼎器烹飪有關，而豆器的長期存在也為耒陽先秦墓葬特色。〔註106〕

　　耒水上游郴州地區的資興舊市為越族墓葬集中點之一，舊市為於資興縣城南，該地發掘有數十座分布密集的春秋時期墓群。墓葬形制全為狹長形土坑豎穴墓，墓室長寬比一般為 3.5：1。而出土隨葬品的墓穴不到半數，且數量普遍不多；百餘件隨葬品形制多半能與百越分布地帶有所連接。〔註107〕舊市地區亦於曹龍山和送塘山腰處發現戰國墓，墓穴形制可分為長方形窄坑與長方形寬坑墓兩類。〔註108〕發掘者將資興舊市戰國墓劃分為四種類型，而具有越文化因素的墓葬，時代由戰國初期延續至末期，該批墓葬出土陶器不但器形迥異於楚器，無一定組合，並且以生活實用器為主，少有禮器。此外更有許多器物造型或紋飾，同於贛省或兩廣百越墓葬文物，而墓中所出越式銅鼎與扁莖無格短劍形制也屬越人系統。此類型墓葬是顯示楚國南進幅度已廣及湘江上游，越人已控歸於楚人之下？抑或僅是當時楚文化的強勢發展，反應於湘南器物製造系統，從而影響了當地居民的意識風格，則有待更進一步討論。〔註109〕

〔註106〕湖南省博物館、耒陽縣文化局，〈耒陽春秋、戰國墓〉，《文物》，6（北京，1985.06），頁 1-15。向新民，〈湖南耒陽市陰間巷發現戰國墓〉，《考古》，8（北京，1990.08），頁 756-757、755。

〔註107〕資興舊市春秋墓根據報告總計發掘有 47 座春秋時期墓葬，但實際上報告內容只提供了 45 座墓葬的資料。湖南省博物館、東江水電站工程指揮部考古隊，〈資興舊市春秋墓〉，《湖南考古輯刊》，1（長沙，1982.11），頁 25-31。

〔註108〕湖南省博物館，〈湖南資興舊市戰國墓〉，《考古學報》，1（北京，1983.01），頁 93-124。

〔註109〕資興舊市戰國墓發掘報告曾對 IV 類墓葬作出分析，認為該批墓葬為楚墓，但「墓主的族屬很有可能是楚人所征服的越人」，兩種文化組合共存的現象則表明「楚在開發南疆的一定歷史階段內，兩民族各自都保存本身文化特點」。不過該份報告執筆者其後在新出考古資料累積下，又對前說進行修正，提出舊市戰國墓的文化共存現象，其實也存在有當地住民使用楚文化的潛在可能性。詳見湖南省博物館，〈湖南資興舊市戰國墓〉，頁 120。裴安平、吳銘生，〈湖南資興舊市戰國墓的再研究 —— 關於考古學歷史文化傳統的思考之一〉，《湖南考古輯刊》，4（長沙，1987.10），頁 129-130。

位於湘南永州的鷂子嶺戰國墓地處湘江源流地帶，該地發現有四座戰國墓，各自出土少量隨葬文物，其部份器物形制雖然與戰國後期楚墓類似，但該地區墓葬仍以兵器佔有較高比例，並採行鼎、罐、壺（或豆）的器物組合，不見楚系墓葬中慣用之敦、盒，加以鼎器和米字紋陶罐、陶瓿仍多保有越系風格特點，顯示越族在戰國時期於當地仍是具有相當影響力的群體。〔註110〕

（二）鄱陽盆地

鄱陽湖盆地所謂「吳頭楚尾」的地理位置，使得當地於春秋戰國時期分受東、西兩方，包含吳、越與楚文化影響而趨於紛雜。但幾何形印紋陶於贛省維持長時間發展，將越族視爲當地住民之主要群體應無庸置疑。〔註111〕

鄱陽盆地東周遺跡以瑞昌市夏畈的銅嶺古銅礦爲首要，該銅礦最遲於商代便已開採，礦坑並延續營運至戰國階段。春秋戰國時期銅嶺遺跡出土文物，以陶器爲主的生活用具越系文化特徵鮮明，多有硬陶系材質器，器皿拍印紋飾豐富。〔註112〕贛北地區於東周前段時期，可能仍屬越族活動營生之地，楚文化勢力於春秋階段的東進對於當地文化而言，並未造成顯著影響。〔註113〕

貴溪崖墓爲鄱陽湖地帶越族墓葬的代表，貴溪位於鄱陽湖東南，地處信江沿岸。該類墓葬多散存於崖壁中部，距地平面約20至30米左右，雖然墓

〔註110〕零陵地區文物工作隊，〈永州市鷂子嶺戰國墓發掘簡報〉，《湖南考古輯刊》，4（長沙，1987.10），頁48-51。

〔註111〕學界大多認定江西東周時期考古學文化主體爲越，並且屬於印紋陶文化體系的贛鄱區。張潮更曾提出大別山以南、幕埠山以北的廣大區域即屬上古越族聚居地，今日湖北省武漢地區則爲楚、越兩族分布的交界處。參見江西省文物考古研究所，〈江西考古的世紀回顧與思考〉，《考古》，12（北京，2000.12），頁28。彭適凡，《中國南方古代印紋陶》，頁68-113。張潮，〈古越族文化初探〉，《江漢考古》，4（武漢，1984.12），頁80-83。

〔註112〕江西省文物考古研究所、瑞昌博物館，《銅嶺古銅礦遺址發現與研究》（南昌：江西科學技術出版社，1997），頁73-77、81。

〔註113〕諸如九江縣沙河街磨盤墩遺址即未受明顯楚文化影響。而位於銅嶺遺址東南處的檀樹嘴遺址，更反映出春秋時期江西地區考古學文化的一致性。彭適凡亦比對江西高安、宜春、清江等地出土先秦陶、銅器形制，作出銅嶺遺址使用者族屬係爲揚越族的分析。江西省博物館、九江縣文化工作站，〈江西九江縣沙河街遺址發掘簡報〉，《考古學集刊》，2（北京，1982），頁61-68。江西省文物考古研究所、瑞昌市博物館，〈江西瑞昌市檀樹嘴商周遺址發掘簡報〉，《考古》，12（北京，2000.12），頁58。彭適凡，〈關於瑞昌商周銅礦遺存與古揚越人〉，收入江西省文物考古研究所、瑞昌博物館，《銅嶺古銅礦遺址發現與研究》，頁101-108。

葬採用天然洞穴，但仍須進行修整方得作爲墓室。貴溪墓葬時代爲東周，出土陶器、原始青瓷器、竹木器與紡織品等隨葬品。原始青瓷的大量使用爲該地文化特點，又以杯、罐、碗、碟等較常見。貴溪崖墓與江浙地區先秦文化相類，多種隨葬文物形制俱見於江蘇、浙江地區出土越系文化遺址。〔註114〕可知贛省東部存在以崖棺墓作爲文化表現形式的越族，其分布概以武夷山爲主要範圍。〔註115〕

〔註114〕江西省歷史博物館、貴溪縣文化館，〈江西貴溪崖墓發掘簡報〉，《文物》，11（北京，1980.11），頁 1-25。
〔註115〕張仲淳，〈江西貴溪崖墓族屬新探──兼對干越說質疑〉，《東南文化》，1（南京，1989.01），頁 33-39。郭偉民，〈談先秦荊楚、百越民族的葬制〉，《民族研究》，3（北京，1994.05），頁 53。

第五章　楚國初期發展與南土經營

　　以長江中游流域爲重心的「南土」區域，該地文化發展於新石器時期便有逐步凝聚成以江漢地帶爲核心的趨勢，其後當中原殷周禮制文化自北向南發揮影響力，試圖建立統治架構於其政治意識中的「南土」空間之上，將此地域納入自身政體的「四土」範圍內。不過如同本文前篇章節所述，殷周政權其實是「南土」此概念所指涉的空間內眾多族群邦裔的主要文化群體之一，並多半仰賴軍事方得以維持其政權於長江流域的優勢地位，因此殷周政權於「南土」所構築之統治模式僅爲據點型態，政令發布所及僅限於拓殖據點與其周邊區域，無法對整體南土開展平面均質的控制。殷周民族勢力的持續南進，使得南方族群吸收並融合中原文化，但其文化主體仍依循自身發展軌道運行。而此一長期南土政治地理結構延續至兩周之際階段，便因爲江漢楚人勢力崛起而有所轉變，除卻姬周南土封國因楚國勢力進逼而備受威脅，南方本土族群的文化面貌更逐步在楚人影響下產生變化。殷周中原民族眼中的邊緣領域「南土」漸次轉化爲南方楚族積聚營生的核心領土。

　　楚人爲上古先秦時期活動於長江流域的主要族群之一，春秋時期以楚人爲主體所建立的楚國以南土地域爲基礎，逐步發展勢力並以江漢爲中心向四方經略；至戰國時期，楚國成爲雄據南方，擁有霸王之資的政治實體。對於長江中游而言，其整體地域社會結構於兩周之際也因本土族群楚人勢力崛起而形成巨幅轉變。本章將以楚族由僻居丹陽之族群發展爲長江流域主要政治實體的歷程作爲討論主軸，不過值得注意的是此階段亦爲楚人文化發展的初始階段，與戰國時期具備完整主體性質之楚文化面貌相比尚有距離，西周至春秋前期的楚文化樣貌在目前相關研究中顯得較爲模糊。因此本章將以傳世

文獻紀錄爲主，配合各類出土資料探討楚文化初期發展以及楚人在西周乃至春秋早期的分布活動，理解楚國文化初始階段的演進。其次將對楚國於春秋時期的滅國擴張過程作出整理。希望藉由上述楚人春秋時期經略南土的重點議題能建立對楚人立國初期政治地理結構的認知。

第一節　楚國初期發展

　　楚國初期發展問題，涉及到楚文化淵源、早期居所丹陽地望以及周楚關係等問題。本文於此除卻略析前述學界所關心的早期楚國發展議題，主要是將重點置於探討楚人都郢前，亦即楚人以丹陽爲都時期，經營國土領域的活動，繼而探討楚國由始興及至春秋初期階段之演進，盡可能嘗試釐清楚人早期發展的諸種面向，盼可對早期楚國有較爲具體認識。

一、楚文化源流

　　楚文化即指「由古代楚人實現的一種具有自身特點的各種行爲的綜合體遺存」。〔註1〕關於楚文化源流，歷來說法者眾，初時相關論述相當龐雜，有以爲楚源於東方或西方者，也不乏將楚視爲南遷華夏世族，或者南方原居土著的說法；上述諸種論點廣羅了各種可能性，但卻始終未能形成決定性說法。〔註2〕時至今日，由於考古資料不斷推陳出新，上古各地域文化面貌漸趨鮮明，楚人東來說與西來說在缺乏實物論據可與楚文化銜接之下，逐步爲

〔註1〕俞偉超，〈關於楚文化形成、發展和消亡過程的新認識〉，原載中國歷史博物館考古部編，《中國歷史博物館考古部紀念文集》（北京：科學出版社，2000）；後收入氏著，《古史的考古學探索》（北京：文物出版社，2002），頁166。

〔註2〕東來說論點源於郭沫若透過對西周銅器銘文研究，指出淮夷熊盈族即楚人先祖，本在淮水下游，在周人壓迫下始溯江而下至於鄂、贛。而《史記・楚世家》稱楚之始祖爲祝融，《楚辭・離騷》屈原自稱「帝高陽之苗裔兮」則多成爲學者考証楚族淵源之主軸，諸如胡厚宣以祝融屬東方民族而支持東來說，但其後岑仲勉則以祝融爲西方族類駁斥楚人東來說，並認爲楚制文物多爲西亞地區文化音轉之詞；至於徐旭生雖然將楚劃爲苗蠻集團，然亦指出楚之始祖祝融本居北方，其後才南下，明示楚爲北方南遷民族。詳見郭沫若，《兩周金文辭大系圖彔考釋》（上海：上海書店，1999），釋文頁3b。胡厚宣，〈楚民族源於東方考〉，收入國立北京大學潛社編，《史學論叢》，1（北京：北京大學出版社，1934），頁1-52。岑仲勉，〈楚爲東方民族辨〉，收入氏著，《兩周文史論叢》（北京：中華書局，2004），頁55-61。徐炳昶（旭生），《中國古史的傳說時代》（臺北：里仁書局，1999），頁64。

相關研究所摒棄。不過北來說以及土著說兩派論述則仍各持己說，論者並分別徵引文獻典籍、考古資料與新出簡帛文字爲證，一時間相關爭議似乎難有定論。〔註3〕而楚文化淵源未定亦連帶地影響了對於楚人初期聚居地丹陽地望的判定，楚國在都郢前主要活動範圍因此難以有明確界定。以下便將分述楚文化土著說以及楚文化北來說兩項論述的憑據，並提出兩說相應之矛盾關疑處。

（一）楚文化土著說

　　楚文化土著說即認爲楚文化乃江漢地區的原生文化，並且始終以鄂西沮漳河流域爲發展中心。而湖北當陽趙家湖墓地的兩周之際墓葬即屬典型早期楚文化，相關遺址廣泛分布於漢水以西地帶，〔註4〕但是該地兩周時期遺址的文化堆積並不豐富，出土遺物主要爲陶器，以鬲、甗、盂、罐、豆爲基本組合。雖然此地區陶器具有共通性質，且器形特點的確與春秋中晚期楚文化存在有較密切關係，不過年代卻少有早至西周中期者。

　　土著說對於丹陽地望的考訂則分有枝江說與秭歸說。研究者認爲今之季家湖城址遺跡或當陽磨盤山遺址即爲丹陽，〔註5〕然而卻缺乏時代相應的考古實物證明，季家湖城址遺跡最早僅能起始於東周時期，而磨盤山遺址經比對則可確認遺址時代屬於西周晚期。〔註6〕此外，秭歸楚王城與鰱魚山亦曾被視作丹陽之地，不過該地文化特徵卻是與峽江地帶同期文化相連，同楚難有聯

〔註3〕 近年出土之簡牘文字爲楚國族源世系研究帶來新局，例如李零整合涵蓋器銘、簡牘與傳世文獻等資料，對於楚知族源、世系作出整體梳理，考察初期楚都地望和楚公族羋氏之發展；李家浩以包山與望山楚簡中之卜筮祭禱簡所顯示的楚人祭祀系統，與文獻對參，釐清楚族早期世系發展；而何琳儀根據新蔡葛陵楚墓所出楚簡文字所示，認爲系出楚昭王之後的新蔡葛陵墓墓主家族曾歷經由北向南遷徙之活動，或可與楚公族原居丹、淅地帶，其後南徙至江漢的論證相映。詳見李零，〈楚國族源、世系的文字學證明〉，《文物》，2（北京，1991.02），頁 47-54、90。李家浩，〈包山楚簡所見楚先祖名及其相關問題〉，《文史》，42（北京：中華書局，1997），頁 7-19。何琳儀，〈楚都丹陽地望新證〉，《文史》，67（北京：中華書局，2004），頁 11-18。

〔註4〕 相關遺址計有江陵張家山、江陵荊南寺、江陵梅槐橋、江陵摩天嶺、當陽磨盤山、當陽楊木崗、赫家洼子遺址等，此批遺址詳細內容與發掘報告參見本文第三章第二節。

〔註5〕 高應勤，〈試論沮漳河流域是探索早期楚文化的中心〉，收入宜昌博物館編，《辛勤耕耘：宜昌博物館二十年紀念文集》（北京：科學出版社，2002），頁 140-144。

〔註6〕 湖北省博物館，〈當陽季家湖楚城遺址〉，《文物》，10（北京，1980.10），頁 31-41。

繫。〔註7〕

　　總體而言，沮漳河一帶所見春秋早期之前文化遺存，文化特徵有越早便越接近中原西周文化的趨勢。長江沿岸自殷商時期延續而下之荊南寺遺址或周梁玉橋文化，主體特徵一脈相承，無法與沮漳河所發現之遺跡納爲單一文化系統。而且由於西周早、中期的楚人活動遺跡至今未能有所發現，將沮漳河流域或是擴及整體漢水以西之境作爲楚文化早期發展地域，無法建構出一個首尾相連的文化體系。

（二）楚文化北來說

　　楚文化北來說旨在認定楚文化是於中原文化的基礎之上發展而來，並以周文化作爲楚文化因素形成的主體，楚文化南下也吸收了江漢地區土著文化因素。楚文化中心區域也由河南淅川逐步南移至湖北境內的郢都。而早期楚都丹陽地望位於淅川丹水與淅水會合之處，或於今淅川下寺一帶。

　　北來說較爲重視貴族階層的青銅文化特徵，並因此認爲楚文化特點的形成是在春秋中期，楚文化因素主要來自於中原。甚至認爲江漢地區春秋晚期以前的青銅文化一概不屬於楚文化，而於沮漳河流域所發現的兩周之際文物實是江漢土著鬲文化。〔註8〕不過研究者普遍仍將沮漳河早期遺址作爲早期楚文化代表，但是在當地無法尋獲西周早期遺址的情況下，轉而將注意力移至漢水中、上游與南陽盆地尋找更早的楚文化遺存。並以丹江口市朱家臺遺址、襄樊眞武山遺址、宜城蕭家嶺遺址、宜城郭家崗遺址、宜城桐樹園遺址等新發掘遺址作爲楚文化形成之新論據。〔註9〕以眞武山遺址爲例，遺址的陶器陶系變化明顯，器形演變過程清晰。諸如春秋早期以前當地的鬲均爲癟襠，同於中原周式鬲，但至春秋早期以後的鬲器則有別于周式鬲，均發展爲聯襠鬲，

〔註7〕秭歸丹陽說相關討論參見楊權喜、陳振裕，〈秭歸鰱魚山與楚都丹陽〉，《江漢考古》，3（武漢，1987.09），頁71-78。

〔註8〕王光鎬，《楚文化源流新證》（武漢：武漢大學出版社，1988），頁266-273。

〔註9〕發掘報告參見中國社會科學院考古所長江工作隊，〈湖北均縣朱家臺遺址〉，《考古學報》，1（北京，1989.01），頁25-56。湖北省文物考古研究所、襄樊市博物館，〈湖北襄樊眞武山周代遺址〉，《考古學集刊》，9（北京：科學出版社，1995），頁138-161。湖北省文物考古研究所、宜城縣博物館，〈湖北宜城縣蕭家嶺遺址的發掘〉，《文物》，1（北京，1999.01），頁21-31。武漢大學歷史系考古教研室、湖北省宜城博物館，〈湖北宜城郭家崗遺址發掘〉，《考古學報》，4（北京，1997.10），頁515-551。湖北省文物考古研究所、宜城縣博物館，〈宜城桐樹園遺址發掘簡報〉，《江漢考古》，1（武漢，1996.03），頁15-21。

形制已相當接近習稱的楚式鬲器。〔註 10〕郭家崗遺址亦是在第一期文化
陶器中帶有濃厚周文化特徵，但至第二期開始文化面貌便發生較大改變，帶
有地域性特徵的器物開始出現，並成為日後整體遺址發展主軸。〔註 11〕楚文
化初期風格之建立與其後更進一步地演變，以發現於漢水中、上游地帶的西
周遺址所見，似乎已構築了一個完整的發展序列。

本地西周晚期以後的文化特徵與沮漳河一帶相應時期遺存基本相同，且
越早則與周族文化面貌越為相似，西周中期該地文化已幾乎隸屬於中原周文
化系統。故可知西周文化是此類文化形成的主要基礎，並由此說明沮漳河一
帶早期楚文化是由此類文化向南傳播的結果。但是北來說目前仍難以提出早
期楚文化與周文化之間的辨別方式，而春秋中期沮漳河流域蓬勃發展擴張的
文化系統若被確認為楚文化無誤，如何將漢水中、上游與南陽盆地與沮漳河
地帶兩塊區域的文化作出連繫，仍有許多環節尚待印証補強。

與楚文化息息相關之概念尚有所謂的「楚式鬲」，亦即鬲器形制為腹底相
連，空足由圓錐體核心從腹底從裡向外穿透底壁，再加上從器體外部裹住核
心的外殼。〔註 12〕但楚式鬲器形流變紛雜，以形制演變而言，該器是脫胎於
周式鬲抑或由漢水以東發展而來，亦未能有定論。〔註 13〕這些現象都透露了

〔註10〕 襄樊市博物館，〈湖北襄樊真武山周代遺址〉，頁 138-161。

〔註11〕 武漢大學歷史系考古教研室、湖北省宜城博物館，〈湖北宜城郭家崗遺址發
掘〉，頁 548。

〔註12〕 楚式鬲概念由蘇秉琦提出，並成為判別楚文化的重要指標。蘇秉琦指出：「『楚
式鬲』——指的是以江漢地區諸商周（包括東周）遺址和墓葬所出的富有特
色的那種鬲。它的基本結構特徵是，器體的腹底連接在一起，空足由核心與
外殼兩部份構成，核心部份略呈淺凹頂圓錐體，從器體腹底由裡向外穿過底
壁，外殼部份略呈空心圓錐體，從器體外面緊緊地裹住核心部份的圓錐體，
整個器足就猶如從器體裡面透穿腹壁的『螺釘』加上從外面再套上去的『螺
母』，兩部份從器體的內外兩面牢牢地黏著在腹壁；足間襠部實際就是器體的
腹底；空足很淺，有的甚至若有若無。」蘇秉琦，〈楚文化探索中提出的問題
——在中國考古學會第二次年會閉幕式上的講話〉，原載中國考古學會編，《中
國考古學會第二次年會論文集》（北京：文物出版社，1980）；後收入氏著，《蘇
秉琦考古學論述選集》（北京：文物出版社，1984），頁 219-220。

〔註13〕 對於「楚式鬲」的淵源，楊權喜曾提出楚式鬲最初型態出現於漢水以東，其
後楊寶成則接續其說認為漢水以東地區的柱足鬲為楚式鬲之源。何介鈞則認
為漢水以西的鬲是當地住民繼承商文化本土傳統而來，雖有受到漢水以東周
文化影響，但仍有自我發展。其後張昌平更將楚式鬲形制歸結為大口繩紋鬲
一種，並強調商代之後，江漢地區文化以鼎、釜文化為盛，已無鬲的發展空
間，楚式鬲應是由中原周式鬲演化而來。詳見楊權喜，〈江漢地區楚式鬲的初

楚文化源流和初期發展多處於摸索階段，如今所能掌握者僅爲春秋階段後期的楚文化。而關於眾說紛紜的丹陽地望議題，雖然目前淅川說可能性遠大於其餘諸說，但卻仍有許多疑點，因此若要尋找丹陽，仍有待更多資料加以證明，亦必須著眼考量丹陽之性質。〔註14〕

二、都郢之前楚人勢力發展

楚人在正式定都於郢都之前，是以丹陽爲中心聚居營生。依據《史記‧楚世家》所載，楚人在周成王行封建之時受封爲子男，與魯、衛、晉、齊等諸侯同被納入周室統治體系之內。

> 熊繹當周成王之時，舉文、武勤勞之後嗣，而封熊繹於楚蠻，封以
> 子男之田，姓芈氏，居丹陽。楚子熊繹與魯公伯禽、衛康叔子牟、
> 晉侯燮、齊太公子呂伋俱事成王。〔註15〕

然而《左傳‧昭公十二年》卻出現楚靈王稱先祖熊繹與魯、衛、晉、齊諸侯同事周康王受封，將楚人受封周王的時間推遲至周成王後的康王期。究竟是《史記》由於以成王作爲西周大行封建階段，因此逕行將西周一世封國成立俱歸於成王之世，抑或是《左傳》所引楚靈王之語隱含有比附中原諸侯世系傳說的可能性，〔註16〕總之兩段傳世文獻所言的楚受封紀錄孰是孰非迄今已

步分析〉，收入楚文化研究會編，《楚文化研究論集》第一集（長沙：荊楚書社，1987），頁 195-205。楊寶成，〈試論西周時期漢東地區的柱足鬲〉，收入楚文化研究會編，《楚文化研究論集》第四集（鄭州：河南人民出版社，1994），頁 460-468。何介鈞，〈楚鬲試析〉，《湖南考古輯刊》，6（長沙，1994.04），頁 177-185。張昌平，〈楚鬲研究〉，收入湖北省文物考古研究所，《奮發荊楚探索文明》（武漢：湖北科學出版社，2000），頁 161-183。

〔註14〕 將丹陽視爲楚國初期都城爲相關研究的基本論點，然而陳振裕便曾指出迄今沒有確切文獻可證明丹陽一地具有都城性質，以尋找城址的觀點尋找丹陽並不妥當。而丹陽時代楚族的概況也應被納入判斷丹陽地望的考量，例如谷口滿即曾推估丹陽時代的楚族的領域約方圓五十里，人口不滿五萬，這些背景對於尋找丹陽均有所助益。詳見陳振裕，〈早期楚文化探索二十年〉，原載宿白主編，《蘇秉琦與當代中國考古學》（北京：科學出版社，2001）；後收入氏著，《楚文化與漆器研究》（北京：科學出版社，2003 年），頁 205。谷口滿，〈楚都丹陽探索——古代楚國成立試論〉，《東北大學東洋史論集》，1（仙臺，1984.01），頁 6。

〔註15〕 〔漢〕司馬遷，《史記》（北京：中華書局，1982 二版），頁 1691-1692。

〔註16〕 相關討論參古代王權研究委員會編，《古代王權の誕生：I 東アジア編》（東京：角川書店，2003），頁 266-270。

難再查考。無論楚人受周室冊封之時間早晚，楚於周人政權體系內部的地位並不顯著，亦無由參與諸侯間的盟會。〔註17〕

西周夷王時期熊渠興兵伐庸、揚越至於鄂，又分封三子爲王，但旋即又因楚人畏懼周厲王暴虐自行除去王號。關於熊渠所擴展勢力的範圍，目前研究主要分有兩說：一說認爲熊渠時期的楚人勢力大約僅止於漢水中上游一帶，因此庸、揚越與鄂三地均位於漢水流域；另種說法則是以揚越爲越族居地，鄂爲東鄂，亦即將楚人勢力擴張至今日湖北省東南之境。〔註18〕亦有論述將鄂地鄰近的湖北大冶地帶礦產資源與楚人東進之舉作出連結。〔註19〕但是考量楚人於熊渠在位時期的發展，其勢力蓄積仍多所受限，楚人是否能在初興階段便可縱橫於整體江漢地區，甚至領有越族頗令人存疑。況且楚文化勢力發展其實爲一段由漢水以西逐步擴張至漢水以東的歷程，直待春秋中期前後，楚文化勢力才透過隨國、湏國等附屬國進入鄂東地域發揮影響力，〔註20〕熊渠時期楚人勢力之擴張應仍侷限於江漢平原之西境。

楚人都於丹陽階段的周楚關係或許還可依據山西晉侯墓地所出之〈楚公逆鐘〉見其端倪：

> 唯八月甲午，楚公逆祀厥先高祖考，夫（敷）壬（任）四方首。楚公逆出，求厥用祀。四方首休。多勤欽融，内（入）饗（享）赤金九百萬鈞。楚公逆用自作龢齊錫鐘百肆。楚公逆其萬年壽，用保厥大邦。永寶。〔註21〕

銘文之楚公逆釋爲楚之熊咢，其在位階段時值西周宣王時期。銘文指出楚公

〔註17〕例如《國語》即載晉國叔向云：「昔成王盟諸侯于歧陽，楚爲荊蠻，置茅蕝，與鮮卑守燎，故不與盟。」而依據傳世文獻記載，楚國直到春秋時期方正式參與中原諸侯盟會體系。上海師範大學古籍整理研究所校點，《國語》（上海：上海古籍出版社，1998），卷14，〈晉語八〉，頁466。

〔註18〕前說可參何浩，《楚滅國研究》（武漢：武漢大學出版社，1989），頁23-24。後說可參顧鐵符，《楚國民族述略》（武漢：湖北人民出版社，1984），頁108。

〔註19〕李天元便認爲今日湖北省東南地區大冶、陽新一帶的銅礦開採，在西周中期之前處於草創時期，技術設備均較爲原始，但到西周晚期銅礦生產規模則有所開展，認定可與熊渠東進至鄂，楚人大力開採礦產有關。李天元，〈楚的東進與鄂東古銅礦的開發〉，《江漢考古》，（武漢，1988.06），頁109-114、71。

〔註20〕楊權喜，〈楚向鄂東的發展與鄂東的楚文化〉，《考古與文物》，4（西安，1989.07），頁97-99。

〔註21〕釋文依黃錫全、于炳文，〈山西晉侯墓地所出楚公逆鐘銘文初釋〉，《考古》，2（北京，1995.02），頁170-178。

任職「四方首」，並進獻銅料九百萬鈞，顯示楚、晉互通的時間應早於春秋，而楚可能在宣王時期隸屬周室之下，為周人四方封國之一。〔註 22〕楚之國勢發展至此階段可能頗有增長，在以中原諸侯為重心的政治系統內之位階亦略有提升。

時序演進至楚王熊通在位第三十一年，此時周室東遷已逾半世紀，南土首要封國蔡侯與屏障中原周室甚力的鄭伯會面於鄧地，《左傳》稱兩國開始畏懼楚國勢力，〔註 23〕然而蔡、鄭之懼由來為何，則未見史籍詳述，僅可推測或與《竹書紀年》稱周平王時楚人侵申，其後王人戍申有關。〔註 24〕因此，蔡、鄭兩國便是在楚人逐步北進的情形下共同會商於鄧地。雖然申、呂兩國位於南陽盆地，距中原地區尚有距離，但由申、呂組成的防線若為楚人突破，則汝、潁流域便將直接遭逢南方北進勢力，蔡、鄭兩大封國更是首當其衝。不過，楚武王一世所銳意擴張之境仍在於漢水以東，並且以此地區最大的封國隨為主要目標，此時期與楚發生關聯的諸小國亦是以隨國為中心，主要分布於漢水以東至淮河上游沿線。

楚武王三十五年，楚伐隨，並要求隨代其向周室要求封號，然而不得周室回應，楚最後因隨國齊整武備而撤師。〔註 25〕兩年後，楚會諸侯於沈鹿，參與盟會者除卻江漢諸國，也應擴及淮水流域，而隨與黃國由於未如楚人預期與會，楚師因此再度伐隨，並遣使責問黃國。沈鹿之會後，楚武王自行稱王，並擊敗漢東大國隨國，又將勢力推進至濮地。楚人於江漢就此確立一定地位，巴國即委託楚代為求好於鄧。其後楚欲盟湨水沿岸貳、軫等小國，鄖人則軍於蒲騷，並糾集隨國以及漢水中、上游絞、州、蓼等國伐楚，俱為楚所敗。楚人並興師攻伐絞國，其軍事活動轉向至漢水谷地，引起漢水支流彭

〔註 22〕相關討論可參王健，《西周政治地理結構研究》（鄭州：中州古籍出版社，2004），頁 241-258。

〔註 23〕語見桓公二年。〔晉〕杜預注，《春秋經傳集解》，收入中華書局編輯部編，《漢魏古注十三經》，卷 2，〈桓公〉，頁 60。

〔註 24〕《今本竹書紀年》載周平王「三十三年，楚人侵申」、「三十六年，王人戍申」。王國維並曾引《詩經·揚之水》「揚之水，不流束薪；彼其之子，不與我戍申」，與《竹書紀年》所載王人戍申一事相繫。參王國維，《今本竹書紀年疏證》，收入方詩銘、王修齡輯，《古本竹書紀年輯證》（上海：上海古籍出版社，1981），頁 263。

〔註 25〕本部份所述史事出於《左傳》者，詳細出處請參見表 5-1-1：楚武王時期（西元前 740 年至 690 年）楚人經略表，不再另行加注。

水地帶的羅人警戒，隔年楚師伐羅，便遭到羅與盧戎聯合抵禦。

在楚師敗於羅與盧戎之後，基本上是以曾試圖阻撓楚與貳、軫會盟的江漢封國作爲軍事征服對象，克州、蓼，滅羅，並服隨、唐，向外拓境活動略顯停頓，未再嘗試突破楚國既有勢力範圍。不過楚對其境內則亦展開編整地域系統之舉，亦即於楚武王後期滅權，建立其治下第一個縣區。而此時期楚人亦可能開始籌畫郢都之建設，向南移轉國都重心。〔註26〕楚武王於在位末年亦曾再度攻打隨國，不過楚師尚未抵隨，楚武王便卒於征途中，楚人與隨盟之後還。但相對而言，楚人於武王階段已立足江漢地帶，不單於江漢境內降服南方族群小國，啓有群蠻與濮地，更將勢力推進至漢水以東，軍威並曾及於南陽盆地，成爲不容其他諸侯國小覷的政治實體。

表 5-1-1：楚武王時期（西元前 740-690 年）楚人經略表

西元前	楚王紀年	楚 人 經 略 活 動	出　　處
740～711	楚武王元年至三十年	楚武王娶鄧侯女鄧曼。 楚師侵鄀。 楚師伐申，周平王遣卒戍之。 楚師伐呂，周平王遣卒戍之。	《今本竹書紀年》
710	楚武王三十一年	蔡侯、鄭伯會於鄧，始懼楚。	《左傳・桓公二年》
706	楚武王三十五年	楚伐隨。	《左傳・桓公六年》
704	楚武王三十七年	夏，會諸侯於沈鹿。黃、隨未與會。遣使責問未與會之黃國，武王親自伐隨，隨師敗。 秋，楚與隨平，盟而還。 始開濮地而有之。楚武王熊通自立爲王。	《左傳・桓公八年》
703	楚武王三十八年	夏，楚師巴師圍鄾，鄧師來救，大敗，鄾人潰。	《左傳・桓公九年》

〔註26〕楚國何時遷都於（南）郢，自古說法眾說紛紜，高介華、劉玉堂曾整理出流行的九種說法，其中涉及遷郢的楚王計有十一位。本文將不再針對此議題進行討論，並以武王在位後期作爲郢都建設籌備階段，依據《史記・楚世家》記載，以楚文王爲始都郢之君。此外美籍學者 Barry B. Blakeley 對於楚武王後期的都城居所位置則另闢一說，其以《左傳・桓公十一年》所載之「楚盟貳、軫。鄖人軍於蒲騷，將與隨、絞、州、蓼伐楚。」的「漢東事件」，探討當時楚人活動重心地域，並認爲武王四十年時楚人征討漢東應發兵於漢水中游地區，而非丹江谷地或長江沿岸地區。詳見高介華、劉玉堂，《楚國的城市與建築》（武漢：湖北教育出版社，1995），頁 96-109。Barry B. Blakeley, "On the location of the Chu capital in early Chunqiu times: in light of the Handong incident of 701 B.C.", *Early China* 15（1990）: 49-70.

701	楚武王四十年	楚盟貳、軫。鄖人軍於蒲騷，將與隨、絞、州、蓼伐楚，爲楚敗。	《左傳·桓公十一年》
700	楚武王四十一年	伐絞，敗之，立盟。 楚師涉彭水，羅人謀之。	《左傳·桓公十二年》
699	楚武王四十二年	楚師伐羅，爲羅與盧戎所敗。遷郢（？）。	《左傳·桓公十三年》
698～691	楚武王四十三年至五十年	克權，置縣，以鬥緡爲權尹。 鬥緡叛，武王遷權人於那處。 滅羅。	《左傳·莊公十八年》
690	楚武王五十一年	伐隨，武王卒於征途。	《左傳·莊公四年》

第二節　楚人滅國與擴張進程

楚文王元年，楚人正式定都於郢，其後終春秋之世，直至楚昭王時期吳人入郢，郢都因此重創喪失既有地位，楚人方暫行遷都於鄀整備國力。在近兩百年都郢的時間內，楚國立足南土，透過征伐、盟會或聯姻等手段，逐步向南陽盆地、淮水流域以及北方的汝穎、睢泗流域拓展己身勢力，並隨之建立起以江漢地帶爲重心的戰略布局，以下便將楚人此一階段的勢力擴張進程分以北境、東境以及東南境三個部份進行討論，並嘗試在其中對楚國於春秋時期之經略佈局作出分析。

一、楚文王至楚昭王期的滅國擴境：北境部份

楚文王承繼楚武王的經營，並將直指地處江漢與中原兩區域間主要通路的南陽盆地，楚文王二年楚師偕同巴師伐南陽盆地的兩大主要封國申、鄧，並且於十二年時滅鄧，而申亦成爲楚國的北境主要軍事據點，由楚王派遣公族赴申地統管當地事務。〔註27〕南陽盆地此一周人南緣防線就此洞開，並被納爲楚人勢力範圍，於是楚師可經由唐、白河水系出方城，抵達汝穎上游與伊、洛兩水，攻伐鄭國，進逼成周，楚國從而「始通中原」。而在楚文王之後，甫繼位的楚成王進獻於周室，周惠王賜胙於楚，並令其「鎭爾南方夷越之亂，無侵中國」，即顯示出中原地帶對楚這支南方新興勢力已有相當顧忌，並不得不承認楚作爲南方地域核心勢力的地位，並將楚納入自身政治結構系統中加

〔註27〕本部份所述史事出於《左傳》、《史記·楚世家》者，詳細出處請參見表5-2-1：都郢至遷都時期（楚文王至昭王，西元前689-504）楚人經略活動表，不再另行加注。

以考量。

　　自楚成王六年開始，楚伐鄭，雖然旋因齊、魯、宋師來救而退兵，但其後十年間楚人卻不曾間斷伐鄭，當時稱霸之齊桓公亦隨之連續召集諸侯盟會，目的即是在於因應楚國勢力擴及淮域且兵臨鄭都之危急局勢。〔註28〕楚成王十六年春，齊桓公親自率師與宋公、陳侯、衛侯、鄭伯、許男與曹伯先行攻打附楚之蔡，蔡師潰，聯軍逐伐楚，並以管仲責問楚使，群師並復向南推進，擁有鞏固後方的楚「方城以爲城，漢水以爲池」，齊、楚兩方勢力一時難分強弱，最終於召陵言和，訂立召陵之盟。楚於北方的攻勢雖略有趨緩，並將兵勢轉進東方，然而其北進勢力並不因此而受到削減，至楚成王十八年，鄭國衡量局勢又因受周王之託，便不參與齊國的首止之盟附楚，齊率宋、陳、衛、曹之師伐之，楚便圍攻齊之附國許救鄭，諸侯聯軍轉而救許；同年冬，蔡侯領許僖公請罪於楚，楚國勢力自此正式介入方城以北鄭、許之境，與號爲中原盟主的齊國相抗。

　　楚成王三十年，鄭伯朝楚，獲楚王賜銅。隔年，楚與齊、魯、陳、蔡、鄭盟於齊國，是爲楚首度參與之中原諸侯盟會。此時期齊桓公已逝，後繼齊君難以維續齊桓之霸業，中原整體局勢出現轉變，宋襄公一度伐鄭抗楚，希冀開創以宋爲主體之中原政治格局，然而不逾三年，宋與楚於泓地交戰兵敗後，宋師便已顯露頹勢，依附於楚國以及黃河流域新興的晉國兩股南北勢力之間。

　　面對黃河以北的晉國勢力逐漸南下，楚則鞏固既有的魯、鄭、蔡、許等附庸盟國，並進一步伐取位於潁水沿岸之陳、頓。楚成王四十年，晉侵曹、衛謀救被楚所圍之宋，楚師不克救衛，當年四月，晉領齊、宋、秦諸師與楚所率之陳、蔡聯軍戰於城濮，楚師大敗，晉文公隨即確立霸主地位，親楚的諸侯除了許國之外紛紛倒戈附晉，楚國北進勢力受創。不過由於秦穆公試圖東進爲晉所阻，在秦、晉殽之役後，秦便結好於楚，使得本來曾攻克楚國西境郢地，威脅楚申、息之師的秦國轉爲楚的長期盟友，〔註29〕對於楚國在城

〔註28〕《左傳》載僖公元年齊侯與魯公、宋公、鄭伯、曹伯、邾人盟會「謀救鄭」；僖公二年齊、宋、江、黃盟於貫，則是爲服江、黃；僖公三年召集諸侯爲「謀伐楚」，隔年齊師便率諸侯揮軍南下至召陵伐楚。〔晉〕杜預注，《春秋經傳集解》，收入中華書局編輯部編，《漢魏古注十三經》，卷5，〈僖公上〉，頁93-95。

〔註29〕秦楚結盟依《左傳》爲僖公三十三年事，楚成王四十五年亦即成王在位末年。又有戰國時期秦之《詛楚文》載：「昔我先穆公及楚成王，是僇力同心，兩邦

濮一戰失利後，亟待整文修武的階段頗有助益。

晉國勢力橫亙以黃河流域爲主體之中原地域，楚國短期間內未曾與晉國正面交鋒，相關戰事多是集中於鄭、宋、陳之間地帶的爭奪。終楚穆王之世，楚師曾因晉文公之喪趁機伐鄭於狼淵，後又招陳、蔡、鄭、麋等國駐於厥貉，欲伐宋；宋懼，迎楚穆王與鄭伯至國內求和。楚莊王即位初期，晉以新城之盟將原與楚親善之鄭、陳、宋諸國納入自身盟屬，並出兵伐蔡，逼蔡訂立城下之盟服晉，一時間楚國之北境、東境盟屬盡失。然而晉因其自身北境多事，且楚所倚峙之資源與掌控之優越地理格局亦不容小覷，故晉並未與楚形成正面衝突，晉楚兩國多將爭端置於汝潁上源與黃河之間地帶。楚莊王六年與七年楚人兩度侵宋，並敗宋於大棘，晉國雖出兵援宋，但與楚軍僅曾短暫交戰於北林，又一度逐楚軍於潁北，此外未有更大幅度的衝突。其後由於鄭叛楚服晉，楚莊王近乎連年伐鄭，並於楚莊王十七年圍鄭三月，又與救鄭之晉師戰於泌，晉師敗，諸侯紛然附楚，楚更直逼北方魯境，滅魯南之蕭國。楚莊王時期楚國可說恢復了於方城以外的勢力，時值陳國有夏徵舒弒君之亂，楚莊王便逕行滅陳爲縣，其後雖復封陳國，但仍取部份陳人歸楚，稱爲「夏州」，陳國已淪爲楚之當然附庸。

楚莊王末年，魯國遣使如楚乞師伐齊，但旋因楚莊王卒而未發師。至楚共王繼位，楚轉而與齊國親善，並與齊國聯合攻伐魯國，楚更因此與魯、蔡、許、秦、宋、陳、衛、鄭、齊、曹、邾、薛、鄫盟於蜀。但至楚共王四年，鄭、許兩國互生衝突，晉、楚介入其間，楚卻無法弭平鄭、許爭端，從而使鄭附晉，晉、楚兩師因此戰於繞角，楚師潰敗，晉師甚至一度危及蔡國。楚共王七年，晉會諸侯於馬陵，當時楚之東南有吳國侵吞原屬楚所服之蠻夷邦國，北面又受晉壓制而無法伸展勢力，馬陵之會更促使諸侯不敢再南面事楚。楚爲了突破此一外交僵局，便兩度重賂於鄭，俱爲晉所阻。共王十六年，晉伐鄭，其後楚與陳、蔡之師與晉戰於鄢陵，楚師敗。

鄢陵之役後，楚與鄭大概維持一定同盟關係，曾會同攻伐宋國，並抵禦晉國的連年攻勢。不過，陳國卻參與晉國雞澤之盟背楚，楚國因而自楚共王二十二年至二十五年間數度伐陳，直至康王時期，楚與如楚之陳侯圍陳，弭平時正爲亂陳國的慶氏，復將陳國納爲附庸。而鄭國則在楚康王時期親附於晉，並與

若壹。」可知秦、楚同盟或至戰國懷王時期方生變，春秋階段則尚稱穩定。釋文參郭沫若，《詛楚文考釋》（北京：科學出版社，2002），頁296。

晉、衛、宋等國伐許，楚與晉師戰於湛阪，楚師敗，晉侵於楚方城外。

楚靈王三年夏六月，楚與陳、蔡、鄭、許、徐、滕、頓、胡、沈、小邾國君以及宋太子、淮夷會於申。其後楚靈王滅陳、蔡爲縣，震動中原諸國；雖不久後楚平王即位，陳、蔡復國，而陳國則日趨違離於楚，於楚惠王時期朝吳，並趁亂侵伐楚國。〔註30〕

二、楚文王至楚昭王期的滅國擴境：東境部份

本處指涉的楚國東境是以淮水主流沿岸及其北方之汝潁下游地區爲主要領域，亦可向東續進至睢水、泗水處，基本上楚國東境範圍隨著楚人各階段的勢力發展而有所盈縮，考其境最廣可及魯南，甚至泗水一帶，但亦曾不敵諸侯交攻而退守至繪關方城之內。

楚人對於其東境淮北汝潁地區的實際經略應始於楚文王時期，因於息、蔡兩國紛爭，楚軍得以順勢進入淮汝之間，並得息侯之助敗蔡師於莘，俘蔡哀侯，最後楚文王又興師滅息，從而讓楚國勢力推進至淮汝間區域。楚成王時期，楚國北進勢力遭逢以齊桓公爲首的中原聯軍勢力阻擋，楚因此與齊言和盟於召陵，不過楚亦立即將眼光置於方城以東南緣的淮水沿岸小國，召陵之盟後十年內依序滅弦、黃、英等以夷族爲主體的嬴、偃兩姓小國，並沿淮水一路至今蘇北地帶伐徐，齊國與曹國則伐楚之屬國厲以求救徐，然楚仍敗徐於今洪澤湖處的婁林。

城濮之戰後的楚穆王時期，由於晉國的壓制，使得楚國北圖形勢險峻，從而將兵力重心分往晉國勢力難及的淮水流域。楚穆王二年，楚師圍江，晉國因此欲伐楚救江，晉師門於方城，但卻在與楚師遭遇後即還，未能遏止楚對淮水地區的攻勢。隔年楚滅江，並順勢攻滅六國、蓼國。取得淮地對於楚人的經略活動而言，不僅是單純的掠境取地，更能開拓其整體佈局。楚穆王八年，楚公子朱便從東夷之地伐陳，亦即由淮水直接沿潁水進軍至陳。

楚共王時期，吳師伐楚多及淮水流域之鐘離、州來、巢地，並擾及弦國。楚之東境受吳師滋擾頻繁，楚靈王時吳人勢力更向北掠境入棘、櫟、麻三地。

〔註30〕陳親附於吳以及趁亂侵楚兩事分別發生於楚惠王三年與十年，事載〈左傳・哀公九年〉與〈左傳・哀公十七年〉。〔晉〕杜預注，《春秋經傳集解》，收入中華書局編輯部編，《漢魏古注十三經》，卷29，〈哀公上〉，頁422；卷30，〈哀公下〉，頁435-436。

〔註31〕楚人於是分別於鐘離、巢、州來三地築城，加強禦吳防備，但因東境水災而作罷。楚靈王時期對於東境地區的既有族群勢力多有重整之舉，諸如楚靈王八年，楚公子棄疾遷許於夷（城父），取州來淮北田益之，而伍舉則授許男田；然丹又遷城父人於陳，以夷濮西田益之，遷方城外人於故許之葉地。楚人在東境經略最大幅度的舉措則爲殺蔡侯，滅蔡爲縣一事。不過蔡滅爲縣未至兩年，便因楚平王代楚靈王篡立而復國，東境地帶被遷徙之民與重劃之田土，悉數歸復原貌。

楚昭王十年，吳人與蔡、唐結盟得而敗楚入郢，蔡、唐兩國在此次軍事行動中佔有重要地位，而此後楚師與秦師聯軍反攻，亦只能滅唐，對蔡則未有立即性的懲罰舉措，而蔡直至楚昭王二十二年方請遷吳避楚，而徙於州來，稱下蔡。

三、楚文王至楚昭王期的滅國擴境：東南境部份

楚國東南境勢力發展主要在於江淮之間的南半部地帶，楚人最初與散居該地區的群舒或越族似乎並無密切聯繫，其後楚人勢力或有沿長江而下至巢湖處，但與同屬夷族的淮水沿岸諸國相比，楚與群舒之間似乎仍屬較鬆散的羈縻關係，未有直接統治情形。楚穆王十一年，群舒叛楚，楚師攻克舒地之舒國與宗國，並執其子，又圍巢。楚莊王繼位，楚便襲群舒，伐舒蓼；越十年，群舒再叛，楚師便滅舒蓼，軍及滑汭，並就此穿越舒地從而與長江下游的吳、越兩國相接壤，楚國的政治地理結構因此於東南一線有所轉變，長江中游與下游的楚、吳勢力則展開以群舒故地爲重心之征伐。

楚共王七年，吳伐楚，吳師王北至徐，西入淮水流域的州來與巢，佔盡楚之前所服之江淮族群屬地。晉國並於同時遣使通吳，被視爲吳通上國之始，吳國就此被納入春秋時期諸國攻伐交聘的體系之內，並且以其西鄰之楚作爲主要攻伐目標。楚敗於鄢陵之戰隔年，舒庸便引導吳人圍攻巢地，伐取駕、厘與虺等地。楚師因此滅舒庸，三年後楚又以精銳之師伐吳，克鳩茲，至於衡山；但尚未得以慶祝戰果時，吳又伐楚，並取駕地。而至楚康王時，群舒

〔註31〕棘、櫟、麻等三地地望依顧棟高說分別位於河南歸德府永城縣南、汝寧府新蔡縣北以及江南徐州府碭山縣。亦即今河南永城西北、新蔡西北，以及安徽碭山縣東北。〔清〕顧棟高，《春秋大事表》（北京：中華書局，1993），頁2075-2076。

之舒鳩亦聯吳叛楚，爲楚所滅。楚師並與秦師會同伐吳，及雲婁，但卻因吳有備而罷。直至楚靈王三年秋，楚正式以諸侯伐吳，攻至長江下游今蘇，圍朱方；不過同年多，吳亦伐楚，並入棘、櫟、麻，亦即楚之東境。隔年楚靈王再偕諸侯、東夷伐吳，卻無功而返。楚靈王五年，楚因徐太子聘於楚卻逃歸而伐徐，吳救徐，楚、吳兩國交戰，吳敗楚於房鐘。

吳於春秋後期與楚競爭，亦與楚國內部政治鬥爭相繫，楚靈王末年，楚公子棄疾便先與諸公子朝吳，其後又率方城外諸國之師入郢奪取王位。然而在棄疾即位爲楚平王後，吳伐楚之勢日益劇烈，吳人勢力數次進逼淮水沿線之州來、鐘離與巢等據點。直至楚昭王階段，吳公子奔楚，被封於近吳之養地；同年十二月，吳滅徐，楚城夷安置徐子，上述封地安排都著眼於與吳之地緣關係，楚人應是希冀以此壓制吳國勢力。然而吳人接連圍潛、弦，伐夷，使楚師疲於奔命，難以應付。楚昭王八年，桐叛楚，吳使舒鳩誘楚人出師，吳師則趁機圍巢，克之。楚昭王十年，蔡國滅沈，楚因而圍蔡責之，於是吳、蔡、唐三國結盟會同伐楚，楚敗，吳師入郢。楚昭王棄郢逃至隨國，楚一度瀕臨亡滅之局。隔年，由於秦師來救，楚、秦聯合滅唐，楚昭王得以返郢。

綜觀楚人在都郢之後，便以江漢地區爲基礎，開始向北拓境。溝通中原與江漢地區的主要連絡通道南陽盆地成爲其擴張勢力之起點，透過南陽盆地，楚人可抵達汝穎上游與伊、洛兩水，攻伐中原諸侯或兵臨成周都相當迅速。其後，楚師便倚仗漢水方城，逐步向北方諸國推進。自楚成王時期開始，楚便以伐鄭作爲北進的主要目標，同時間更揮軍至東方淮水地帶，雖然在以齊爲首的中原諸侯聯軍阻擋之下，楚國勢力未能迅速北上，但楚人卻已就此正式介入方城以北之境的中原諸侯體系內，並與號爲中原盟主的齊國相抗，召陵之盟後十年內或服或滅淮水流域小國，並沿淮水將勢力推進至徐。

面對齊桓公之後，以晉國勢力爲首的新興中原霸權逐漸南下，楚則鞏固既有附庸盟國，並進一步伐取位於穎水沿岸之國。城濮之戰，楚師受挫於晉，從而將兵力重心移往遠離晉國勢力的東方淮域。值得注意的是，取得淮地對於楚人的經略活動而言，不僅是單純的掠境取地，更能開拓其整體佈局。諸如楚師便可由淮水直接北上至汝穎流域與魯南等地域，爲楚人之經略提供了方城以外的途徑。晉、楚爭霸多展現在對於鄭、宋、陳之間地帶的爭奪，而楚莊王時期伐鄭，楚於泌之戰一役擊敗援鄭之晉軍，配合其後楚師強力滅國

之勢，楚國可稱恢復其於方城之外的勢力，楚莊王並曾因此被視爲霸者。而楚莊王霸業之所成仍在於楚掌控有堅實的後方，並且與西境強鄰秦國交好，並且得從容於淮域。

　　楚莊王末年，晉、楚之間的對抗轉移至東方齊、魯地區，而鄭、許諸國之間的紛爭，則讓整體情勢更顯複雜，楚國於此期間在晉國操縱之下，失去既有外交優勢，形同被孤立，鄢陵、湛阪兩役之敗更使楚人於北境勢力被削弱。而楚人於此階段沿長江向東南所拓展的境土，則促使楚國既有的北進與東進兩大擴張主軸有所變化，楚、吳勢力就此展開以群舒故地爲重心之征伐，其後隨著吳國將軍力往北移動，楚人所經略之東境與東南境兩塊區域逐漸有整合爲楚之東土的趨勢。雖然於春秋中後期，楚人頗受吳國勢力牽制而難以鞏固其於東方勢力，但對於東土的意識概念已然成形。

表 5-2-1：都郢至遷都時期（楚文王至楚昭王，西元前 689-504 年）**楚人經略活動表**

西元前	楚 王 紀 年	楚 人 經 略 活 動	出 　 處
689	楚文王元年	正式定都於郢。	《史記‧楚世家》
688	楚文王二年	楚、巴之師伐申，回師伐鄧。	《左傳‧莊公六年》
684	楚文王六年	從息侯之請伐蔡，敗蔡師於莘，又滅息。	《左傳‧莊公十年》
680	楚文王十年	秋七月，楚師入蔡。	《左傳‧莊公十四年》
678	楚文王十二年	滅鄧。	《史記‧楚世家》
676	楚文王十四年	巴人叛，攻取那處。 多，因那處閻敖族人之亂，巴再伐楚。	《左傳‧莊公十八年》
675	楚文王十五年	文王出師御巴，敗於津，不得入郢。 文王轉攻黃國，敗黃於踖陵，回師時卒。	《左傳‧莊公十九年》
671	楚成王元年	1. 遣使聘於魯，楚、魯始通。 2. 又遣使貢獻於周，周惠王賜胙，令其「鎮爾南方夷越之亂，無侵中國」。	1.《左傳‧莊公二十三年》 2.《史記‧楚世家》
666	楚成王六年	楚伐鄭，但因齊、魯、宋師來救而遁。	《左傳‧莊公二十八年》
663～660	楚成王九年至十二年	嫁妹仲芈南於江國。	楚王𤳙邛仲芈南鐘
659	楚成王十三年	楚伐附齊之鄭。	《左傳‧僖公元年》
658	楚成王十四年	楚師囚鄭之聃伯。	《左傳‧僖公二年》
657	楚成王十五年	楚師再度伐鄭。	《左傳‧僖公三年》
656	楚成王十六年	與齊訂立召陵之盟。	《左傳‧僖公四年》
655	楚成王十七年	滅弦，弦子奔黃。	《左傳‧僖公五年》
654	楚成王十八年	秋，楚圍許以救鄭。多，蔡侯領許僖公請罪。	《左傳‧僖公六年》

649	楚成王二十三年	冬，楚伐附齊之黃。	《左傳·僖公十一年》
648	楚成王二十四年	滅黃。	《左傳·僖公十二年》
646	楚成王二十六年	滅英。	《史記·楚世家》
645	楚成王二十七年	春，伐徐；秋，齊、曹伐厲救徐；冬，敗徐於婁林。	《左傳·僖公十五年》
644	楚成王二十八年	夏，齊伐厲，不克，救徐而還。	《左傳·僖公十六年》
642	楚成王三十年	鄭伯始朝楚。	《左傳·僖公十八年》
641	楚成王三十一年	冬，齊、魯、陳、蔡、楚、鄭盟於齊。楚國首度參與中原諸侯盟會。	《左傳·僖公十九年》
640	楚成王三十二年	隨叛楚。冬，楚伐隨。	《左傳·僖公二十年》
639	楚成王三十三年	春，宋、齊、楚盟於鹿上。 秋，宋、楚、陳、蔡、鄭、許、曹會於盂；楚執宋襄公伐宋。 冬，獻宋捷於魯。十二月，楚、魯、陳、蔡等會於薄，釋襄公。	《左傳·僖公二十一年》（獻宋捷於魯，僅見於《經》，無傳）
638	楚成王三十四年	三月，鄭文公如楚。 夏，宋襄公伐鄭；秋，楚師伐宋救鄭；冬十一月朔，泓之戰，宋師敗。	《左傳·僖公二十二年》
637	楚成王三十五年	伐陳，取焦、夷，城頓而還。	《左傳·僖公二十三年》
636	楚成王三十六年	宋及楚平，宋成公如楚。	《左傳·僖公二十四年》
635	楚成王三十七年	秦、晉伐鄀，俘以申、息之師戍守商密之申公、息公。楚追秦師不及，轉兵圍陳，納頓子於頓。	《左傳·僖公二十五年》
634	楚成王三十八年	滅夔。冬，伐親晉之宋。 楚因齊伐魯出兵，楚師伐齊取穀邑。	《左傳·僖公二十六年》
633	楚成王三十九年	1. 冬，楚偕陳、蔡、鄭、許圍宋。 2. 後楚與魯、陳、蔡、鄭、許盟於宋。	1. 《左傳·僖公二十七年》 2. 僅見於《經》，無傳
632	楚成王四十年	春，晉侵曹、衛救宋，楚師不克。 四月，晉、齊、宋、秦之師與楚、陳、蔡戰於城濮。楚師大敗。五月，晉文公稱霸。	《左傳·僖公二十八年》
628	楚成王四十四年	春，晉、楚始通使。	《左傳·僖公三十二年》
627	楚成王四十五年	夏，楚結好於秦抗晉。 冬，晉、陳、鄭伐許，楚侵陳、蔡，並伐鄭。	《左傳·僖公三十三年》
624	穆王二年	秋，楚師圍江，晉伐楚以救江。 冬，晉增兵伐楚，門於方城，遇楚師，撤還。	《左傳·文公三年》
623	穆王三年	滅江。	《左傳·文公四年》
622	穆王四年	夏，秦攻貳於楚之鄀，入鄀。 秋，滅六。冬，滅蓼。	《左傳·文公五年》
618	穆王八年	伐鄭師於狼淵，晉、宋、衛、許救鄭不及。 夏，侵陳，克壺丘。 秋，楚師為陳人所敗，楚、陳言和。	《左傳·文公九年》

617	穆王九年	楚、陳、鄭會於息。 冬,楚、陳、蔡、鄭、麋子駐厥貉,將伐宋。麋子逃歸。宋懼,迎穆公與鄭伯。	《左傳・文公十年》
616	穆王十年	伐麋,先敗之於防渚,又至於錫穴。	《左傳・文公十一年》
615	穆王十一年	群舒叛楚。夏,楚師執舒子平及宗子,圍巢。	《左傳・文公十二年》
613	莊王元年	襲群舒,伐舒蓼。	《左傳・文公十四年》
611	莊王三年	戎伐楚,庸人、麋人率群蠻百濮叛楚。滅庸。	《左傳・文公十六年》
608	莊王六年	秋,楚、鄭侵陳與宋。晉合宋、陳、衛、曹師伐鄭救之。晉、楚戰於北林,晉師還。	《左傳・宣公元年》
607	莊王七年	春,鄭奉楚命伐宋,大敗宋於大棘。 夏,晉、宋、衛、陳伐鄭,楚救之,晉師退。	《左傳・宣公二年》
606	莊王八年	伐陸渾之戎,至於雒水。 夏,楚侵附晉之鄭。	《左傳・宣公三年》
605	莊王九年	秋,莊王與若敖氏內鬥。 冬,楚人伐鄭。	《左傳・宣公四年》
604	莊王十年	冬,楚人伐鄭,晉伐陳救鄭。	《左傳・宣公五年》
603	莊王十一年	楚人伐鄭,取成而還。	《左傳・宣公六年》
601	莊王十三年	群舒叛,滅舒蓼,及滑汭,與吳、越盟。 冬,伐附晉之陳。	《左傳・宣公八年》
600	莊王十四年	伐鄭,晉救之,鄭敗楚於柳棼。	《左傳・宣公九年》
599	莊王十五年	夏,鄭及楚平。晉、宋、衛、曹伐鄭,取成而還。 冬,伐鄭,晉救鄭,逐楚師於潁北,諸侯師戍鄭。	《左傳・宣公十年》
598	莊王十六年	春,伐鄭,及櫟。 夏,楚與陳、鄭盟於辰陵。侵宋。 陳夏徵舒之亂,冬,滅陳爲縣。後又復封陳,每鄉取一人歸楚,稱「夏州」	《左傳・宣公十一年》
597	莊王十七年	圍鄭三月,城破,鄭服楚。 夏,晉師救鄭,戰於泌,晉敗。鄭、許朝楚。楚伐蕭。	《左傳・宣公十二年》
596	莊王十八年	楚師伐宋。	《左傳・宣公十三年》
595	莊王十九年	夏,晉伐鄭;鄭伯如楚。 秋,楚師圍宋。	《左傳・宣公十四年》
594	莊王二十年	魯宣公親楚。圍宋,宋服楚。	《左傳・宣公十五年》
591	莊王二十三年	夏,魯如楚乞師,欲伐齊。莊王卒,楚師未出。	《左傳・宣公十八年》
589	楚共王二年	魯、衛從晉伐齊,楚出師救齊,蔡、許從征。 冬,楚師侵衛,又侵魯至陽橋。十二月,楚與魯、蔡、許、秦、宋、陳、衛、鄭、齊、曹、邾、薛、鄫盟於蜀。	《左傳・成公二年》

587	楚共王四年	冬十一月，鄭伐許，晉、楚因此各伐鄭、許。楚無法弭平鄭、許兩者之訟。	《左傳‧成公四年》
585	楚共王六年	秋，伐鄭。 冬，晉救鄭，遇楚師於繞角，楚師潰。晉師又侵蔡，楚以申、息之師救蔡。	《左傳‧成公六年》
584	楚共王七年	吳伐楚，伐巢，伐徐，入州來，佔盡蠻夷屬楚者。 秋，楚伐鄭，師於氾；晉救鄭。 八月，晉會諸侯盟於馬陵，諸侯不敢南面事楚。	《左傳‧成公七年》
583	楚共王八年	春，晉侵蔡、楚。秋，晉使於吳。	《左傳‧成公八年》
582	楚共王九年	楚重賂於鄭，楚、鄭會於鄧；晉伐鄭，楚救之。 冬十一月，楚自陳伐莒，楚師連克渠丘、莒、鄆。十二月，共王使臣如晉，請修好，結成。	《左傳‧成公九年》
576	楚共王十五年	夏，侵鄭，及暴隧；又侵衛，及首止。 鄭侵楚，取新石。 十一月，楚公子申遷許於葉，舊許之地爲鄭有。	《左傳‧成公十五年》
575	楚共王十六年	春，楚以汝陰之田求於鄭，晉伐鄭。 六月，楚師與陳、蔡之師與晉戰於鄢陵。楚師敗。	《左傳‧成公十六年》
574	楚共王十七年	春，鄭侵晉虛、滑。衛救晉，侵鄭。楚師戍鄭。 夏，晉領諸侯伐鄭，楚救鄭，師於首止。 冬十月，諸侯伐鄭，楚救鄭，師於汝上。 舒庸以楚敗於鄢陵，導吳人圍巢，伐駕，圍厘、虺。楚師滅舒庸。	《左傳‧成公十七年》
573	楚共王十八年	鄭會楚侵宋，取朝郟。又侵城郜，取幽丘，伐彭城。七月，宋圍彭城。 冬十一月，楚救彭城。晉師救宋，與楚師遇於靡角之谷，楚師潰。	《左傳‧成公十八年》
572	楚共王十九年	夏五月，晉伐鄭，侵楚焦、夷及陳。 秋，楚救鄭，侵宋之呂、留；鄭取犬丘。	《左傳‧襄公元年》
571	楚共王二十年	春，楚令鄭侵宋。冬，晉城虎牢逼鄭附。	《左傳‧襄公二年》
570	楚共王二十一年	楚伐吳，克鳩茲，至於衡山。吳又伐楚，取駕。 六月，晉與諸侯盟於雞澤，陳與盟。 冬，楚侵陳；晉則伐不與盟會之許。	《左傳‧襄公三年》
569	楚共王二十二年	夏，楚侵陳。冬，頓奉楚命攻陳，陳圍頓。	《左傳‧襄公四年》
568	楚共王二十三年	冬，晉以諸侯之師戍陳，楚伐陳，晉救之。	《左傳‧襄公五年》
566	楚共王二十五年	冬，楚圍陳；十二月晉率諸侯謀救陳。	《左傳‧襄公七年》
565	楚共王二十六年	夏四月，鄭侵蔡。冬，楚伐鄭，討其侵蔡。	《左傳‧襄公八年》

564	楚共王二十七年	秦乞師於楚伐晉。秋，楚師於武城，爲秦援。冬十月，晉以諸侯之師伐鄭，鄭懼。楚伐鄭，鄭人又與楚平，共王因母喪回師。	《左傳‧襄公九年》
563	楚共王二十八年	六月，楚伐宋，衛救宋；鄭奉楚令侵衛。七月，楚侵魯西鄙，又圍宋之蕭，克之。九月，楚侵宋北鄙。晉率十二諸侯國伐鄭，楚救之。	《左傳‧襄公十年》
562	楚共王二十九年	夏，鄭侵宋。晉與諸侯伐鄭，鄭求和。楚乞師於秦，伐鄭；鄭納楚師，伐宋。諸侯再度伐鄭，鄭服晉。	《左傳‧襄公十一年》
561	楚共王三十年	楚、秦伐宋，師於楊梁。	《左傳‧襄公十二年》
559	楚康王元年	秋，楚伐吳，師於棠。	《左傳‧襄公十四年》
557	楚康王三年	夏六月，晉、鄭、衛、宋伐許。晉移師伐楚，楚、晉戰於湛阪，楚敗，晉侵方城外。	《左傳‧襄公十六年》
555	楚康王五年	楚師伐鄭。	《左傳‧襄公十八年》
550	楚康王十年	夏，圍陳，時陳爲慶氏所據。	《左傳‧襄公二十三年》
549	楚康王十一年	晉欲伐齊；冬，楚、陳、蔡、許伐鄭救齊。舒鳩因吳叛楚，後楚接受舒鳩之盟。	《左傳‧襄公二十四年》
548	楚康王十二年	舒鳩叛，八月，滅舒鳩。	《左傳‧襄公二十五年》
547	楚康王十三年	楚與秦師侵吳，及雩婁，因吳有備，遂侵鄭。冬十月，楚伐鄭。涉氾歸楚。	《左傳‧襄公二十六年》
538	楚靈王三年	夏六月，靈王與陳、蔡、鄭、許、徐、滕、頓、胡、沈、小邾國君以及宋太子、淮夷會於申。秋七月，楚以諸侯伐吳，圍朱方。又以諸侯之師，攻克賴都，遷賴國於鄢。欲遷許於賴，但因東國水患，罷城賴之師。冬，吳伐楚，入棘、櫟、麻。	《左傳‧昭公四年》
537	楚靈王四年	楚以諸侯與東夷伐吳，無功而返。	《左傳‧昭公五年》
536	楚靈王五年	秋，徐太子聘於楚，逃歸，楚伐徐。吳救徐。楚伐吳，師豫章，次於乾谿，吳敗楚於房鐘。	《左傳‧昭公六年》
534	楚靈王七年	滅陳爲縣。	《左傳‧昭公八年》
533	楚靈王八年	公子棄疾遷許於夷（城父），取州來淮北田益之。伍舉授許男田。然丹遷城父人於陳，以夷濮西田益之，遷方城外人於許（葉）。	《左傳‧昭公九年》
531	楚靈王十年	夏四月，殺蔡侯，棄疾圍蔡。冬十一月，滅蔡，以蔡爲縣。	《左傳‧昭公十一年》
530	楚靈王十一年	伐徐以恐吳。	《史記‧楚世家》
529	楚靈王十二年	棄疾等公子朝吳，牽陳、蔡、不羹、許、葉之師入郢。五月，靈王自縊，後棄疾即位爲平王。楚圍徐之師回途時爲吳敗於豫章。平王復陳、蔡，被遷之民復歸。冬十月，吳伐楚，入州來。	《左傳‧昭公十三年》

526	楚平王三年	然丹誘殺戎蠻子嘉，取蠻氏。	《左傳·昭公十六年》
524	楚平王四年	冬，吳伐楚。	《左傳·昭公十七年》
523	楚平王五年	冬，遷許於析。	《左傳·昭公十八年》
519	楚平王十年	七月，吳伐州來，楚率師救之不成。	《左傳·昭公二十三年》
518	楚平王十一年	吳人入巢與鐘離而還。	《左傳·昭公二十四年》
515	楚昭王元年	吳圍潛，楚救之。	《左傳·昭公二十七年》
512	楚昭王四年	吳公子奔楚，被封於養。 十二月，吳滅徐，楚救之不及，城夷安置徐子。	《左傳·昭公三十年》
511	楚昭王五年	吳師伐夷，侵潛、六，楚人遷潛於南岡還師。 吳又圍弦，楚師疲於奔命。	《左傳·昭公三十一年》
508	楚昭王八年	桐叛楚，吳使舒鳩誘楚人，吳藉機圍巢。	《左傳·定公二年》
506	楚昭王十年	1. 夏，蔡滅沈。六月，遷許於容城。 　秋，楚圍蔡。吳、蔡、唐結盟。 　冬，吳、蔡、唐伐楚，楚敗，吳入郢。 2. 胡人趁吳師入楚，盡取鄰近楚地。	1. 《左傳·定公四年》 2. 《左傳·定公十五年》
505	楚昭王十一年	夏，越以吳在楚，入吳。 秦師至，楚、秦聯兵滅唐。昭王返郢。	《左傳·定公五年》
504	楚昭王十二年	遷郢於鄀。	《左傳·定公六年》
496	楚昭王二十年	滅頓。	《左傳·定公十四年》
495	楚昭王二十一年	滅胡。	《左傳·定公十五年》
494	楚昭王二十二年	楚與陳、隨、許圍蔡，蔡請遷吳避楚。（次年蔡遷於州來）	《左傳·哀公元年》
491	楚昭王二十五年	夏，楚人克夷虎，謀北方，師臨上雒。	《左傳·哀公四年》
489	楚昭王二十七年	吳伐陳，楚救陳，師於城父。	《左傳·哀公六年》

第六章　結　論

　　長江中游的兩湖盆地與鄱陽湖平原，以及漢水中游南陽盆地、襄樊谷地與隨棗走廊等地，為南土主要地理範圍。當地多樣性空間結構與地區生態之共通性，成為塑造南土文化發展的基礎。此地區仰賴水源的稻作農業營生體系，水文體系變動頻繁造成初期聚落難以維持長期性穩定。長江中游地區與河湖水體的變遷聯繫甚為密切，在全新世高溫期的洪水期之後，當地自然環境便進入相對穩定的階段，人為力量就此得以有所發揮。

　　本文將稻作起源作為探討南土區域初期文化發展的出發點，並依序討論新石器中期彭頭山、城背溪文化，新石器晚期前段的大溪文化，晚期後段的屈家嶺文化、石家河文化，而當地新石器文化發展尾聲則是以石家河文化後期為主體的後石家河文化。長江中游文化衰頹的原因是資源的過度開發耗用，從而使長江中游生態結構失去平衡；或是龍山文化強勢向南發展，長江文化自身發展進程遭到阻斷，淪為弱勢的地區性文化。但是後石家河文化其實仍保有自身發展軌道，石家河遺址仍為長江中游地區的主要聚落。石家河文化勢力範圍日趨縮減，雖然明示了龍山文化的強勢經濟地位，但是當地文化工藝技術發展並未就此停滯，仍具有吸收外來文化，並融合為自身文化的能力。南方地方文化已極具鮮明特色，成為長江流域文化發展中不可或缺的一環。

　　長江流域自新石器階段以來，地區性文化已有深厚的發展，商王朝政治勢力所及之南土，絕非為均質的平面版圖，而是中原商族逐步南進，掌握南方眾多點狀區域政治中心，並加以串聯構成的複雜政治疆域。透過卜辭記錄可知，商代南土方國多半位處淮河流域地帶，且在晚商時期似乎難有長期穩定之局，商王必須不斷以武力穩固其於南土之地位。

　　至於以考古學文化作爲主體的討論，長江中游地區二里頭時期的考古資料至今仍然相當稀少，遺跡多甚爲零碎，僅能初步對長江中游幾處夏代據點有所認知。湖北黃陂盤龍城遺址的發現，突破過往認爲商人勢力僅及於淮水流域的定見。隨著長江流域沿岸相關考古遺址陸續出土，人們所認知的商代南土範圍亦逐步南進西拓，成爲跨江南北的廣闊區域。本文以考古資料爲主體，建構兼具時間與空間因素的商代南土面貌。

　　商代前期，盤龍城爲商室經營南土的核心，南下商人聚居於今日湖北武漢、孝感乃至隨州一帶。但在湖北東南部勢力便有所削減，及至黃岡地區更少有商人活動遺跡，反而是在長江南岸九江、瑞昌一帶出現有商人據點。盤龍城之西南地帶，直至湘北長江東南岸的岳陽，方出現商人扼守湘江的銅鼓山據點。由此可知漢水以東之境的商文化拓殖與長江極爲密切，除卻以盤龍城爲中心的武漢、孝感與隨州地區被商人引爲勢力發展的腹地之外，餘則多爲零星據點分布於長江兩岸。而商人便是由豫省東南進入江漢平原，抵達武漢營建盤龍城；其後則又仰賴長江拓殖勢力，並於江西與岳陽銅鼓山建立據點。漢水以西的地方文化主體性強烈，與漢水東岸典型商文化遺址有所分別。商代前期，漢水西岸以及澧水流域的文化基本是在中原商文化影響下，尚未整合出共性的幾支地區文化，彼此互有聯繫卻又獨立發展。

　　商代後期盤龍城爲商人所廢棄，銅鼓山遺址性質也隨之轉變，這些現象呈現了商文化影響力逐漸退縮的趨勢。而漢水西岸與澧水地區文化中的地方性因素於此時蓬勃發展，鼎與釜成爲主要炊器，商代文化因素趨於消亡。不過商文化並未完全退出兩湖地區，商人雖然不復維持以盤龍城爲首的統治結構，商文化卻仍持續維持影響力。此外，以湘江爲中心所出土的商代窖藏青銅器，技術與風格最初均承襲於中原，長江青銅文化雖然迅速成長，極早便顯示出強烈的獨立性。不過商文化對長江中游的影響並未中斷，而是與地方文化互爲消長，兩者間的交流也必然持續進行。

　　可以說商代南土之盛景成形於二里崗時期盤龍城的建立，當時商人通過隨棗走廊進入江漢地區，以武漢地區與澴水流域作爲發展腹地，並將長江作爲勢力拓殖的主要通道。而商代前期商人所掌控的南土，即是包括漢水東部與長江沿岸的零星據點，至於漢水以西與湘西澧水流域則屬商文化影響區，並非商人所能掌握之地。商代後期，中原政權重心北移至黃河北岸，商文化發展幅度也隨之縮減，南下商人即順應此趨勢，棄置盤龍城，且未再建立同

等規模的新據點。長江中游各區域文化的蓬勃發展更成爲商人維持勢力的主要障礙。然而上述現象卻並非商文化於長江中游消失的徵兆，中原黃河流域與南方長江流域兩塊區域並未因此中斷交流往來。

周族承繼夏商文化建立姬周政權，並以蘊含「武裝殖民」本質的封建制度作爲政權運作根本。而與政體經營互爲表裡的宗法制度，亦隨著周人勢力發展而漸具規模。由武王滅商開始，周人歷經成王時期的東進政策，以及後代數世周王對四方地域的興師征伐，方握有以成周雒邑爲中心，掌控四土封國的天下格局。因襲商代以「四土」指稱疆域的觀念，周人將王朝四方區域冠以四土或四國之名。西周初年，周王室於王畿四方建立眾多姬姓、姜姓與異姓諸侯國，接續殷商開發之基礎拓展其勢力，形成了以姬、姜兩姓爲中心的封建政權。對於擁有富厚資源的南方地區，周人一如殷人，投注相當心力經營南土。透過周初幾次大型分封，周人於南土建立包含有姬姜、古老氏族與南方土著等同姓、異姓封國。這些南土封國與周室有著程度不一的從屬關係，本文綜合既有研究與出土器銘等資料，梳理出以下周代南土主要封國：

南陽盆地有鄧國、（西）蓼國、唐國、曾國、厲國、鄂國、謝國、申國、呂國、楚國。

淮河中上游有樊國、息國、弦國、黃國、江國、蔣國、（東）蓼國。

淮北汝潁地區有房國、道國、柏國、頓國、蔡國、陳國、厲（礪）國、許國、應國、養（羕）國，以及不見於史籍，僅統治者墓葬遺跡的湖北武漢黃陂長子國。

這批與周室同姓、異姓或者源出南方土著的大小封國，爲周人在南土經營的據點，並於既有封國基礎上擴展其統治勢力。探察西周時期南土封國地望遷徙與發展，便可發現周人於當地封建勢力的進程，並非爲同心圓擴散模式，除卻需要以過往殷人開發據點爲根基，更有順應各區域發展的特殊性考量。

本書透過對於西周時期江漢地區考古發掘資料的梳理，發現終西周一世，周人於南方實際拓殖的幅度仍多限於漢水流域。周人南進勢力在出南陽盆地至襄樊後，發展爲幾條發展路線，其一是往東折通過隨棗走廊，於隨州沿溳水而下可直達漢水下游，或者繼續沿大別山東進；其二則是可直接順漢水而下，經宜城而至江漢匯流處。基本而言，周人南土範圍大體即是以漢水流域爲中心，東至今黃岡巴水處，南則抵長江北岸，而漢水以西地區受限於現有資料略顯短少，整體西周階段文化面貌尚難明確，但已可確知周族中原

文化遺存於該地並非主導因素。

　　周族文化勢力播散之幅度並不遜於前代商人，然而就實際政治控制而言，卻較殷商王室退縮。周人於江漢平原仍是以漢水作爲主要活動管道，其勢力發展似乎始終無能對長江流域地區性勢力造成深刻影響，江漢地區至今亦未曾發現可與殷商時期盤龍城相稱的周族南土據點。南土各支文化雖與周文化有所接觸，但多仍延續其自殷商時期以來的獨立發展，而史冊失載的長子國、北國也皆與周族有別。周人對於南方的經營界線應以漢水爲界，並以漢水、長江與大別山三者所構成的範圍爲其發展核心。而周人經營南土的首要佈局即爲「漢陽諸姬」，包含有漢水流域之隨國、唐國、貳國，並包括淮水上游地區之蔣國、息國、蔡國、沈國、應國、道國、頓國。這些目前可考的姬姓封國，於西周時期先後就封於南土，擔負有國土南界防禦與擴張的責任，更會因周人經略南方之需求有所遷徙，加以南土情勢少有穩定之局，「漢陽諸姬」實際是順應各時期需要而不斷變動的戰略佈局。

　　關於周人經略南土的成效，本書則以昭王南征、周人與淮夷之間充滿變數的非穩定關係，以及周人對南土資源的掌握等議題進行探討。昭王南征爲西周早期周人經略南土的重要事件，可以發現昭王南征之途，大抵南至漢水中游，即今鄂北襄樊地區。而周室臣屬巡省南國之跡，雖然可能較昭王行旅更爲深入江漢，伐反荆之師與荆族的衝突，也可能發生於更爲偏遠之南境，但目前實難以推知周人實際巡省南國的範圍。囿於史料闕佚，昭王南征動機亦業已難詳考，僅可推測其興兵南伐的主要原由，大抵意在維繫自身與南土臣屬族群的優勢地位。昭王之後，周人南征對象主體轉變爲居於淮水流域的淮夷。西周中晚期，周人將散居在淮水地帶夷族統稱爲淮夷，其整體族群分布，橫跨周人意識中的南土與東土區域，並對周人的南土經略具有決定性的影響。

　　周人與淮夷間的衝突約從穆王時期開始頻繁，是繼周初東伐東夷之後，周人與夷人間另一波長期衝突。淮夷並曾攻伐周之「內國」，可知周王朝南進勢力至遲於西周中期，便深受以淮水流域爲重心之夷族所節制。至西周中晚期之交，周人與淮夷的衝突未曾止歇，而原屬南陽盆地封國的鄂侯御方亦與周交惡，率夷族反周，喪失囊昔作爲南方前哨的鄂國，周人南疆防線就此崩解。直待宣王繼位，徙封申於南陽故謝國地，作爲南土經略之據點，周室對南土的經營方有新局。而據〈兮甲盤〉銘所載，周人曾對夷族徵收賦稅，並掌握當地資源供輸，但周人實際對於南方的控制仍有一定局限，無能全然掌握淮夷物資流通，在淮

夷分布地區更有許多是周師力所未逮之「蠻」境。宣王朝經略南土，最終因南征而喪南國之師，周人對四方的征戰經略也進入尾聲。

西周時期，周人勢力於南方大抵僅止於漢淮一帶，而周人經營南土策略如同前列所述，是以長期分封漢陽諸侯，以及短期軍事征伐作為統治手段。至於周人拓展南土動機，除卻為貫徹「溥天之下，莫非王土」理念，南方地區的自然資源，特別是長江流域所蘊藏之豐富礦料，也應是西周歷代諸王動輒發兵南征的重要原因。淮夷居地基本上至今未見有銅礦開採，但是卻與銘文所稱之礦產運輸交易路線「金道錫行」有所聯繫。根據相關器銘所示，透過淮水，鄰近蔡、蔣等姬姓封國的繁陽與西周時期南土已開發之礦藏地互相連接，銅、錫礦料以此管道抵達周室南土據點，但此通路卻曾為淮夷所擾而不暢。淮夷不單影響周人於南土的佈局規劃，更是南方銅、錫礦產是否能穩定供給的關鍵。

隨著南土地區的局勢變化，西周南土封國主要有三個大規模變革時期：首先是周初周公東征後成王初封蔡國、息國、唐國、隨國等國於南土「屏藩宗周」。隨後於昭王穆王時期，周人南征淮夷，同時並南遷姬姓封國加強對淮夷的監控，諸如蔣國等姬姓小國，多數於此時由北方徙封至漢淮區域。西周末期，南土佈局變動則以南遷非姬姓的申、呂兩國最為重大。查考上述姬姓封國發展脈絡，便可發現周人經營南土的大型姬姓封國蔡、隨等國，均立國於西周早年，嗣後周人陸續建立或南移的姬姓封國規模較小，分布於漢淮北岸與淮夷南蠻各族相比為鄰，形成周人發展的南線。然而姬周政權至王朝中晚期卻已逐漸顯露疲勢，周室早先倚賴的「漢陽諸姬」布局此時業已喪失屏衛南疆功能。隨後宣王喪南國之師，更可稱為周人經營南土之終局。基本而言，周人於西周一代積極經營南土，除卻意圖貫徹政治理想外，更有許多關乎國家實質運作的政治與經濟因素。周人封國漢淮對於南方開發有其助力，但是深究周人經略南土的整體成效，卻是深受淮夷、蠻、越等南方地區勢力裁抑，而有相當侷限。

對於中原的主體政治勢力而言，四土俱為其領域之周邊地區，中原觀點並著眼於自身勢力於該區域的發展，劃出彼我分界。但先秦南土地區其實為深具高度複雜文化特質的塊狀區域，眾多擁有不同文化內蘊的族裔居住其上，這些族群的歷史各有其獨立發展之進程，而族群彼此間交互流通，更為先秦江漢地帶政治結構演變的主軸。本文以文獻史料中的零星記載作為研究

主幹，配合考古資料，分梳出巴、濮、越、群舒、徐、蠻等諸多長期處居南土境內的族裔進行討論。

　　活躍於春秋戰國時期的楚，則爲本書題旨所關懷的另一核心，於春秋中期展現自身主體文化的楚人，是一支以長江中游流域爲活動核心的重要族群。不過楚國族源與初期文化發展，至今相關研究仍難形成定論，仍有待進一步相關資料方得解決此疑義。楚人最初是以丹陽爲中心聚居營生，而此一階段的楚國已立足江漢地帶，不單於江漢境內降服南方族群小國，啓有群蠻與濮地，更將勢力推進至漢水以東，軍威並及於南陽盆地，成爲不容其他諸侯國小覷的政治實體。楚人於春秋初期正式定都於江漢之郢，其後終春秋之世，直至楚昭王時期吳人入郢，約近兩百年時間內俱以郢爲都，楚國立足南土，透過征伐、盟會或聯姻等手段，逐步向南陽盆地、淮水流域以及北方的汝潁、雎泗流域拓展己身勢力，並隨之建立起以江漢地帶爲重心的戰略布局。

　　都郢期間，楚人分向北境與東境開拓勢力，通過南陽盆地，楚人可迅速抵達汝潁上游與伊、洛兩水，攻伐中原諸侯或兵臨成周。倚仗方城與漢水，楚國先後與中原霸主齊、晉相抗，涉入春秋諸侯以交聘盟會征伐所構成之政治系統。同時間楚更揮軍至東方淮水地帶，逐步擴展以淮水流域爲主體之東境。其後，楚人沿長江向東南拓展勢力，促使楚國既有的北進與東進兩大擴張主軸有所變化。楚、吳勢力展開以群舒故地爲重心之征伐，其後兩國軍鋒交會處日益往北移動，楚人所經略之東境與東南境兩塊區域，逐漸有整合爲楚之東土的趨勢。雖然於春秋中後期，楚人頗受吳國勢力牽制，難以鞏固其於東方的勢力，但對於東土的意識概念已然成形。

　　在確認辨析南方族裔的過程中，上古時期南方諸多地域間的空白區塊逐步浮現其既有之樣貌，填補了中原商、周民族於南土所進行據點式控制之外的平面空間，並且使長江流域發展歷程的建構得以進一步深化，而由此認知審視南方江、漢、淮地區於東周階段的發展，即可發現當「南土」自成核心後，其地域內部地緣關係的明顯變化。

　　總歸而論，長江中游整體地域社會結構，於兩周之際實因本土族群楚人勢力崛起形成巨幅轉變，楚人取得制衡南方各類文化群體勢力的契機，並逐步建立超越既有點狀控制的地域政治系統。以過往南土地區爲核心的楚人，對日後楚國政權發展有何影響，爲相當值得探討之議題，本書礙於篇幅所限未能處理，希冀可作爲日後相關研究之方向。

徵引書目

一、史料與清代以前著作（依著者時代先後排序）

1. 〔戰國〕呂不韋，陳奇猷校釋，《呂氏春秋新校釋》，上海：上海古籍出版社，2002。

2. 〔漢〕劉安，〔漢〕高誘注，《淮南子》，臺北：臺灣中華書局，1993 六版二刷，據武進莊氏本校刊。

3. 〔漢〕司馬遷，《史記》，北京：中華書局，1982 二版。

4. 〔漢〕劉向集錄，《戰國策》，上海：上海古籍出版社，1985。

5. 〔漢〕班固，《漢書》，北京：中華書局，1962。

6. 〔漢〕毛亨傳，鄭玄箋，《毛詩》，收入中華書局編輯部編，《漢魏古注十三經》，北京：中華書局，1998。

7. 〔晉〕杜預注，《春秋經傳集解》，收入中華書局編輯部編，《漢魏古注十三經》，北京：中華書局，1998。

8. 〔晉〕孔晁注，黃懷信、張懋鎔、田旭東集注，《逸周書彙校集注》，上海：上海古籍出版社，1995。

9. 〔晉〕常璩，任乃強校注，《華陽國志校補圖注》，上海：上海古籍出版社，1987。

10. 〔劉宋〕范曄，《後漢書》，北京：中華書局，1965。

11. 〔後魏〕酈道元，〔清〕王先謙校，《水經注》，成都：巴蜀書社，1985。

12. 〔唐〕孔穎達疏，《春秋左傳正義》，收入中華書局編輯部編，《唐宋注疏十三經》，北京：中華書局，1998。

13. 〔宋〕洪興祖撰，白化文等點校，《楚辭補注》，北京：中華書局，2002。

14. 〔清〕孫詒讓，孫啓治點校，《墨子閒詁》，北京：中華書局，2001。

15. 〔清〕馬驌，徐連城校點，《左傳事緯》，濟南：齊魯書社，1992。

16. 〔清〕顧棟高,《春秋大事表》,北京:中華書局,1993。

17. 李景堂纂、張縉璜修,《確山縣志》,臺北:成文出版社,1976,據民國二十年(1931)鉛印本影印。

18. 方詩銘、王修齡輯,《古本竹書紀年輯證》,上海:上海古籍出版社,1981。

19. 上海師範大學古籍整理研究所校點,《國語》,上海:上海古籍出版社,1998。

二、專書(依作者姓名筆劃排序)

1. 丁山,《甲骨文所見氏族及其制度》,北京:中華書局,1988。

2. 于省吾,《商周金文錄遺》,北京:中華書局,1993。

3. 中國社會科學院考古研究所,《小屯南地甲骨》,上海:中華書局,1983。

4. 中國社會科學院考古研究所,《殷墟的發現與研究》,北京:科學出版社,1994。

5. 中國社會科學院考古研究所,《中國考古學·夏商卷》,北京:中國社會科學出版社,2003。

6. 中國社會科學院考古研究所,《中國考古學·兩周卷》,北京:中國社會科學出版社,2004。

7. 中國社會科學院考古研究所編,《殷周金文集成釋文》,香港:香港中文大學中國文化研究所,2001。

8. 中國青銅器全集編輯委員會編,《中國青銅器全集》第七卷,北京:文物出版社,1998。

9. 中國青銅器全集編輯委員會編,《中國青銅器全集》第十一卷,北京:文物出版社,1997。

10. 中國科學院中國自然地理編輯委員會,《中國自然地理·歷史自然地理》,北京:科學出版社,1982。

11. 王光鎬,《楚文化源流新證》,武昌:武漢大學出版社,1988。

12. 王迅,《東夷文化與淮夷文化研究》,北京:北京大學出版社,1994。

13. 王崇禮,《楚國土木工程研究》,武漢:湖北科學技術出版社,1995。

14. 王健,《西周政治地理結構研究》,鄭州:中州古籍出版社,2004。

15. 石泉、蔡述明,《古雲夢澤研究》,武漢:湖北教育出版社,1996。

16. 平勢隆郎,《左傳の史料批判的研究》,東京:汲古書院,1998。

17. 古代王權研究委員會編,《古代王權の誕生:I 東アジア編》,東京:角川書店,2003。

18. 北京大學考古學系、駐馬店市文物保護管理所,《駐馬店楊庄:中全新世

淮河上游的文化遺存與環境訊息》，北京：科學出版社，1998。

19. 四川省博物館，《四川船棺葬發掘報告》，北京：文物出版社，1960。

20. 江西省文物考古研究所、江西省博物館、新淦縣博物館，《新淦商代大墓》，北京：文物出版社，1997。

21. 江西省文物考古研究所、瑞昌博物館主編，《銅嶺古銅礦遺址發現與研究》，南昌：江西科學技術出版社，1997。

22. 后德俊，《楚國礦冶髹漆和玻璃製造》，武漢：湖北教育出版社，1995。

23. 向桃初，《湘江流域商周青銅文化研究》，長沙：岳麓書社，2008。

24. 宋新潮，《殷商區域文化研究》，西安：陝西人民出版社，1991。

25. 宋豫秦等，《中國文明起源的人地關係》，北京：科學出版社，2002。

26. 李玉潔，《楚國史》，開封：河南大學出版社，2002。

27. 李雪山，《商代分封制度研究》，北京：中國社會科學出版社，2004。

28. 何光岳，《楚滅國考》，上海：上海人民出版社，1990。

29. 何光岳，《東夷源流史》，南昌：江西教育出版社，1992。

30. 何浩，《楚滅國研究》，武漢：武漢出版社，1989。

31. 阮元，《積古齋鐘鼎彝器款識》，臺北：漢京文化公司，1980。

32. 河北省文物考古研究所，《蒿城台西商代遺址》，北京：文物出版社，1985。

33. 河南省文物考古研究所，《舞陽賈湖》，北京：科學出版社，1999。

34. 河南省文物研究所、長江流域規劃辦公室考古隊河南分隊編，《淅川下王崗》，北京：文物出版社，1989。

35. 周自強主編，《中國經濟通史》，北京：經濟日報出版社，2000。

36. 孟華平，《長江中游史前文化結構》，武漢：長江文藝出版社，1997。

37. 武漢大學歷史系考古教研室、襄樊市博物館、隨州市博物館，《西花園與廟臺子》，武漢：武漢大學出版社，1993。

38. 柯昌濟，《韡華閣集古錄跋尾》，香港：崇基書店，1968。

39. 島邦男，《殷墟卜辭研究》，弘前：中國學研究會，1958。

40. 施勁松，《長江流域青銅器研究》，北京：文物出版社，2003。

41. 徐中舒，《論巴蜀文化》，成都：四川人民出版社，1982。

42. 徐少華，《周代南土歷史地理與文化》，武漢：武漢大學出版社，1994。

43. 徐同柏，《從古堂款識學》，北京：中華書局，1985。

44. 徐旭生，《中國古史的傳說時代》，臺北：里仁書局，1999。

45. 高介華、劉玉堂，《楚國的城市與建築》，武漢：湖北教育出版社，1995。

46. 高至喜，《楚文化的南漸》，武漢：湖北教育出版社，1996。

47. 馬世之，《中原楚文化研究》，武漢：湖北教育出版社，1996。

48. 馬世之，《中原古國歷史與文化》，鄭州：大象出版社，1998。

49. 孫作雲，《詩經與周代社會研究》，北京：中華書局，1966。

50. 孫華，《四川盆地的青銅時代》，北京：科學出版社，2000。

51. 張正明，《楚史》，武漢：湖北教育出版社，1996。

52. 張光直著，張良仁、岳紅彬、丁曉雷譯，《商文明》，瀋陽：遼寧出版社，2002。

53. 張緒球，《長江中游新石器時代文化概論》，武漢：湖北科學技術出版社，1992。

54. 張緒球，《屈家嶺文化》，北京：文物出版社，2004。

55. 張馳，《長江中下游地區史前聚落研究》，北京：文物出版社，2003。

56. 國家文物局三峽考古隊，《朝天嘴與中堡島》，北京：文物出版社，2002。

57. 國務院三峽工程建設委員會辦公室、國家文物局編，《秭歸柳林溪》，北京：科學出版社，2003。

58. 國務院三峽工程建設委員會辦公室、國家文物局編，《湖北庫區考古報告集（第一卷）》，北京：科學出版社，2003。

59. 陳全方、侯志義、陳敏，《西周甲文注》，上海：學林出版社，2003。

60. 陳偉，《楚東國地理研究》，武漢：武漢大學出版社，1992。

61. 陳槃，《春秋大事表列國爵姓及存滅表譔異》，臺北：中央研究院歷史語言研究所，1997。

62. 陳夢家，《殷墟卜辭綜述》，北京：中華書局，2004 重印。

63. 陳夢家，《西周銅器斷代》，北京：中華書局，2004。

64. 曹錦炎、沈建華，《甲骨文校釋總集》，上海：上海辭書出版社，2006。

65. 郭沫若，《殷契粹編》，收入郭沫若著作編輯委員會編，《郭沫若全集》，（北京：科學出版社，2002），考古編第三卷。

66. 郭沫若，《殷契粹編考釋》，收入郭沫若著作編輯委員會編，《郭沫若全集》（北京：科學出版社，2002），考古編第三卷。

67. 郭沫若，《殷周青銅器銘文研究》，上海：大東出版社，1931。

68. 郭沫若，《西周金文辭大系圖象考釋》，上海：上海書店，1999。

69. 郭沫若主編，《甲骨文合集》第一冊，上海：中華書局，1982。

70. 郭沫若主編，《甲骨文合集》第三冊，上海：中華書局，1978。

71. 郭沫若主編，《甲骨文合集》第四冊，上海：中華書局，1979。

72. 郭沫若主編，《甲骨文合集》第十冊，上海：中華書局，1981。

73. 郭沫若主編，《甲骨文合集》第十二冊，上海：中華書局，1983。

74. 商承祚輯，《十二家吉金圖錄》，南京：金陵大學文化研究所，1935。

75. 湖北省文物考古研究所，《宜都城背溪》，北京：文物出版社，2001。

76. 湖北省文物考古研究所，《盤龍城：1963～1994 年考古發掘報告》，北京：文物出版社，2001。

77. 湖北省文物考古研究所，《武昌放鷹臺》，北京：文物出版社，2003。

78. 湖北省文物考古研究所、北京大學考古系、湖北省荊州博物館，《鄧家灣》，北京：文物出版社，2003。

79. 湖北省文物考古研究所，《曾國青銅器》，北京：文物出版社，2007。

80. 湖北省文物事業管理局、湖北省三峽工程移民局，《秭歸廟坪》，北京：科學出版社，2003。

81. 湖北省京九鐵路考古隊、湖北省文物考古研究所，《武穴鼓山：新石器時代墓地發掘報告》，北京：科學出版社，2001。

82. 湖北省宜昌地區博物館、北京大學考古系，《當陽趙家湖楚墓》，北京：文物出版社，1992。

83. 湖北省博物館，《曾侯乙墓》，北京：文物出版社，1989。

84. 湖北省荊州博物館，《棗林崗與堆金臺：荊州大堤荊州馬山段發掘報告》，北京：科學出版社，1999。

85. 湖北省荊州博物館、湖北省文物考古研究所石家河考古隊、北京大學考古隊編，《蕭家屋脊》，北京：文物出版社，1999。

86. 湖北省清江隔河岩考古隊、湖北省文物考古研究所，《清江考古：長陽地區考古發掘報告》，北京：科學出版社，2004。

87. 湖南省文物考古研究所編，《湖南考古漫步》，長沙：湖南美術研究所，1999。

88. 黃石市博物館，《銅綠山古礦冶遺址》，北京：文物出版社，1999。

89. 黃錫全編，《湖北出土商周文字輯證》，武漢：武漢大學出版社，1992。

90. 馮雲鵬、馮雲鵷輯，《金石索》，北京：書目文獻出版社，1996。

91. 華覺明，《中國古代金屬技術：銅和鐵造就的文明》，鄭州：大象出版社，1999。

92. 彭邦炯，《商史探微》，重慶：重慶出版社，1988。

93. 彭裕商，《西周青銅器年代綜合研究》，成都：巴蜀書社，2003。

94. 彭萬廷等編，《巴楚文化源流》，武漢：湖北教育出版社，2002。

95. 彭適凡，《中國南方古代印紋陶》，北京：文物出版社，1987。

96. 童恩正，《古代的巴蜀》，重慶：重慶出版社，1998。

97. 童書業，《春秋左傳研究》，上海：上海人民出版社，1980。

98. 楊寬，《西周史》，臺北：臺灣商務印書館，1999。

99. 楊樹達，《積微居金文說（增訂本）》，北京：科學出版社，1959。

100. 楊懷仁、唐日長主編，《長江中游荊江變遷研究》，北京：中國水利水電出版社，1998。

101. 楊寶成主編，《湖北考古發現與研究》，武漢：武漢大學出版社，1995。

102. 董楚平，《吳越徐舒金文集釋》，杭州：浙江古籍出版社，1992。

103. 鄒安編，《周金文存》，臺北：台聯國風出版社，1978。

104. 鄒逸麟主編，《黃淮海平原歷史地理》，合肥：安徽教育出版社，1993。

105. 葉達雄，《西周政治史研究》，臺北：明文書局，1982。

106. 趙殿增、李明斌，《長江上游的巴蜀文化》，武漢：湖北教育出版社，2003。

107. 端方，《陶齋吉金續錄》，臺北：新文豐出版社，1979。

108. 蒙文通，《巴蜀古史論述》，成都：四川人民出版社，1981。

109. 蒙文通，《古史甄微》，成都：巴蜀書社，1999。

110. 魯西奇，《歷史地理研究：對象與方法——漢水流域的個案考察》，南寧：廣西人民出版社，2000。

111. 劉心源，《奇觚室吉金文述》，上海：上海古籍出版社，1997。

112. 劉和惠，《楚文化的東漸》，武漢：湖北教育出版社，1995。

113. 隨州市博物館，《隨州擂鼓墩二號墓》，北京：文物出版社，2008。

114. 隨州市博物館，《隨州出土文物精粹》，北京：文物出版社，2009。

115. 錢穆，《國史大綱（修訂版）》，臺北：臺灣商務印書館，1996。

116. 襄樊市考古隊、湖北省文物考古研究所、湖北孝襄高速公路考古隊，《棗陽郭家廟曾國墓地》，北京：科學出版社，2005。

117. 譚維四，《曾侯乙墓》，北京：文物出版社，2003。

118. 羅香林《百越源流與文化》，臺北：國立編譯館中華叢書編審委員會，1978。

119. 羅振玉，《三代吉金文存》，臺北：文華出版社，1970。

120. 羅振玉撰集，《貞松堂集古遺文》，臺北：大通書局，1986。

121. 羅振玉撰集，《貞松堂集古遺文補遺》，臺北：大通書局，1986。

122. 羅運環，《楚國八百年》，武漢：武漢大學出版社，1992。

123. 嚴一萍，《金文總集》，臺北：藝文印書館，1983。

124. 嚴文明，《農業發生與文明起源》，北京：科學出版社，2000。

125. 顧鐵符，《楚國民族述略》，武漢：湖北人民出版社，1984。

126. Nicola Di Cosmo, *Ancient China and It's Enemies: the rise of nomadic power*

in East Asian History, Cambridge, U.K.; New York: Cambridge University Press, 2002.

三、論文（依作者姓名筆劃排序）

1. 十堰市博物館、丹江口市博物館，〈丹江口市下絞遺址調查簡報〉，《江漢考古》，1（武漢，1997.03），頁1-5。

2. 大悟縣博物館，〈大悟縣古文化遺址調查簡報〉，《江漢考古》，2（武漢，1990.06），頁5-12。

3. 三峽考古隊第三組，〈湖北宜昌楊家嘴遺址發掘簡報〉，《江漢考古》，1（武漢，1994.03），頁39-55,12。

4. 山西省文物管理委員會侯馬工作站，〈山西侯馬上馬村東周墓葬〉，《考古》，5（北京，1963.05），頁229-245。

5. 山東省文物考古研究所、沂水縣文物管理站，〈山東沂水劉家店子春秋墓發掘簡報〉，《文物》，9（北京，1984.09），頁1-10。

6. 王文健、龍西斌，〈石門縣商時期遺存調查——寶塔遺址與桅崗墓葬〉，收入湖南省文物考古研究所、湖南省考古學會，《湖南考古輯刊》，4（長沙，1987.10），頁11-18。

7. 王光鎬，〈黃陂魯台山西周遺存國屬初論〉，《江漢考古》，4（武漢，1983.12），頁58-69。

8. 王宏，〈論周梁玉橋文化〉，《江漢考古》，3（武漢，1996.09），頁45-54。

9. 王紅星，〈石家河文化形成和發展過程中的外力作用問題〉，收入中國考古學會編，《中國考古學會第九次年會論文集》（北京：文物出版社，1997），頁151-160。

10. 王紅星，〈長江中游地區新石器時代遺址分布規律、文化中心的轉移與環境變遷的關係〉，《江漢考古》，1（武漢，1998.03），頁53-61、76。

11. 王善才，〈香爐石遺址與香爐石文化〉，《四川文物》，2（成都，2001.04），頁22-28。

12. 王煒林、孫秉君，〈漢水上游巴蜀文化的蹤跡〉，收入中國考古學會編，《中國考古學會第七次年會論文集》（北京：文物出版社，1989），頁236-248。

13. 王毓彤，〈江陵發現青銅器〉，《文物》，2（北京，1963.02），頁53-55。

14. 孔令遠、陳永清，〈江蘇邳州市九女墩三號墩的發掘〉，《考古》，5（北京，2002.05），頁19-30。

15. 中國社會科學院考古所長江工作隊，〈湖北均縣朱家臺遺址〉，《考古學報》，1（北京，1989.01），頁25-56。

16. 中國科學院考古研究所湖北發掘隊，〈湖北蘄春毛家嘴西周木構建築〉，

《考古》，1（北京，1962.01），頁 1-9。

17. 心健、家驥，〈山東費縣發現東周銅器〉，《考古》，2（北京，1983.02），頁 188。

18. 尹檢順，〈論鄂西與洞庭湖區新石器時代早期文化序列及相互關係〉，《江漢考古》，2（武漢，1998.06），頁 35-49。

19. 丹江口市博物館，〈湖北丹江口市玉皇廟遺址調查報告〉，《華夏考古》，2（鄭州，2003.06），頁 3-10。

20. 石河考古隊，〈湖北石河遺跡群 1987 年發掘簡報〉，《文物》，8（北京，1990.08），頁 1-16。

21. 石泉，〈從春秋吳師入郢之役看古代荊楚地理〉，收入氏著，《古代荊楚地理新探》（武漢：武漢大學出版社，1988），頁 355-416。

22. 石璋如，〈殷代的鑄銅工藝〉，《中央研究院歷史語言研究所集刊》，26（臺北，1955.06），頁 95-129。

23. 白九江，〈宜昌中堡島遺址大溪、屈家嶺和哨棚嘴三種文化因素的分析〉，《江漢考古》，2（武漢，2003.06），頁 46-54。

24. 平勢隆郎，〈楚國の縣〉，收入氏著，《左傳の史料批判的研究》（東京：汲古書院，1998），頁 198-261。

25. 平勢隆郎，〈『左傳』昭公十三年「靈王遷許胡沈道房申於荊焉」をめぐつて──對楚從屬國的遷徙問題〉《東洋史研究》，46：3（東京，1987.12），頁 1-20。

26. 平勢隆郎撰，徐世虹譯，〈楚王與縣君〉，收入劉俊文主編，《日本中青年學者論中國史・上古先秦卷》（上海：上海古籍出版社，1995），頁 212-245。

27. 北京大學考古系、湖北省文物考古研究所、湖北省荊州地區博物館、石家河考古隊，〈石家河遺址群調查報告〉，《南方民族考古》，5（成都：四川科學技術出版社，1993），頁 213-294。

28. 北京大學考古專業商周組、山西省考古研究所、河南省安陽、新鄉地區文化局、湖北省孝感地區博物館，〈晉豫鄂三省考古調查報告〉，《文物》，7（北京，1982.07），頁 1-16。

29. 北京大學考古實習隊、河南省南陽市文物研究所，〈1991 年唐白河流域及淮源史前遺址的考古調查〉，《江漢考古》，2（武漢，1996.06），頁 1-10。

30. 四川大學歷史文化學院考古學系、重慶市文化局、雲陽縣文管所，〈重慶雲陽李家壩東周墓地 1997 年發掘報告〉，《考古學報》，1（北京，2002.01），頁 59-94。

31. 四川省文物考古研究所、涪陵地區博物館、涪陵市文物管理所，〈涪陵市小田溪 9 號墓發掘簡報〉，收入四川省文物考古研究所，《四川考古報告集》（北京：文物出版社，1998），頁 186-196。

32. 四川省文物考古研究所、榮經嚴道古城遺址博物館,〈榮經縣同心村巴蜀船棺葬發掘報告〉,收入四川省文物考古研究所,《四川考古報告集》,頁212-280。

33. 四川省文物考古研究所、廣元市文物管理所,〈廣元市昭化寶輪院船棺葬發掘簡報〉,收入四川省文物考古研究所,《四川考古報告集》,頁197-211。

34. 四川省文物管理委員會、涪陵地區文化局,〈四川涪陵小田溪四座戰國墓〉,《考古》,1(北京,1985.01),頁14-17、32。

35. 四川省博物館、重慶市博物館、涪陵縣文化館,〈四川涪陵地區小田溪戰國土坑墓清理簡報〉,《文物》,5(北京,1974.05),頁61-80。

36. 朱誠、于世永、盧春成,〈長江三峽及江漢平原地區全新世環境考古與異常洪澇災害研究〉,《地理學報》,52:3(北京,1997.05),頁268-278。

37. 任新雨,〈試論鄂西北地區的仰韶文化和屈家嶺文化〉,《江漢考古》,4(武漢,2001.12),頁32-39。

38. 江西省文物工作隊,〈江西九江神墩遺址發掘簡報〉,《江漢考古》,4(武漢,1987.12),頁12-31。

49. 江西省文物考古研究所,〈江西考古的世紀回顧與思考〉,《考古》,12(北京,2000.12),頁24-34。

40. 江西省文物考古研究所、瑞昌市博物館,〈江西瑞昌市檀樹嘴商周遺址發掘簡報〉,《考古》,12(北京,2000.12),頁50-59。

41. 江西省博物館、九江縣文化工作站,〈江西九江縣沙河街遺址發掘簡報〉,《考古學集刊》,2(北京,1982),頁61-68。

42. 江西省歷史博物館、貴溪縣文化館,〈江西貴溪崖墓發掘簡報〉,《文物》,11(北京,1980.11),頁1-25。

43. 江西省歷史博物館、靖安縣文化館,〈江西靖安出土春秋徐國銅器〉,《文物》,8(北京,1980.08),頁13-15。。

44. 江蘇省丹徒考古隊,〈江蘇丹徒北山頂春秋墓發掘報告〉,《東南文化》,3-4(南京,1988.04),頁13-50。

45. 安倍道子,〈春秋時代の楚の王權について ―― 莊王から靈王の時代〉,《史學》,50(東京,1980.11),頁389-410。

46. 安倍道子,〈莊王期にわける楚の對外發展――この時期の王權強化の動きとの關連に注目しながら〉,《東海大學紀要(文學部)》,36(東京,1982.03),頁1-19。

47. 安倍道子,〈春秋楚國の申縣・陳縣・蔡縣をめぐって〉,《東海大學紀要(文學部)》,41(東京,1984.10),頁29-44。

48. 安倍(齋藤)道子,〈春秋楚國の王と世族――その系譜關係をめぐつ

て〉,《日中文化研究》,10（東京,1996.08）,頁 78-87。

49. 安徽省文物工作隊,〈安徽舒城九里墩春秋墓〉,《考古學報》,2（北京,1982.04）,頁 229-242。

50. 安徽省文物考古研究所,〈舒城鳳凰嘴發現二座戰國西漢墓〉,《考古》,8（北京,1987.08）,頁 723-727。

51. 安徽省文物考古研究所、南陵縣文物管理所,〈安徽南陵縣古銅礦採冶遺址調查與試掘〉,《考古》,2（北京,2002.02）,頁 45-54。

52. 安徽省文物考古研究所、舒城縣文物管理所,〈安徽省舒城縣河口春秋墓〉,《文物》,6（北京,1990.06）,頁 58-66、53。

53. 安徽省六安縣文物管理所,〈安徽六安縣城西窯廠 2 號楚墓〉,《考古》,12（北京,1995.12）,頁 124-140、123。

54. 安徽省博物館、六安縣文物管理所,〈安徽六安縣發現一座春秋時期墓葬〉,《考古》,7（北京,1993.07）,頁 656-657、670。

55. 向新民,〈湖南耒陽市陰間巷發現戰國墓〉,《考古》,8（北京,1990.08）,頁 756-757、755。

56. 向緒成,〈試論黃岡地區新石器時代文化〉,收入湖北省考古學會,《湖北省考古學會論文選集（三）》（武漢：江漢考古雜誌社,1998）,頁 17-25。

57. 刑敏建,〈從酉水流域考古發掘看楚文化與諸民族的關係〉,《民族研究》,1（北京,1997.01）,頁 89-94。

58. 何介鈞,〈從考古發現看先秦湖南境內的民族分布〉,《求索》,4（長沙,1983.07）,頁 111-117。

59. 何介鈞,〈洞庭湖區新石器時代早期文化探索〉,收入湖南省文物考古研究所、湖南省考古學會編,《湖南考古輯刊》,5（長沙,1989.12）,頁 125-134。

60. 何介鈞,〈楚鬲試析〉,《湖南考古輯刊》,6（長沙,1994.04）,頁 177-185。

61. 何介鈞,〈湖南省商時期古文化研究〉,收入湖南省博物館編,《湖南省博物館四十週年紀念論文集》（長沙：湖南教育出版社,1996）,頁 47-68。

62. 何介鈞,〈試論湖南出土商代青銅器及商文化向南方傳播的幾個問題〉,原載氏著,《湖南先秦考古學研究》（長沙：岳麓書社,1996）;後收入李伯謙編,《商文化論集》（北京：文物出版社,2003）,頁 560-574。

63. 何介鈞、曹傳松,〈湖南澧縣商周時期古遺址調查與探掘〉,收入湖南省文物考古研究所、湖南省考古學會,《湖南考古輯刊》,4（長沙,1987.10）,頁 1-10。

64. 何介鈞、鄭元日,〈關於湘西、湘西北發現的寬格青銅短劍〉,《文物》,2（北京,1993.02）,頁 87-92。

65. 何捷,〈試論汨羅玉笥山商代遺址〉,收入湖南中青年考古學者論文選集

編委會編，《考古耕耘錄——湖南中青年考古學者論文選集》（長沙：岳麓書社，1999），頁 185-190。

66. 何琳儀，〈楚都丹陽地望新證〉，《文史》，67（北京：中華書局，2004.05），頁 11-18。

67. 何駑，〈荊南寺遺址夏商時期遺存分析〉，收入北京大學考古系編，《考古學研究（二）》（北京：北京大學出版社，1994），頁 78-100。

68. 沈強華，〈試論屈家嶺文化的地域類型〉，《考古與文物》，2（西安，1986.03），頁 37-44。

69. 沈強華，〈油子嶺一期遺跡試析〉，《考古》，9（北京，1998.09），頁 53-63。

70. 李文杰，〈京山屈家嶺遺址第三次發掘遺存的制陶工藝和年代問題〉，《中國歷史博物館館刊》，1（北京，1994.06），頁 16-23。

71. 李文杰，〈蕭家屋遺址石家河文化製陶工藝〉，收入湖北省荊州博物館、湖北省文物考古研究所石家河考古隊、北京大學考古隊編，《蕭家屋脊》，頁 435-443。

72. 李文杰，〈湖北關廟山及紅花套遺址石家河文化的製陶技術〉，《文物春秋》，1（石家莊，2000.02），頁 1-5。

73. 李文杰，〈盤龍城遺址普通陶器、硬陶、釉陶工藝研究〉，收入湖北省文物考古研究所，《盤龍城：1963～1994 年考古發掘報告》，頁 608-623。

74. 李天元，〈楚的東進與鄂東古銅礦的開發〉，《江漢考古》，（武漢，1988.06），頁 109-114、71。

75. 李伯謙，〈試論吳城文化〉，原載《文物集刊》，3（北京，1981.03）；後收入氏著，《中國青銅文化結構體系研究》，頁 218-230。

76. 李伯謙，〈我國南方幾何形印紋陶遺存的分區、分期及其有關問題〉，原載《北京大學學報（哲學社會科學版）》，1（北京，1981.01）；後收入氏著，《中國青銅文化結構體系研究》，頁 195-217。

77. 李伯謙，〈城固銅器群與早期蜀文化〉，原載《考古與文物》，2（北京，1983.03）；後收入氏著，《中國青銅文化結構體系研究》，頁 260-267。

78. 李伯謙，〈長江流域文明的進程〉，原載《考古與文物》，4（北京，1997.07）；後收入氏著，《中國青銅器文化結構體系研究》，頁 280-292。

79. 李家和、楊巨源、劉詩中，〈再論樊城堆——石峽文化〉，《東南文化》，3（南京，1989.03），頁 156-173。

80. 李家浩，〈包山楚簡所見楚先祖名及其相關問題〉，《文史》，42（北京：中華書局，1997），頁 7-19。

81. 李國梁，〈群舒故地出土的青銅器〉，《文物研究》，6（合肥，1990.10），頁 162-190。

82. 李健，〈湖北江陵萬城出土西周銅器〉，《考古》，4（北京，1963.04），頁

224-225。

83. 李零,〈楚國族源、世系的文字學證明〉,《文物》,2（北京,1991.02）,
頁 47-54、90。

84. 李曉鷗、劉繼銘,〈四川榮經縣烈太戰國土坑墓清理簡報〉,《考古》,7
（北京,1984.07）,頁 602-606。

85. 李默,〈荊蠻質疑〉,《中央民族學院學報》,1（北京,1984.02）,頁 90-92。

86. 李龍章,〈湖南兩廣青銅時代越墓研究〉,《考古學報》,3（北京,1995.07）,
頁 275-312。

87. 李學勤,〈論多友鼎的時代及意義〉,原載《人文雜誌》,6（西安,1981.11）,
後收入氏著,《新出青銅器研究》（北京:文物出版社,1990）,頁 126-133。

88. 李學勤,〈兮甲盤與駒父盨——論西周末年周朝與淮夷的關係〉,原載《人
文雜誌叢刊》2;後收入氏著,《新出青銅器研究》,頁 138-145。

89. 李學勤,〈論江淮間的春秋青銅器〉,原載《文物》,1（北京,1980.01）;
後收入氏著,《新出青銅器研究》,頁 151-159。

90. 李學勤,〈太保玉戈與江漢的開發〉,收入楚文化研究會編,《楚文化研究
論集（第二集）》（武漢:湖北人民出版社,1991）,頁 5-10。

91. 李學勤,〈靜方鼎與周昭王曆日〉,原載《光明日報》（北京,1997.12.23）,
後收入氏著,《夏商周年代學札記》（瀋陽:遼寧大學出版社,1999）,頁
22-30。

92. 李學勤,〈盤龍城與商代南土〉,原載《文物》,2（北京,1976.02）;後
收入湖北省文物考古研究所,《盤龍城:1963～1994 年考古發掘報告》,
頁 650-655。

93. 杜耘,〈洞庭湖新石器文化遺址與古環境〉,《華中師範大學學報（自然科
學版）》,36:4（武漢,2002.12）,頁 516-520。

94. 杜金鵬,〈盤龍城商代宮殿基址討論〉,《考古學報》,2（北京,2005.04）,
頁 161-183。

95. 吳永章,〈論楚文化與南方民族文化的關係〉,《民族研究》,6（北京,
1992.11）,頁 73-82。

96. 吳銘生,〈湖南東周時期越人墓葬的研究〉,《湖南考古輯刊》,5（長沙,
1989.12）,頁 161-164。

97. 宋治民〈試論蜀文化和巴文化〉,原載《考古學報》,2（北京,1999.04）,
後收入氏著,《宋治民考古文集》（北京:科學出版社,2003）,頁 134-153。

98. 宋治民,〈略論四川戰國秦墓的分期〉,原載中國考古學會編,《中國考古
學會第一次年會論文集》（北京:文物出版社,1979）,後收入氏著,《宋
治民考古文集》,頁 1-15。

99. 宋鎮豪，〈商代的王畿、四土與四至〉，《南方文物》，1（南昌，1994.03），頁 55-59、48。

100. 余從新，〈安陸曬書臺商周遺址試掘〉，《江漢考古》，1（武漢，1980.03），頁 64。

101. 谷口滿，〈楚都丹陽探索──古代楚國成立試論〉，《東北大學東洋史論集》，1（仙臺，1984.01），頁 1-12。

102. 沙市市博物館，〈湖北沙市周梁玉橋遺址試掘簡報〉，收入《文物資料叢刊》，10（北京：文物出版社，1987.03），頁 22-31。

103. 孝感地區博物館，〈孝感、黃陂兩縣部份遺址複查簡報〉，《江漢考古》，4（武漢，1983.12），頁 1-13。

104. 孝感地區博物館，〈湖北大悟呂王城遺址〉，《江漢考古》，2（武漢，1990.06），頁 31-43。

105. 孝感地區博物館，〈湖北安陸市商周遺址調查〉，《考古》，6（北京，1993.06），頁 500-506、542。

106. 孝感地區博物館，〈湖北省漢川縣考古調查簡報〉，《考古》，8（北京，1993.08），頁 694-700。

107. 孝感地區博物館、孝感市博物館，〈湖北孝感聶家寨遺址發掘簡報〉，《江漢考古》，2（武漢，1994.06），頁 1-14。

108. 南京大學地理系，〈胡家屋場遺址孢粉分析研究〉，《考古學報》，2（北京，1993.04），頁 203-206。

109. 周永珍，〈兩周時期的應國、鄧國銅器及地理位置〉，《考古》，1（北京，1982.01），頁 48-53。

110. 周書燦，〈由員卣銘文論及西周王朝對南土經營的年代〉，收入氏著，《西周王朝經營四土研究》（鄭州：中州古籍出版社，2000），頁 195-206。

111. 周國平，〈陽新大路鋪遺址商周陶器淺析〉，《江漢考古》，3（1992.09），頁 58-59、67。

112. 周聘，〈西周楚國初封及南遷原因解〉，《史學月刊》，6（鄭州，2001.06），頁 40-43。

113. 孟華平，〈論大溪文化〉，《考古學報》，4（北京，1992.10），頁 92-100。

114. 孟華平，〈白廟遺存及相關問題〉，《江漢考古》，1（武漢，1999.03），頁 99-100。

115. 武漢大學歷史系考古教研室，〈湖北新洲香爐山遺址（南區）發掘簡報〉，《江漢考古》，1（武漢，1993.03），頁 14-19、87。

116. 武漢大學歷史系考古教研室、湖北省宜城市博物館，〈湖北宜城郭家崗遺址發掘〉，《考古學報》，4（北京，1997.10），頁 515-551。

117. 武漢市博物館、湖北省文物考古研究所、黃陂縣文物管理所，〈1997～1998年盤龍城發掘簡報〉，《江漢考古》，3（武漢，1998.09），頁 34-48。

118. 武漢市黃陂區文管所、武漢市文物考古研究所、武漢市盤龍城遺址博物館（籌），〈商代盤龍城遺址楊家灣十三號墓清理簡報〉，《江漢考古》，1（武漢，2005.03），頁 19-23、54。

119. 林邦存，〈論屈家嶺文化形成的年代和主要原因〉，《江漢考古》，2（武漢，1996.06），頁 66-73。

120. 河南信陽地區文管會、光山縣文管會，〈春秋早期黃君孟夫婦墓發掘報告〉，《考古》，4（北京，1984.04），頁 302-332、348。

121. 河南省信陽地區文管會、河南省羅山縣文化館，〈羅山天湖商周墓地〉，《考古學報》，2（北京，1986.04），頁 153-197。

122. 河南省文物考古研究所、平頂山市文物管理委員會，〈平頂山應國墓地九十五號墓的發掘〉，《華夏考古》，3（北京，1992.09），頁 92-103。

123. 河南省文物考古研究所、平頂山市文物管理委員會，〈平頂山應國墓地八十四號墓發掘簡報〉，《文物》，9（北京，1998.09），頁 4-17。

124. 河南省文物考古研究所、平頂山市文管會，〈平頂山市北滍村兩周墓地一號墓發掘簡報〉，《華夏考古》，1（北京，1988.03），頁 30-44。

125. 河南省博物館、信陽地區文管會、信陽市文化局，〈河南信陽市平橋春秋墓發掘簡報〉，《文物》，1（北京，1981.01）。頁 9-14。

126. 固始侯古堆一號墓發掘組，〈河南固始侯古堆一號墓發掘簡報〉，《文物》，1（北京，1981.01），頁 1-8。

127. 岳陽文物工作隊，〈岳陽縣對門山商代遺址發掘報告〉，收入湖南省文物考古研究所、湖南省考古學會，《湖南考古輯刊》，6（長沙：求索雜誌社，1994），頁 64-75、63。

128. 尚秀妍，〈兮甲盤銘匯釋〉，《殷都學刊》，4（安陽，2001.12），頁 89-94。

129. 近藤喬一，〈商代海貝的研究〉，收入中國社會科學院考古研究所編，《中國商文化國際學術討論會論文集》（北京：中國大百科全書出版社，1998），頁 389-412。

130. 拓古，〈二里頭文化時期的江漢地區〉，《江漢考古》，1（武漢，2002.03），頁 86-87。

131. 胡厚宣，〈楚民族源於東方考〉，收入國立北京大學潛社編，《史學論叢》，1（北京：北京大學出版社，1934），頁 1-52。

132. 胡家喜、李桃元、李秀輝、李京華，〈盤龍城遺址青銅器鑄造工藝研究〉，收入湖北省文物考古研究所，《盤龍城：1963～1994 年考古發掘報告》，頁 576-598。

133. 范學斌、張萬高，〈簡論湘北鄂西地區商時期的鼎釜文化〉，收入《湖北

省考古學會論文選集（三）》（武漢：江漢考古編輯部，1998），頁 39-48。

134. 段渝，〈西周時代楚國疆域的幾個問題〉，《中國史研究》，4（北京，1997.12），頁 24-33。

135. 段渝、譚曉鐘，〈涪陵小田溪戰國墓及所見之巴、楚、秦關係諸問題〉，《四川文物》，2（成都，1991.04），頁 3-9。

136. 施勁松，〈對湖南望城高砂脊出土青銅器的再認識〉，《考古》，12（北京，2002.12），頁 58-63。

137. 俞偉超，〈關於楚文化發展的新探討〉，原載《江漢考古》，1（武漢，1980.04），後收入氏著，《先秦兩漢考古學論集》（北京：文物出版社，1985），頁 211-227。

138. 俞偉超，〈楚文化的淵源與三苗文化的考古學推測——爲中國考古學會第二次年會而作〉，收入氏著，《先秦兩漢考古學論集》，頁 228-242。

139. 俞偉超，〈關於楚文化形成、發展和消亡過程的新認識〉，原載中國歷史博物館考古部編，《中國歷史博物館考古部紀念文集》（北京：科學出版社，2000）；後收入氏著，《古史的考古學探索》（北京：文物出版社，2002），頁 166-176。

140. 南京博物院、徐州市文化局、邳州市博物館，〈江蘇邳州市九女墩二號墩發掘簡報〉，《考古》，11（北京，1999.11），頁 28-34。

141. 信陽地區文管會，〈河南潢川發現黃國和蔡國銅器〉，《文物》，1（北京，1980.01），頁 46-50。

142. 信陽地區文管會，〈河南羅山發現春秋早期銅器〉，《文物》，1（北京，1980.01），頁 51-53。

143. 信陽地區文管會，〈河南信陽市平西五號墓春秋墓發掘簡報〉，《考古》，1（北京，1989.01），頁 20-25、9。

144. 信陽區文管會、信陽市文化局，〈信陽市平橋西 3 號春秋墓發掘簡報〉，《中原文物》，4（鄭州，1981.08），頁 14-15。

145. 信陽地區文管會、羅山縣文化館，〈羅山縣高店公社又發現一批春秋時期青銅器〉，《中原文物》，4（鄭州，1981.08），頁 18-21。

146. 津市市文物管理所，〈津市市金魚嶺東周墓葬〉，《湖南考古輯刊》，5（長沙，1989.12），頁 74-83。

147. 香爐山考古隊，〈湖北武漢市陽邏香爐山遺址考古發掘紀要〉，《南方文物》，1（南昌，1993.03），頁 1-7。

148. 院文清，〈石家河文化玉器概論〉，《故宮文物月刊》，15：5（台北，1997.08），頁 32-59。

149. 唐際根，〈中商文化研究〉，《考古學報》，4（北京，1999.10），頁 393-420。

150. 唐蘭，〈論周昭王時代的青銅器銘刻〉，收入中華書局編輯部編，《古文字

研究》，第二輯（北京：中華書局，1981），頁 12-162。

151. 高至喜，〈「楚公豪」戈〉，《文物》，12（北京，1959.12），頁 60。

152. 高應勤，〈試論沮漳河流域是探索早期楚文化的中心〉，收入宜昌博物館編，《辛勤耕耘：宜昌博物館二十年紀念文集》（北京：科學出版社，2002），頁 140-144。

153. 高應勤、程耀庭，〈談丹陽〉，《江漢考古》，2（武漢，1980.10），頁 23-26。

154. 徐少華，〈古厲國歷史地理考異〉，《歷史地理》，19（上海，2003.06），頁 126-132。

155. 華，〈養國銅器及其歷史地理探析〉，《考古學報》，4（北京，2008.12），頁 441-459。

156. 徐中舒，〈禹鼎的年代及其相關問題〉，《考古學報》，3（北京，1959.07），頁 53-65。

157. 徐中舒，〈殷周之際史跡之檢討〉，原載《中央研究院歷史語言研究所集刊》，7：2（北京，1936.12）；後收入氏著，《徐中舒歷史論文選輯》（北京：中華書局，1998），頁 652-691。

158. 徐中舒（遺稿），〈蒲姑、徐奄、淮夷、群舒考〉，《四川大學學報（哲社科學版）》，3（成都，1998.09），頁 65-76。

159. 郝欣、孫淑雲，〈盤龍城商代青銅器的檢驗與初步研究〉，收入湖北省文物考古研究所，《盤龍城：1963～1994 年考古發掘報告》，頁 517-538。

160. 柴煥波，〈湘西濮文化的考古學鈎沉〉，《古代文明》，6（北京，2007.12），頁 116-134。

161. 柴煥波、龍京沙，〈永順縣不二門商周時期遺址〉，收入《中國考古學年鑑》（北京：文物出版社，2002），頁 294-295。

162. 秦永軍、韓維龍、楊鳳翔，〈河南商水縣出土周代青銅器〉，《考古》，4（北京，1989.04），頁 310-313。

163. 夏含夷，〈從駒父盨蓋銘文談周王朝與南淮夷的關係〉，收入氏著，《溫故知新錄：商周文化史管見》（臺北：稻禾出版社，1997），頁 157-165。

164. 宮希成，〈安徽淮河流域西周時期文化試探〉，《東南文化》，5（南京，1999.05），頁 38-43。

165. 桑植縣文物管理所，〈湖南桑植縣朱家台戰國墓〉，《江漢考古》，3（武漢，1991.09），頁 13-25。

166. 晏昌貴，〈楚靈王遷國移民考〉，《江漢論壇》，12（武漢，1990.12），頁 53-57。

167. 晏昌貴，〈春秋楚王權與楚國政治地理結構〉，《江漢論壇》，3（武漢，1998.03），頁 42-44。

168. 荊州市博物館、鍾祥市博物館，〈鍾祥亂葬崗夏文化遺存清理簡報〉，《江漢考古》，3（武漢，2001.09），頁 38-43。

169. 荊州地區博物館，〈江陵岳山大隊出土一批春秋銅器〉，《文物》，10（北京，1982.10），頁 16-17。

170. 荊州地區博物館，〈湖北松滋博宇山遺址試掘簡報〉，《文物資料叢刊》，10（北京，1987.03），頁 32-38。

171. 荊州地區博物館，〈湖北荊門、鍾祥、京山、天門四縣古遺址調查〉，《文物資料叢刊》，10（北京，1987.03），頁 44-54。

172. 荊州地區博物館、北京大學考古系，〈湖北江陵荊南寺遺址第一、二次發掘簡報〉，《考古》，8（北京，1989.08），頁 679-698。

173. 荊州地區博物館、鍾祥縣博物館，〈鍾祥六合遺址〉，《江漢考古》，2（武漢，1987.06），頁 1-31。

174. 浙江省文物管理委員會、浙江省文物考古所、紹興地區文化局、紹興市文管會，〈紹興 306 號戰國墓發掘簡報〉，《文物》，1（北京，1984.01），頁 11-12。

175. 張文緒、裴安平，〈湖南澧縣夢溪八十墙出土稻穀的研究〉，《文物》，1（1997.01），頁 36-41。

176. 張世賢，〈試論西周政治社會的演變對中國用銅文化的影響〉，收入中國科技史論文集編輯，《中國科技史論文集》（臺北：聯經出版事業公司，1995），頁 49-68。

177. 張仲淳，〈江西貴溪崖墓族屬新探——兼對干越說質疑〉，《東南文化》，1（南京，1989.01），頁 33-39。

178. 張光裕，〈香江新見蔡公子及蔡侯器述略〉，《中國文字》，新 22（臺北，1997），頁 151-164。

179. 張昌平，〈論湖北襄樊地區兩周甲骨〉，《考古與文物》，5（西安，1996.09），頁 12-17、11。

180. 張昌平，〈試論真武山一類遺存〉，《江漢考古》，1（武漢，1997.03），頁 49-54。

181. 張昌平，〈楚鬲研究〉，收入湖北省文物考古研究所，《奮發荊楚探索文明》（武漢：湖北科學出版社，2000），頁 161-183。

182. 張昌平，〈夏商時期中原與長江中游地區的文化聯繫〉，《華夏考古》，3（鄭州，2006.09），頁 54-60。

183. 張亞初，〈論魯台山西周墓的年代和族屬〉，《江漢考古》，2（武漢，1984.06），頁 23-28。

184. 張欣如，〈漵浦大江口鎮戰國巴人墓〉，《湖南考古輯刊》，1（長沙，1982.11），頁 37-38。

185. 張潮，〈古越族文化初探〉，《江漢考古》，4（武漢，1984.12），頁 80-83。

186. 張增祺，〈「濮」說〉，《貴州民族研究》，1（貴陽，1986.03），頁 51-59。

187. 張鍾雲，〈淮河中下游春秋諸國青銅器研究〉，收入北京大學考古系編，《考古學研究（四）》（北京：科學出版社，2000），頁 140-179。

188. 張鍾雲，〈徐與舒關係略論〉，《南方文物》，3（南昌，2000.09），頁 45-49。

189. 張懋鎔，〈安康出土的史密簋及其意義〉，原載《文物》，7（北京，1989.07）；後收入氏著，《古文字與青銅器論集》（北京：科學出版社，2002），頁 24-33。

190. 張懋鎔，〈西周南淮夷稱名與軍事考〉，原載《人文雜誌》，4（西安，1990.07）；後收入氏著，《古文字與青銅器論集》，頁 165-171。

191. 郭人民，〈文王化行南國與周人經營江漢〉，《河南師範大學學報》，2（開封，1980.03），頁 21-25。

192. 郭偉民，〈談先秦荊楚、百越民族的葬制〉，《民族研究》，3（北京，1994.05），頁 50-57。

193. 郭偉民，〈湘西巴跡初探〉，《四川文物》，5（成都，1994.10），頁 10-14。

194. 郭偉民，〈湘江流域新石器文化序列及相關問題〉，《華夏考古》，3（鄭州，1999.03），頁 59-72。

195. 民，〈中心與外圍：湖南新石器文化進程的區域考察〉，《古代文明》，6（北京，2007.12），頁 34-82。

196. 郭勝斌，〈商時期洞庭湖東岸青銅文化的年代分期與文化性質〉，收入湖南中青年考古學者論文選集編委會編，《考古耕耘錄——湖南中青年考古學者論文選集》，頁 162-184。

197. 郭勝斌，〈銅鼓山商代遺存文化因素分析〉，《江漢考古》，4（武漢，2001.12），頁 40-48。

198. 陳昌遠，〈釋《論語》「三分天下有其二」〉，《人文雜志》，5（西安，1983.09），頁 70-76。

199. 陳昌遠，〈周公奔楚考〉，《史學月刊》，5（鄭州，1985.05），頁 15-19。

200. 陳昭容，〈從青銅器銘文看兩周漢淮地區諸國婚姻關係〉，《中央研究院歷史語言研究所集刊》，75：4（臺北，2004.12），頁 635-698。

201. 陳振裕，〈湖北考古的世紀回顧與展望〉，原載《考古》，8（北京，2000.08），後收入氏著，《楚文化與漆器研究》（北京：科學出版社，2003），頁 1-14。

202. 陳振裕，〈早期楚文化探索二十年〉，原載宿白主編，《蘇秉琦與當代中國考古學》（北京：科學出版社，2001）；後收入氏著，《楚文化與漆器研究》，頁 193-208。

203. 陳啓家、舒向今、向開旺，〈湘西辰溪、漵浦發現青銅劍〉，《湖南考古輯

刊》，2（長沙，1984.02），頁 204。

204. 陳賢一，〈江陵張家山遺址的試掘與探索〉，《江漢考古》，2（武漢，1980.06），頁 77-86。

205. 陳賢一，〈黃陂魯台山西周文化剖析〉，《江漢考古》，2（武漢，1982.06），頁 62-72。

206. 曹桂岑，〈楚都陳城考〉，《中原文物》，特刊（鄭州，1981.10），頁 37-40。

207. 曹傳松，〈淺論洞庭湖北岸石器時代文化〉，《東南文化》，6（南京，1994.06），頁 59-71。

208. 曹錦炎，〈紹興坡塘出土徐器銘文及其相關問題〉，《文物》，10（北京，1984.10），頁 27-29。

209. 曹錦炎，〈北山銅器新考〉，《東南文化》，6（上海，1988.06）頁 41-44。

210. 港下古銅礦遺址發掘小組，〈湖北陽新港下古銅礦遺址發掘簡報〉，《考古》，1（北京，1988.01），頁 30-43。

211. 湖北省文物考古研究所，〈湖北江陵朱家臺遺址發掘簡報〉，《江漢考古》，3（武漢，1991.09），頁 1-12。

212. 湖北省文物考古研究所，〈1982 年秭歸縣柳林溪發掘的新石器早期文化遺存〉，《江漢考古》，1（1994.03），頁 1-12。

213. 湖北省文物考古研究所，〈漢川烏龜山西周遺址試掘簡報〉，《江漢考古》，2（武漢，1997.06），頁 10-13。

214. 湖北省文物考古研究所，〈長江三峽工程壩區白獅灣遺址發掘簡報〉，《江漢考古》，1（武漢，1999.03），頁 1-10。

215. 湖北省文物考古研究所，〈大悟縣城關鎮雙河村李家灣遺址發掘簡報〉，《江漢考古》，3（武漢，2000.09），頁 16-22。

216. 湖北省文物考古研究所，〈荊門團林叉堰沖遺址發掘簡報〉，《江漢考古》，3（武漢，2001.09），頁 20-37。

217. 湖北省文物考古研究所，〈湖北宜昌上磨碯周代遺址發掘簡報〉，收入國務院三峽工程建設委員會辦公室、國家文物局編，《湖北庫區考古報告集（第一卷）》（北京：科學出版社，2003），頁 737-750。

218. 湖北省文物考古研究所、宜城市博物館，〈湖北省宜城老鴰侖遺址試掘報告〉，《江漢考古》，1（武漢，2003.03），頁 16-39。

219. 湖北省文物考古研究所、宜城縣博物館，〈宜城桐樹園遺址發掘簡報〉，《江漢考古》，1（武漢，1996.03），頁 15-21。

220. 湖北省文物考古研究所、宜城縣博物館，〈湖北宜城縣蕭家嶺遺址的發掘〉，《文物》，1（北京，1999.01），頁 21-31。

221. 湖北省文物考古研究所、湖北省十堰市博物館，〈太山廟新石器時代遺址

第一次發掘簡報〉,《江漢考古》,2（武漢,2001.06）,頁 1-10。

222. 湖北省文物考古研究所、陽新縣博物館,〈陽新大路鋪遺址東區發掘簡報〉,《江漢考古》,3（武漢,1992.09）,頁 10-21。

223. 湖北省文物考古研究所、襄樊市博物館,〈湖北襄樊真武山周代遺址〉,《考古學集刊》,9（北京:科學出版社,1995）,頁 138-161。

224. 湖北省文物管理處,〈湖北紅安金盆遺址的探掘〉,《考古》,4（北京,1960.04）,頁 38-40。

225. 湖北省博物館,〈當陽季家湖楚城遺址〉,《文物》,10（北京,1980.10）,頁 31-41。

226. 湖北省博物館,〈秭歸官庄坪遺址試掘簡報〉,《江漢考古》,3（武漢,1984.09）,頁 19-36。

227. 湖北省博物館,〈襄陽蔡坡戰國墓發掘報告〉,載《江漢考古》,1（武漢,1985.03）,頁 1-37。

228. 湖北省博物館,〈沙市官堤商代遺址發掘簡報〉,《江漢考古》,4（武漢,1985.12）,頁 1-10。

229. 湖北省博物館、武漢大學歷史系考古專業,〈當陽馮山、楊木崗遺址試掘簡報〉,《江漢考古》,1（武漢,1983.03）,頁 43-50。

230. 湖北省博物館、胡雅麗、王紅星,〈秭歸官庄坪周代遺址初析〉,《江漢考古》,4（武漢,1984.12）,頁 74-79。

231. 湖北省崇陽縣博物館,〈湖北崇陽縣出土一件西周銅甬鐘〉,《江漢考古》,1（武漢,1997.03）,頁 18-19。

232. 湖北省博物館江陵工作站,〈江陵縣紀南城摩天嶺遺址試掘簡報〉,《江漢考古》,2（武漢,1988.06）,頁 6-11。

233. 湖北荊州地區博物館、北京大學考古系,〈湖北江陵梅槐橋遺址發掘簡報〉,《考古》,9（北京,1990.09）,頁 790-796。

234. 湖北黃岡市博物館、湖北蘄春縣博物館,〈湖北蘄春達城新屋壪西周銅器窖藏〉,《文物》,12（北京,1997.12）,頁 29-33。

235. 湖南省文物考古研究所,〈湖南石門皂市商代遺存〉,《考古學報》,2（北京,1992.04）,頁 185-219。

236. 湖南省文物考古研究所,〈沅陵木形山戰國墓發掘簡報〉,《湖南考古輯刊》,6（長沙,1994.04）,頁 92-96。

237. 湖南省文物考古研究所,〈湖南澧縣夢溪八十壋新石器時代早期遺址發掘簡報〉,《文物》,12（北京,1996.12）,頁 26-52。

238. 湖南省文物考古研究所,〈澧縣城頭山古城址 1997～1998 年度發掘簡報〉,《文物》,6（北京,1999.06）,頁 4-17。

239. 湖南省文物考古研究所孢粉實驗室,〈湖南澧縣彭頭山遺址孢粉分析與古環境探討〉,《文物》,8（北京,1990.08）,頁 30-32、69。

240. 湖南省文物考古研究所、沅陵縣文管所,〈湖南沅陵木馬嶺戰國墓發掘簡報〉,《考古》,8（北京,1994.08）,頁 683-684。

241. 湖南省文物考古研究所、岳陽市文物工作隊,〈岳陽市郊銅鼓山商代遺址與東周墓發掘報告〉,收入湖南省文物考古研究所、湖南省考古學會,《湖南考古輯刊》,5（長沙,1989.12）,頁 29-45、200。

242. 湖南省文物考古研究所、長沙市博物館、長沙市考古研究所、望城縣文物管理所,〈湖南望城縣高砂脊商周遺址的發掘〉,《考古》,4（北京,2001.04）,頁 27-44。

243. 湖南省文物考古研究所、澧縣文物管理所,〈湖南澧縣彭頭山新石器時代早期遺址發掘簡報〉,《文物》,8（北京,1990.08）,頁 17-29。

244. 湖南省益陽地區文物工作隊,〈益陽楚墓〉,《考古學報》,1（北京,1985.01）,頁 89-117。

245. 湖南省博物館,〈湖南韶山灌區湘鄉東周墓清理簡報〉,《文物》,3（北京,1977.03）,頁 36-54。

246. 湖南省博物館,〈湖南資興舊市戰國墓〉,《考古學報》,1（北京,1983.01）,頁 93-124。

247. 湖南省博物館,〈湖南石門縣皂市下層新石器遺存〉,《考古》,1（北京,1986.01）,頁 1-11。

248. 湖南省博物館,〈湖南漵浦馬田坪戰國、西漢墓〉,《文物資料叢刊》,10（北京,1987.03）,頁 88-103。

249. 湖南省博物館、耒陽縣文化局,〈耒陽春秋、戰國墓〉,《文物》,6（北京,1985.06）,頁 1-15。

250. 湖南省博物館、岳陽地區文物工作隊、岳陽市文管所,〈湖南岳陽費家河商代遺址和窯址的探掘〉,《考古》,1（北京,1985.01）,頁 1-6。

251. 湖南省博物館、東江水電站工程指揮部考古隊,〈資興舊市春秋墓〉,《湖南考古輯刊》,1（長沙,1982.11）,頁 25-31。

252. 湖南省博物館、益陽縣文化館,〈湖南益陽戰國兩漢墓〉,《考古學報》,4（北京,1981.10）,頁 519-549。

253. 湖南省博物館、麻陽銅礦,〈湖南麻陽戰國時期古銅礦清理簡報〉,《考古》,2（北京,1985.02）,頁 113-124。

254. 湖南省博物館、湘西土家族苗族自治州文物工作隊,〈古丈白鶴灣楚墓〉,《考古學報》,3（北京,1986.07）,頁 339-360。

255. 湖南省博物館、懷化地區文物工作隊,〈湖南漵浦馬田坪戰國西漢墓發掘報告〉,《湖南考古輯刊》,2（長沙,1984.02）,頁 38-69。

256. 湘西土家族苗族自治州文物工作隊，〈湘西保靖縣四方城戰國墓發掘簡報〉，《湖南考古輯刊》，3（長沙，1986.06），頁 122-126。

257. 湘西自治州文物工作隊，〈湖南湘西自治州境內酉水沿岸古遺址調查〉，《考古》，10（北京，1993.10），頁 865-879。

258. 黃石市博物館，〈大冶古文化遺址考古調查〉，《江漢考古》，4（武漢，1984.12），頁 8-16。

259. 黃曲，〈湘江下游商代「混合型」青銅器問題之我見〉，《江漢考古》，3（武漢，2001.09），頁 51-55。

260. 黃旭初、黃鳳春，〈湖北鄖縣新出唐國銅器銘文考釋〉，《江漢考古》，1（武漢，2003.03），頁 9-15。

261. 黃岡地區博物館，〈湖北黃岡蘄水流域古遺址調查〉，《江漢考古》，3（武漢，1994.09），頁 1-8。

262. 黃岡地區博物館，〈湖北黃岡浠水流域古文化遺址調查〉，《江漢考古》，1（武漢，1995.03），頁 25-33。

263. 黃岡地區博物館，〈湖北黃岡巴水流域部分古文化遺址〉，《考古》，10（北京，1995.10），頁 883-894、929。

264. 黃岡地區博物館，〈湖北黃州下窰嘴商墓發掘簡報〉，收入吳曉松主編，《鄂東考古發現與研究》（武漢：湖北科學技術出版社，1999），頁 164-169。

265. 黃陂縣文化館、孝感地區博物館、湖北省博物館，〈湖北省黃陂魯台山兩周遺址與墓葬〉，《江漢考古》，2（武漢，1982.06），頁 37-61。

266. 黃道華，〈枝江赫家洼遺址出土西周卜骨〉，《江漢考古》，3（武漢，1992.09），頁 92-93。

267. 黃鉀、況紅梅，〈近年黃陂出土的幾件商周青銅器〉，《江漢考古》，4（武漢，1998.12），頁 24-25、29。

268. 黃錫全，〈黃陂魯台山遺址為「長子」國都蠡測〉，《江漢考古》，4（武漢，1992.12），頁 40-42。

269. 黃錫全、于炳文，〈山西晉侯墓地所出楚公逆鐘銘文初釋〉，《考古》，2（北京，1995.02），頁 170-178。

270. 彭子成、劉永剛、劉詩中、華覺明，〈贛鄂豫地區商代青銅器和部份銅鉛礦料來源的初探〉，《自然科學史研究》，18：3（北京，1999.09），頁 241-249。

271. 彭明瀚，〈銅與青銅時代中原王朝的南侵〉，《江漢考古》，3（武漢，1992.09），頁 47-49、46。

272. 彭明瀚，〈商代虎方文化初探〉，《中國史研究》，3（北京，1995.03），頁 101-108。

273. 彭明瀚，〈贛江鄱陽湖區商代文化的區系類型研究〉，《考古》，3（北京，

2004.03），頁 68-79。

274. 彭明瀚、陳樹祥，〈商王對南土方國征伐簡論〉，《江漢考古》，1（武漢，1996.03），頁 64-67、54。

275. 彭錦華，〈沙市周梁玉橋殷商遺址試析〉，《江漢考古》，2（武漢，1989.06），頁 45-56。

276. 彭錦華，〈沙市李家臺早期文化遺存淺議〉，收入湖北省考古學會選編，《湖北省考古學會論文選集（三）》（武漢：江漢考古編輯部，1991），頁 61-67。

277. 彭適凡，〈論揚越、干越和于越族對我國青銅文化的傑出貢獻〉，《東南文化》，5（南京，1991.05），頁 33-41。

278. 彭適凡，〈關於瑞昌商周銅礦遺存與古揚越人〉，收入江西省文物考古研究所、瑞昌博物館，《銅嶺古銅礦遺址發現與研究》，頁 101-108。

279. 彭子成、王兆榮、孫衛東、劉詩中、陳賢一，〈盤龍城出土青銅器的鉛銅位素比示蹤研究〉，收入湖北省文物考古研究所，《盤龍城：1963～1994 年考古發掘報告》，頁 552-558。

280. 程平山，〈蘄春毛家嘴和新屋塆西周遺存性質略析〉，《江漢考古》，4（武漢，2000.12），頁 77-80、46。

281. 童恩正，〈從出土文物看楚文化與南方諸民族的關係——爲湖南省考古學會第二次年會而作〉，《湖南考古輯刊》，3（長沙，1986.06），頁 168-183。

282. 傅斯年，〈大東小東說——兼論魯、燕、齊初封在成周東南後乃東遷〉，原載《中央研究院歷史語言研究所集刊》，2：1（北京，1930.05）；後收入氏著，《民族與古代中國史》（石家莊：河北教育出版社，2002），頁 79-90。

283. 舒之梅、羅運環，〈楚同各諸侯國關係的古文字資料簡述〉，《求索》，6（長沙，1983.11），頁 168-172。

284. 舒向今，〈試探考古學上的濮文化〉，《民族研究》，1（北京，1993.01），頁 75-81。

285. 舒城縣文物管理所，〈舒城縣秦家橋戰國楚墓清理簡報〉，《文物研究》，6（北京，1990.10），頁 135-138。

286. 鄂博、崇文，〈湖北崇陽出土一件銅鼓〉，《文物》，4（北京，1978.04），頁 94。

287. 間瀨收芳，〈楚公豪鐘〉，《泉屋博物館紀要》，3（京都，1986.03），頁 79-90。

288. 間瀨收芳，〈戰國時代楚文化の中の鼎と敦——周邊文化との關連を主眼にみる〉，《古史春秋》，3（東京，1986.08），頁 23-40。

289. 楊建芳，〈大溪文化玉器淵源探索——兼論有關中國新石器時代文化傳播、影響的研究方法〉，收入四川大學博物館、中國古代銅鼓研究學會，《南方民族考古》，1（成都：四川大學出版社，1987），頁 15-20。

290. 楊建芳，〈中國考古學的一種新工具——玉器〉，收入許倬雲、張忠培編，《中國考古學的跨世紀反思》，頁 251-266。

291. 楊祖沛，〈漵浦縣茅坪坳戰國西漢墓〉，收入中國考古學會編，《中國考古學年鑒（1988）》（北京：文物出版社，1989），頁 215-216。

292. 楊鴻勛，〈盤龍城商方國宮殿建築復原研究〉，收入湖北省文物考古研究所，《盤龍城：1963～1994 年考古發掘報告》，頁 629-649。

293. 楊懷仁，〈中國東部近 20000 年來的氣候波動與海面升降運動〉，《海洋與湖沼》，15：1（北京，1984.01），頁 1-13。

294. 楊寶成，〈試論西周時期漢東地區的柱足鬲〉，收入楚文化研究會編，《楚文化研究論集》第四集（鄭州：河南人民出版社，1994），頁 460-468。

295. 楊權喜，〈襄陽山灣出土的鄀國和鄧國銅器〉，《江漢考古》，1（武漢，1983.03），頁 51-53。

296. 楊權喜，〈江漢地區楚式鬲的初步分析〉，收入楚文化研究會編，《楚文化研究論集》第一集（長沙：荊楚書社，1987），頁 195-205。

297. 楊權喜、陳振裕，〈秭歸鰱魚山與楚都丹陽〉，《江漢考古》，3（武漢，1987.09），頁 71-78。

298. 楊權喜，〈楚向鄂東的發展與鄂東的楚文化〉，《考古與文物》，4（西安，1989.07），頁 97-102。

299. 楊權喜，〈關於巴、濮若干問題探討〉，湖北省考古學會選編，《湖北省考古學會論文選集（二）》（武漢：江漢考古編輯部，1991），頁 148-168。

300. 楊權喜，〈湖北商文化與商朝南土〉，收入湖北省文物考古研究所編，《奮發荊楚探索文明：湖北省文物考古研究論文集》（武漢：湖北科學技術出版社，2000），頁 115-121。

301. 楊權喜，〈關於鄂西六處新石器時代晚期遺存的探討〉，《考古》，5（北京，2001.05），頁 40-47。

302. 楊權喜，〈宜昌上磨垴周代文化遺存的討論〉，收入北京大學考古文博學院編，《考古學研究（五）》（北京：科學出版社，2003），頁 604-612。

303. 董全生、張曉軍，〈從金文枀、祁看古代的養國〉，《中原文物》，3（鄭州，1996.06），頁 70-72。

304. 葉文憲，〈商代疆域新論〉，《歷史地理》，8（上海，1990.07），頁 101-112。

305. 詹漢清，〈固始縣北山口春秋戰國古城址調查報告〉，《中原文物》，特刊（鄭州，1983），頁 61-62。

306. 萬全文，〈商周王朝南進掠銅論〉，《江漢考古》，3（武漢，1992.09），頁 50-57。

307. 萬全文，〈徐國青銅器研究：兼論徐楚青銅文化之關係〉，《故宮文物月

刊》，16：1（臺北，1998.01），頁 84-100。

308. 鄖陽地區博物館，〈湖北鄖縣蕭家河春秋楚墓〉，《考古》，4（北京。1998.04），頁 42-46。

309. 鄖縣博物館，〈湖北鄖縣蕭家河出土春秋唐國銅器〉，《江漢考古》，1（武漢，2003.03），頁 3-8。

310. 零陵地區文物工作隊，〈永州市鷂子嶺戰國墓發掘簡報〉，《湖南考古輯刊》，4（長沙，1987.10），頁 48-51。

311. 靳松安、任偉，〈略論漢水中游地區的仰韶文化〉，《中原文物》，4（鄭州，1994.08），頁 14-22。

312. 裴安平，〈鄂西「季石遺存」的序列及其與諸鄰同期遺存的關係〉，收入俞偉超主編，《考古類型學的理論與實踐》（北京：文物出版社，1989），頁 36-72。

313. 裴安平，〈湘北洞庭湖地區新石器文化序列的再研究〉，收入許倬雲、張忠培編，《中國考古學的跨世紀反思》（香港：香港商務印書館，1999），頁 113-154。

314. 裴安平、吳銘生，〈湖南資興舊市戰國墓的再研究——關於考古學歷史文化傳統的思考之一〉，《湖南考古輯刊》，4（長沙，1987.10），頁 123-131。

315. 熊卜發，〈湖北孝感地區商周古文化調查〉，《考古》，4（北京，1988.04），頁 300-306、313。

316. 熊卜發，〈淺談鄂東北地區古代文化〉，收入熊卜發編，《鄂東北地區文物考古》（武漢：湖北科學技術出版社，1995），頁 1-10。

317. 熊卜發，〈孝感地區文物普查概述〉，收入熊卜發編，《鄂東北地區文物考古》，頁 11-15。

318. 熊卜發，〈鄂東北地區古代文化發展序列概述〉，收入熊卜發主編，《鄂東北考古報告集》（武漢：湖北科學技術出版社，1996），頁 1-15。

319. 熊卜發、鮑方鐸，〈黃陂出土的商代晚期青銅器〉，《江漢考古》，4（武漢，1986.12），頁 27-28。

320. 熊傳新，〈湖南發現的古代巴人遺物〉，《文物資料叢刊》，7（北京，1983.02），頁 30-33。

321. 熊傳新、吳銘生，〈湖南古越族青銅器概論〉，收入中國考古學會編，《中國考古學會第四次年會論文集》（北京：文物出版社，1985），頁 152-166。

322. 齊文心，〈商殷時期古黃國初探〉，收入中國古文字研究會、中華書局編輯部編，《古文字研究》，12（北京：中華書局，1985），頁 139-152。

323. 齊思和〈西周地理考〉，原載《燕京學報》，30（北京，1946）；後收入氏著，《中國史探研》（石家莊：河北教育出版社，2000），頁 54-98。

324. 蒲百瑞撰，王迎譯，李學勤校，〈探索丹陽〉，《江漢考古》，3（武漢，

1989.09），頁 87-94；《江漢考古》，4（武漢，1989.12），頁 88-90、86。

325. 蒲百瑞撰，李鋒、王環譯，〈春秋時代楚國政體新探〉，《中國史研究》，4（1998.12），頁 18-27。

326. 褚金華，〈安徽省六安縣城北楚墓〉，《文物》，1（北京，1993.01），頁 29-39。

327. 榮經嚴道古城遺址博物館，〈四川榮經南羅壩村戰國墓〉，《考古學報》，3（北京，1994.07），頁 381-396。

328. 漵浦縣文化局，〈漵浦江口戰國西漢墓〉，《湖南考古輯刊》，3（長沙，1986.06），頁 112-121。

329. 蔡述明、趙艷、杜耘、何報寅，〈全新世江漢湖群的環境演變與未來發展趨勢 —— 古雲夢澤問題的再認識〉，《武漢大學學報（哲學社會科學版）》，6（武漢，1998.12），頁 96-100。

330. 劉玉堂、李安清，〈關於三苗若干問題的辨析 —— 兼論新石器時代江漢地區居民的族屬及其社會狀況〉，《江漢石油學院學報》，3：2（武漢，2001.06），頁 51-54。

331. 劉和惠，〈荊蠻考〉，《文物集刊》，3（北京，1981.03），頁 284-295。

332. 劉彬徽，〈湖北出土兩周金文國別年代考述〉，收入陝西省考古研究所、中國文字研究會、中華書局編輯部，《古文字研究》，13（北京：中華書局，1986），頁 239-351。

333. 劉彬徽，〈試論楚丹陽和郢都的地望年代〉，原載《江漢考古》，1（武漢，1980.04）；後收入氏著，《早期文明與楚文化研究》（長沙：岳麓書社，2001），頁 26-37。

334. 劉森淼，〈盤龍城外緣帶狀夯土遺跡的初步認識〉，收入武漢市委宣傳部、武漢市歷史文化名城委員會主編，《武漢城市之根·商代盤龍城與武漢城市發展研討會論文集》（武漢：武漢出版社，2002），頁 190-197。

335. 劉翔，〈周夷王經營南淮夷及其與鄂之關係〉，《江漢考古》，3（武漢，1983.09），頁 40-46。

336. 劉詩中，〈江西新石器文化探討〉，《考古》，12（北京，1993.12），頁 1099-1109、1061。

337. 劉德銀，〈屈家嶺文化與石家河文化研究的回顧〉，收入林泊佑主編，《海峽兩岸楚文化學術研討會論文集》（臺北：國立歷史博物館，2002），頁 76-104。

338. 黎澤高，〈枝城市新石器文化概論〉，《江漢考古》，1（武漢，1991.03），頁 20-26。

339. 黎澤高、趙平，〈枝城市博物館藏青銅器〉，《考古》，9（北京，1989.09），頁 775-778。

340. 樊力，〈亂石灘文化初論〉，《江漢考古》，4（武漢，1998.12），頁 41-48。

341. 鄭小爐，〈試論徐和群舒青銅器 —— 兼論徐、舒與吳越的融合〉，《文物春秋》，5（石家莊，2003.10），頁 6-14、50。

342. 鄭元日、席道合，〈澧縣孫家崗新石器時代晚期墓地〉，收入中國考古學會編，《中國考古學年鑒 1992》（北京：文物出版社，1994），頁 276。

343. 鄭杰祥、張亞夫，〈河南潢川發現一批青銅器〉，《文物》，9（北京，1979.09），頁 91-93。

344. 增淵龍夫，〈先秦時代の封建と郡縣〉，收入氏著，《中國古代の社會と國家》（東京：岩波書店，1996 再版），頁 377-487。

345. 盧連成，〈商代社會疆域地理的政治架構與周邊地區青銅文化〉，《中國歷史地理論叢》，4（西安，1994.12），頁 30-56。

346. 盧德佩，〈湖北省當陽縣出土春秋戰國之際銘文銅戈〉，《文物》，1（北京，1980.01），頁 95。

347. 盧德佩，〈宜昌史前文化研究（下）〉，《湖北三峽學院學報》，22：3（宜昌，2000.06），頁 33-35。

348. 隨州市博物館，〈湖北隨縣發現商代青銅器〉，《文物》，8（北京，1981.08），頁 46-48。

349. 衡陽市文物管理處，〈湖南衡陽市苗圃涂家山戰國墓〉，《考古》，12（北京，1997.12），頁 22-28。

350. 衡陽市博物館，〈衡陽市苗圃五馬歸槽茅坪古墓發掘簡報〉，《考古》，10（北京，1984.10），頁 880-886。

351. 衡陽市博物館，〈湖南衡陽縣赤石春秋墓發掘簡報〉，《考古》，6（北京，1998.06），頁 47-56。

352. 橫倉雅幸、西江清高、小澤正人，〈所謂「越式鼎」の展開—— 紀元前 1 千年紀後半の東南中國〉，《考古學雜誌》，76：1（東京，1990），頁 66-100。

353. 魏峻，〈鄂東北地區新石器時代文化初論〉，《江漢考古》，1（武漢，1999.03），頁 49-60。

354. 襄石復線襄樊考古隊，〈湖北襄陽法龍王樹崗遺址二里頭文化灰坑清理簡報〉，《江漢考古》，4（武漢，2002.12），頁 44-50。

355. 襄樊市文物管理處，〈湖北襄樊市揀選的商周青銅器〉，《文物》，9（北京，1982.09），頁 84-86。

356. 襄樊市博物館，〈湖北棗陽毛狗洞遺址調查〉，《江漢考古》，3（武漢，1988.09），頁 10-20。

357. 襄樊市博物館、谷城縣文化館，〈襄樊市、谷城縣館藏青銅器〉，《文物》，4（北京，1986.04），頁 15-20。

358. 臨潼縣文化館，〈陝西臨潼發現武王征商簋〉，《文物》，8（北京，1977.08），

頁 1-7。

359. 韓建業、楊新改,〈苗蠻集團來源與形成的探索〉,《中原文物》,4（鄭州,1996.08）,頁 44-49。

360. 韓建業、楊新改,〈王灣三期文化研究〉,《考古學報》,1（北京,1997.04）,頁 1-22。

361. 懷化地區文物工作隊、辰溪縣文化局,〈米家灘戰國墓發掘簡報〉,《湖南考古輯刊》,4（長沙,1987.10）,頁 33-47。

362. 懷化地區文物工作隊、漵浦縣文化局,〈漵浦縣高低村春秋戰國墓清理簡報〉,《湖南考古輯刊》,5（長沙,1989.12）,頁 46-51。

363. 懷化地區文物工作隊、漵浦縣文物管理所,〈1990 年湖南漵浦大江口戰國西漢墓發掘簡報〉,《考古》,1（北京,1994.01）,頁 23-33。

364. 懷化地區文物工作隊、黔陽縣芙蓉樓文管所,〈黔陽縣黔城戰國墓發掘簡報〉,《湖南考古輯刊》,5（長沙,1989.12）,頁 61-73、51。

365. 嚴文明,〈中國史前稻作農業遺存的新發現〉,《江漢考古》,3（武漢,1990.09）,頁 27-33。

366. 嚴文明,〈中國史前文化的統一性與多樣性〉,原載《文物》,3（北京,1987.03）;後收入氏著,《史前考古論集》（北京：科學出版社,1998）,頁 1-17。

367. 嚴文明,〈中國史前的稻作農業〉,原載《周秦文化研究》（西安：陝西人民出版社,1998）;後收入氏著,《農業發生與文明起源》（北京：科學出版社,2000）,頁 1-14。

368. 嚴文明,〈稻作起源研究的新進展〉,原載《考古》,9（北京,1997.09）;後收入氏著,《農業發生與文明起源》,頁 15-23。

369. 嚴文明,〈鄧家灣考古的收穫〉,收入湖北省考古研究所、北京大學考古系、湖北省荊州博物館,《鄧家灣》,序文頁 1-6。

370. 蘇秉琦,〈楚文化探索中提出的問題——在中國考古學會第二次年會閉幕式上的講話〉,原載中國考古學會編,《中國考古學會第二次年會論文集》（北京：文物出版社,1980）;後收入氏著,《蘇秉琦考古學論述選集》（北京：文物出版社,1984）,頁 219-220。

371. 蘇榮譽、華覺明、彭適凡、詹開遜等,〈新淦商代大墓青銅器鑄造工藝研究〉,收入江西省文物考古研究所、江西省博物館、新淦縣博物館,《新淦商代大墓》,頁 257-300。

372. 饒宗頤,〈殷代地理疑義舉例——古史地域的一些問題和初步詮釋〉,收入唐曉峰主編,《九州》第三輯（北京：北京商務印書館,2003）,頁 52-65。

373. 顧頡剛,〈春秋時代的縣〉,《禹貢半月刊》,7：6、7（北京,1937.06）,頁 169-193。

374. 顧頡剛，〈牧誓八國〉，收入顧頡剛，《史林雜識·初編》（北京：中華書局，1963），頁 26-33。

375. 顧頡剛，〈徐和淮夷的遷、留——周公東征史事考證四之五〉，《文史》，32（北京：中華書局，1990），頁 1-28。

376. 龔高法、張丕遠、張瑾瑢，〈歷史時期我國氣候帶的變遷及生物與布界的推移〉，《歷史地理》，5（上海，1987.05），頁 1-10。

377. 龔維英，〈周昭王南征史實索隱〉，《人文雜誌》，6（西安，1984.11），頁 81-82、45。

378. 陝西周原考古隊、周原岐山文管所，〈陝西岐山鳳雛村發現周初甲骨文〉，《文物》，10（北京，1979.10），頁 38-43。

379. Barry B. Blakeley, "On the location of the Chu capital in early Chunqiu times: in light of the Handong incident of 701 B.C.", *Early China* 15（1990）：49-70.

四、碩博士論文（依作者姓名筆劃排序）

1. 何樹環，《西周對外經略研究》，臺北：政治大學中文研究所博士論文，2000。

2. 李珮瑜，《商代出土銅器銘文研究》，臺北：淡江大學中國文學研究所碩士論文，2002。

3. 梁國真，《從典籍金文綜論西周之衰亡》，臺北：中國文化大學歷史研究所碩士論文，1985。

4. 梁國真，《商周時代的東夷與淮夷》，臺北：中國文化大學歷史研究所博士論文，1993。